传媒中的音画艺术

CHUANMEIZHONG DE YINHUA YISHU

张诗扬 ◎著

中国出版集团

世界图书出版公司

广州·上海·西安·北京

图书在版编目（ＣＩＰ）数据

传媒中的音画艺术 / 张诗扬著.
--广州：世界图书出版广东有限公司，2025.1重印
 ISBN 978-7-5192-0734-2

 Ⅰ．①传⋯ Ⅱ．①张⋯ Ⅲ．①音乐-应用-传播
媒介-教学研究②绘画-应用-传播媒介-教学研究
Ⅳ.①G206.2

中国版本图书馆 CIP 数据核字(2016)第 023861 号

传媒中的音画艺术

策划编辑	杨力军
责任编辑	钟加萍
封面设计	高艳秋
投稿邮箱	stxscb@163.com
出版发行	世界图书出版广东有限公司
地　　址	广州市新港西路大江冲25号
电　　话	020-84459702
印　　刷	悦读天下（山东）印务有限公司
规　　格	787mm×1092mm　1/16
印　　张	20.5
字　　数	400 千
版　　次	2016 年 1 月第 1 版　　2025 年 1 月第 2 次印刷
ISBN	978-7-5192-0734-2/G·2018
定　　价	98.00 元

序　言

李思屈

　　美学与艺术审美的日常生活化关注始于20世纪80年代末,而"艺术"一词被频繁地运用在各个领域,则显然要更早一些。如今,"艺术"成为身份和品位的一种隐性象征而走进千家万户。化妆打扮要有"艺术",语言交流要有"艺术"。21世纪是传媒艺术与技术并存的时代,那么,传媒的艺术是什么?艺术传媒和传媒艺术有什么区别?

　　传播中常用的摄影、摄像、剪辑、制作,绘画的点、线、面、色彩,音乐中的音色、调式、旋律、节奏、和声等元素是互通的。艺术是共融的,正如我们熟知的很多画家也是优秀的音乐家。文艺复兴时期的莱奥纳多·达·芬奇就是一位博学的艺术家,他在绘画、音乐、建筑、雕刻、数学、地质学、解剖学、植物学、制图、写作等多个领域取得建树,成为文艺复兴时期人文主义的代表艺术家,与米开朗基罗和拉斐尔并称文艺复兴三杰。莱奥纳多·达·芬奇曾说:"你如果要做一个艺术家,你要牢记:必须开拓你的胸襟,务使心如明镜,能够照见一切事物,一切色彩。"

　　作为传媒工作者的种种活动,无论是拍影视剧、纪录片,还是电视新闻采访、报刊、杂志,都与视觉艺术有关。对于出色的传媒工作者来说,艺术修养和专业技能要并重。在世界艺术史上,艺术作品表象背后之精神才是其真髓。没有"精神"的艺术品是苍白的，无灵魂的。无论电影、电视连续剧、纪录片、专题片、新闻类节目，都不要在未策划定稿前盲目启动拍摄工作方案。

快速运转的城市生活使人心逐渐变得浮躁。对于多数人而言，"技术"与"技能"越来越受到重视，仿佛所学的东西马上就能用上才是真理。在心灵经受不住超级繁忙的重压时，只想到用"鸡汤"式的书籍来舒缓一下神经。

本书作者诗扬，长期从事艺术实践，同时也在传播理论和艺术理论方面用功。她在浙江大学从事博士后工作，就是在艺术学与传播学交叉领域研究工作的深入。现在大家手里的这本书，从艺术角度解析媒介传播，从传播角度反观艺术，就是她长期研究的成果和长期艺术实践的心得。我想，无论是作为传媒专业学生阅读的辅助资料，还是作为摄影、摄像爱好者的休闲爱好读物，都应该是能让读者有切实收获的。

（李思屈，博士生导师，浙江大学传媒与国际文化学院教授、副院长）

目　录

中篇　艺术的融合

下篇　传媒与音乐

上 篇
屏幕框架中的艺术呈现

中国画《乡情》（张诗扬画）

21 世纪，城市生活节奏飞快，我们每天都需要浏览大量的新闻和信息。传统纸质媒体上的新闻图片和广告、形形色色的电视节目、手机微信中的图片和视频、微商和电商的商品广告，视觉化的信息无处不在。媒体工作者需要将"真实性"和"艺术性"并存的作品呈现出来，给受众以视觉艺术美的享受。

生活中的构图艺术，多表现在摄影、摄像、动漫设计、广告设计、服装设计、室内设计、环境设计等视觉艺术大家庭的新成员中。这些艺术形式存在于城市的每个角落，传递着丰富的艺术信息。艺术家的情感与心血为城市生活增添了活力，形成了多元化的美的符号。

进入"自媒体"时代，手机拍照、摄像功能愈发强大，越来越多的受众摇身一变，成为信息发布者，传播着身边发生的新鲜事。从事传媒工作的人们，每天都会面临采访、摄像、广告设计、影视画面处理、摄影之类的工作。除了对专业设备和软件的娴熟运用，更需注意艺术作品的"视觉审美"与"艺术情感"。

《广播电视辞典》中对画面的解释是："画面是指屏幕框架内所展示的能传达一定信息的可视形象。它是造型语言的基本视觉元素。电视画面由框架、影像、构图三个要素组成。"[1] 所以说，画面对意义的表达主要是通过空间特征来实现的。和绘画艺术相比，电视画面具有运动性，它不是静止的造型，而是将客观事物以某种方式的重新再现。和纸质媒介、广播媒体相比较，鲜活生动的画面是电视传播的重要优势。拍摄角度、构图效果、色彩搭配、画面透视……这些绘画领域专业知识成为完善取景器中镜框艺术的重要知识。依靠直觉拍摄的作品往往是运用景别的变化构图，不能完整地表达作品情感与内容。在拍摄过程中，需要明确构图艺术的重要之处，合理安排点、线、面、明暗、光线、角度、色彩之间的关系，主次分明。以画面适应构图，了解屏幕框架构图的规律，分析拍摄场景或情境中的每一个细节，有机组织安排画面，突出画面的艺术效果，重视受众的视觉审美效应。

---

① 赵玉明、王福顺主编：《广播电视辞典》，北京：北京广播学院出版社，1999 年，第 239 页。

第一章　构图的形状与线条

康德在《判断力批判》一书中写道："绘画、雕塑、甚至还包括建筑和园艺，只要是属于美术类的视觉艺术，最主要的一环就是图样的造型，因为造型能够以令人愉快的形状，去奠定趣味的基础，而不是通过在感觉上令人愉快的色彩的表现。那种能使得轮廓线放射出光彩的色彩，起的是刺激作用。它们可以使物体增添吸引人的色泽。但并不能使物体成为经得住观照审视的美的对象。相反，它们却常常因为人们对美的形状的需要而受到抑制，甚至在那些容许色彩刺激的场合，它们也往往因为有了美丽的形状才变得华贵起来。"

在欣赏一幅绘画作品时，它所描绘的艺术语言体现于形状和线条中。直线是刚硬的，曲线是柔美的，正三角代表稳定和牢固，矩形规矩而有力。在照相机、摄像机取景器中，被拍摄物体通常具有两种模式。首先，是固定式取景，这种情况通常出现于新闻拍摄中，被拍摄的环境是完全固定的，记者身在拍摄现场，只能被动选取拍摄角度，通过照片或视频展现给受众最大新闻含量的有效信息。第二，是自由组合式取景，主要运用于广告拍摄和影视拍摄。可以根据艺术家的主观意识调整物体位置、角度、光线等，直至能够取到最佳镜头。

构图的协调性很重要。海上落日是绝佳的风景，镜框中的水平线需要形成1:3或1:6，如果是位于正中部分则不妥。横向构图的水平线不能倾斜，否则失去平衡的画面给人以不稳定感。在影视剧作品中，为营造紧张和不稳定的心理状态时，也可以运用失去平衡的画面来表现。

在延续至今的中国绘画理论中，我们可以看出古人对平面艺术作品的构图之美相当重视。南北朝书画家谢赫在《古画品录》中记载："六法者何？一气韵生动是也，二骨法用笔是也，三应物象形是也，四随类赋彩是也，五经营位置是也，六传移模写是也。"日人金原省吾曰："六法为创作上之法则,同时亦为批评上之法则。"四库全书总目提要云:"所言六法,画家宗之,至今亦千载不易也。"①"骨法"即是线条构图,"位置经营"即整体构图。

摄影和摄像作品中的视觉形象元素是由形状和色彩两个部分组成的。视觉形象中,轮廓线条使描绘的物体更加明确,"形状"配合"轮廓线条",并加入光线、阴影等明暗度的运用,将视觉语言更直接地表达出来。所以,不要把"构图"看作是冰冷枯燥的艺术理论。"构图"是存在于每个人身边的,请用两只手的拇指和食指构成一个视觉框架,将一部分景物收到这个小框架之中。

第一节 黄金分割与构图

一、古希腊文化中的和谐美

古希腊文化是欧洲文化的家园,在漫长的历史时期中,成为西方艺术学和美学的导师。"逻辑"和"美"是古希腊艺术的双子星座,哲人对理性与科学的研究,对事物本质的探索,对音乐、雕塑、戏剧等艺术的审美,对人类思维的认知与建构,成为西方古典美学研究的重要框架。

希腊哲学家认为宇宙建立于理性与和谐之上,毕达哥拉斯发现音乐中精准的数学比率,形成"一切事物都是由数构成"的理论,雕刻艺术和建筑同样遵循着数的定律。

西西里岛的阿格里真图,有一座供奉奥林匹亚宙斯的多立克风格庙宇,左右两个柱廊各有 7 根柱子,庙宇侧面有 14 根柱子。艾伊娜岛上的阿帕伊亚神庙,供奉当地的女神阿菲亚,庙宇前后各有 6 根柱子,两侧有 12 根柱子。可见这一时期的庙宇柱子以 1:2 八度比率排列。公元前 5 世纪中叶,位于奥林匹亚的宙斯神庙和雅典的赫菲斯托斯神庙建筑发生了变化,前面 6 根柱子,侧面 13 根柱子,形成了 6:13 的新型比率,著名的罗马帕台农神庙柱子比率是 8:17。

① 傅抱石:《中国绘画理论》,南京:江苏教育出版社,2011 年,第3—4 页。

有研究者认为黄金比例始于公元 6 世纪古希腊的毕达哥拉斯学派。公元前 4 世纪,古希腊的数学家欧多克索斯对其进行了系统的研究,建立黄金比例理论。公元前 300 年,欧几里得在撰写《几何原本》一书中系统论述了黄金分割。19 世纪时,黄金分割开始在西方通行,1875 年《大英百科全书》第九版中写道:"黄金分割在视觉比例上具有所谓的优越性。"黄金分割是具有严格比例的数学公式,其中蕴含着视觉审美的精华。把一条线分为两部分,此时长段与短段之比恰恰等于整条线与长段之比,其数值比为1:0.618,也就是说长段的平方等于全长与短段的乘积。

$$\frac{a+b}{a} = \frac{a}{b} \equiv \varphi$$

二、黄金分割的运用

黄金分割被广泛应用到科学、艺术、生活等不同领域,许多艺术家运用1:0.618 创作了优秀的绘画、摄影、雕塑以及建筑设计作品。在很多精致的艺术品以及自然景观中都能找到黄金分割的影子。

古希腊的建筑师和画家对数字 0.618 特别偏爱,无论是古埃及的金字塔,还是巴黎的圣母院,或者是近世纪的法国埃菲尔铁塔、希腊雅典的巴特农神庙,都有黄金分割的足迹。雅典卫城主体建筑巴特农神庙也称为希腊神庙,是由设计师伊克蒂诺和克利拉利特为纪念战胜波斯而建立的。该建筑高与宽的比例为 19 比 31,接近"黄金分割比"。巴黎圣母院位于法国巴黎城中心的塞纳河畔,是欧洲早期哥特式建筑的旷世杰作,在建筑和整修过程中,同样采用了黄金分割的艺术手段。

艺术家们还发现,按 0.618:1 比例设计画出的画最具视觉美感。在文艺复兴时期意大利著名画家莱奥纳多·达·芬奇的作品《维特鲁威人》《蒙娜丽莎》以及《最后的晚餐》中,都运用了黄金分割。一位发育正常的成年女性,腰身以下的长度平均只占身高的 0.58,而古希腊的著名雕像断臂维纳斯及太阳神阿波罗都通过故意延长双腿,使之与身高的比值为 0.618。

达·芬奇作品《维特鲁威人》的创作启发来自维特鲁威《建筑十书》中的一段话:"人体中自然的中心点是肚脐。因为如果人把手脚张开,作仰卧姿势,然后以他的肚脐为中心用圆规画出一个圆,那么他的手指和脚趾就会与圆周接触。不仅可以在人体中这样地画出圆形,而且可以在人体中画出方形。即如果由脚底量到头顶,并把这一量度移到张开的两手,那么就会发现高和宽相等,恰似平面上用直尺确定方形一样。"[1]画面人物肚脐位于头顶到足底分割点;咽喉位置是从头顶到肚脐之间的分割点;肘关节是从肩部关节到中指的分割点;膝关节是肚脐到脚底之间的分割点;两眉在发际和额底间距上 1/3 与中下 2/3 分割点;鼻子处于发际到额底间距下 1/3 与上中 2/3 之分割点。细致的人体结构黄金分割使绘画作品中的"维特鲁威人"成为具有"完美比例"的男性。

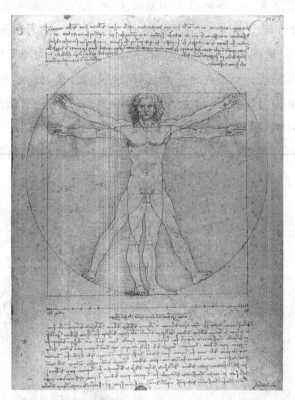

图 1-1 莱奥纳多·达·芬奇《根据维特鲁威的理论对人体比例的研究,
约 1485 至 1490 年,34.3 × 24.8cm[2] [3]

① 高履泰译:《建筑十书·第三书》,北京:知识产权出版社,2001 年。
② 〔美〕盖特雷恩:《与艺术相伴》,王滢译,北京:世界图书出版公司,2011 年。
③ 〔美〕威廉弗莱明、玛丽马里安:《艺术与观念》,宋协立译,北京:北京大学出版社,2008 年,第 64 页。

达·芬奇的人物肖像画《蒙娜丽莎》,女子精致的面部结构严格遵照黄金分割的比例,蒙娜丽莎的肖像被美术史学家誉为"神秘的微笑"。

这样的标准面型,在我国古代称之为"三停五部",是人物脸部肖像画的基础。《芥子园画传》中录清代丁皋"写真秘诀",其部位论中记载:"初学写真,胸无定见,必先多画。多则熟,熟则专,专则精,精则悟,其大要则不出于部位之三停五部,而面之长短广狭,因之而定。上停发际至印堂,中停印堂至鼻准,下停鼻准至地阁,此三停竖看法也。察其五部,始知面之阔狭。山根至两眼头止为中部,左右二眼头至眼梢为二部,两遍鱼尾至边,左右亦各一部,此五部横看法也。但五部见于中停,而上停以天庭为主,左太阳,右太阴,谓之天三。下停以人中划限法令,法令至腮颐左右,合为四部,谓之地四。此亦部位之法,不可不知者也。要立五岳:额为南岳,鼻为中岳,两颧为东西岳,地阁为北岳。将画眉、目、准、唇,先要均匀五岳,始不出乎其位。至两耳安法,上齐眉,下平准,因形之长、短、高、低,适变之耳。凡此皆传真入手机关,丝毫不可易也。果能专心致志,而不使有毫厘之差,则始以诚而明,终由熟而巧,千变万化,何难之与有?落笔丝毫不得移,对真曲直总相宜,细开细省官星位,五部三停要预知。"[①]从中国古代仕女头部节选图中,可以看出对人脸部的特写。

图1-2 人物头部画像(张诗扬 画)

图1-3 人物头部画像(张诗扬 画)

①《芥子园画传第四集》,北京:人民美术出版社,1960年,第56页。

关于人体结构的身高比例，一些美术教科书中认为人体长度等于7.5个头，而现在人们身高普遍增高，成年人体身高可以用8个头来计算。以前的立七、坐五、蹲三半可以改成立八、坐六、蹲四。而在实际应用中，人体在坐姿和蹲姿的时候，不可能挺直上半身，具体的比例应该随之调节。

取景器中的黄金分割同样具有艺术性，朱光潜先生曾经在《文艺心理学》之《形体美》一文中谈到"黄金分割"："'黄金分割'是最美的形体，因为它能表现'寓变化于整齐'这个基本原则，太整齐的形体往往流于呆板单调，变化太多的形体又往往流于散漫杂乱。整齐所以见纪律，变化所以激起新奇的兴趣，两者须能互相调和，'黄金分割'一方面是整齐的，因为两对边是相等的；一方面它又有变化，因为相邻两边有长短的分别。长边比短边较长的形体很多，而'黄金分割'的长边却恰到好处，无太过不及的毛病，所以最能引起美感。它是有纪律的，所以注意力不浪费同时它又有变化，所以兴趣不致停滞。"[①]

平面媒体模特的面部结构未必完全符合"三停五眼"的黄金比例要求，优秀广告摄影师需要凭经验把立体的人物面部转换成平面的艺术影像，运用光影和拍摄角度等专业技巧突出面部画面特征。虽然摄影作品属于平面艺术，但人类的脸部是立体的。面部特写需要注意"四高三低"。在面部立轴上，额头、鼻尖、唇珠、下颚是人物面部四个最高点，两眼之间的鼻梁凹陷处、唇珠上部的人中沟、下嘴唇的下方凹陷处是人物面部的三个低点。在将立体人物造型转变成平面艺术时，"四高三低"是尤其需要注意的。拍摄化妆品类广告中常用到人物面部特写，初学者需要注意模特面部的立体感、质感和空间感。人物的面部以及所在空间是立体的，要在二维平面作品中找到立体感，拍摄出三维立体的效果才是优秀的作品。从发际线到眉线是上停部分，额沟、额丘、眉毛、眉弓都是可以表现出立体效果的部分；眉线下面的眼睛是最传神，也最能体现模特人物精神的部位，主要注意拍摄时眼睛视线的方向；脸颊部分是隆起的圆形，要突出肌肉的丰满感觉；鼻子是人物面部的突出点，鼻尖上的一点儿光亮可以突出立体感。

---

① 朱光潜：《文艺心理学》，上海：上海文艺出版社，1982年，第305页。

第二节　取景镜框中线的构图

在摄影、摄像设备的取景镜框中取景与在画纸画布上作画不同,前者需要在现有的景物中找到"线条"进行构图,后者则是自行安排画面的结构,合理运用线的构图打出画稿。摄影师和摄像师需要了解绘画基础中线的不同构图方式,为取景和拍摄打下坚实的基础。

一、交叉构图与对角线构图

交叉构图和对角线构图都是运用两条对角线来确定主体位置,但二者是完全不同的取景构图方式。前者取中心位置,即两线相交点,后者则是将主体和陪体安排在线上。

在长方形的镜框中,画面的两条对角线相交叉,形成几何中间点。这个交叉点处于画面中心的位置,将拍摄的主体放置在中心位置即是交叉构图,可以表现出庄严、静穆、安静、沉稳的意境,画面显得呆板而缺少变化。无论是一幅照片还是一个电视画面,一旦主体占据了画面的中间部位,除非这个主体具有较大的"信息量",具有较强的吸引观众视线的能力,否则,观众的视线不可能长时间停留在一点上,它需要调节,需要运动。这种把主体放在画面正中间位置上的构图与观众的视觉欣赏心理与习惯相左[1]。交叉构图多用于新闻摄影,在广告拍摄或艺术摄影中比较少见。

对角线构图是摄影摄像时使用率比较高的构图法。先在镜框四个角中找到对角,将两个对角之间连接起来。将拍摄主体放置于画面的对角线上或者接近画面对角线,会使画面重点突出、主次分明。对角线构图常用于拍摄河流、公路等景物,熟练运用对角线的倾斜构图,可以给画面整体增加动感。对角线构图的运用场景相对灵活,拍摄人物组群、远景风景、花卉组合时都可以使用,但是运用特写镜头描绘个体时使用较少。国画花鸟作品中,

---

[1] 李兴国:《摄影构图艺术》,北京:北京师范大学,1998年,第15页。

树枝上的小鸟处于交叉点上方,树枝的位置和一条交叉线重合,从视觉上看更加美观、主体部分显得更集中。

图1-4 临摹宋人花鸟小品 (张诗扬 画)

图1-5 国画《秋意》(张诗扬 画)

二、井字构图与运用

井字构图广泛运用于绘画、设计、摄影与摄像艺术,是取景器取景时常用的构图方式。"井字构图"也成为"黄金构图",是将长方形画面用两条横线和两条纵线平均分为九个相等的部分,四条直线交叉形成"井"字形,图像中的横纵线是"井字线",其交叉点称为"井字点"。

初学摄影和摄像时不清楚如何构图,往往导致其作品出现两个问题。其一,拍摄出来的作品特别松散,受众不能一目了然地发现其突出点。其二,永远将拍摄重点放在图片正中心,作品显得过于呆板,没有灵动的生机。

图1-6 临摹宋人花鸟小品 (张诗扬 画)

图1-7 荷兰 扬·维米尔《代尔夫特风光》布面油画

从人的生理视觉角度上来讲,当一幅图像进入眼帘时,视线会首先停留在四个交叉点上。镜框取景时尽量把图像中重要的部分定在横纵线的交叉点上或交叉点附近,会突出画面中的重点,提升画面的主体灵魂。有的摄像、照相器材中带有"井字构图"功能,可以尝试开启它,叠加显示功能作为拍摄的参照。在实际操作时,我们要尽量考虑到构图的艺术对视觉的影响,灵活运用上述构图黄金律,营造出最佳的视觉画面。

图1-7中的油画作品《代尔夫特风光》是荷兰风俗画家扬·维米尔·凡·代尔夫特的作品。画中描绘了他的家乡——一座舒适地横卧于天水之间的典型荷兰市镇。在画面前景的左下方,市镇对面的水道边沿聚集了几个人,艺术家意在通过这几个人把观赏者的注意力引至商业大楼和左侧城墙背后的建筑……后景中有高耸的教堂建筑的塔楼,越过中间的石桥,可以看到停泊的船只和右侧尽头的吊桥。开阔的地平线表明维米尔对画面空间不同寻常的创造性的处理手法,也可见画家无意以单一的消失点开拓纵深景物[1]。画面中的横向主体建筑完全处于井字线上,画面的一半以上是天空和云朵,这样的构图从视觉审美上来说非常有艺术感。

三、对称构图的运用

对称构图是在镜框画面中取水平中轴和垂直中轴,把拍摄主体放置于两条中轴线上,或是运用垂直中轴使左右两边对称。这种构图方式的优点是平衡稳定,端庄大气,左右呼应;缺点是过于庄重、呆板。2005年,中央电视台播出的大型纪录片《故宫》、张艺谋导演的电影《大红灯笼高高挂》,都大量运用了对称构图法。

对称构图拍摄的对象主要包括自然景观类、人文景观类和人物类。

自然景观类对称构图囊括了所有自然景物和风光,笔直的小路两边种满了高耸入云的白杨树,形成左右对称构图;饱含着江南水乡风情的传统民居建筑及它的水中倒影,形成上下对称。

人文景观类拍摄对象包括古代宫廷建筑和人文景观,中国古代建筑在构建上讲究左右均衡对称,屋顶、屋脊、梁柱、大门以及建筑中的刻画装饰物楹联、屏风,无一不是按照对称的方式安排的。北京故宫宫殿是典型的对称型皇家建筑,沿着一条南北向中轴线排列,三大殿、后三宫、御花园都位

---

① 〔美〕威廉·弗莱明、玛丽·马里安:《艺术与观念》,宋协立译,北京:北京大学出版社,2008年,第461页。

于这条中轴线上。并向两旁展开,南北取直,左右对称。这条中轴线不仅贯穿在紫禁城内,而且南达永定门,北到鼓楼、钟楼,贯穿了整个城市,气魄宏伟,规划严整,极为壮观,是中国古代建筑艺术的精华。沈阳昭陵、福陵、明十三陵、寺院、古代民居建筑中的室内布景等,都是运用对称构图建造的。在拍摄这类建筑时可以选择对称构图。

图1-8 伦敦圣保罗大教堂正面①

　　画面人物对称构图的代表是央视《新闻联播》画面中的两位主持人。为了体现新闻节目的严肃、纪实、庄严,自《新闻联播》开播以来一直延续着主持人出镜的画面对称。在记录日常生活的微电影、纪录片中,各类综

---

① 〔美〕威廉·弗莱明、玛丽·马里安:《艺术与观念》,宋协立译,北京:北京大学出版社,2008年,第435页。

艺节目的主持会场上,大型文艺节目编排时,画面人物对称也是比较常见的构图方式。

四、灵动的 S 形构图

S 形构图是经典的构图手法之一,尤其适用于风景摄影摄像的取景。镜框中的 S 形从前景逐渐向中景、后景延伸下去,形成灵动的空间视觉感。弯曲的 S 形线条使画面带有轻松、自然、活泼的韵律感和视觉上的延伸感,让静止的画面活动起来,给人以沉思、回味和遐想。在拍摄取景前,先观察所拍景物是否可运用 S 形构图方式,从怎样的角度来取景更能达到拍摄的预期效果。还可以利用各种具有丰富变化性的曲线,将若干个物体用一条曲线串连起来,给人以视觉上的美感。

拍摄自上而下、蜿蜒曲折的潺潺小溪,需要找到自然灵动感。拍摄出的作品虽然是静止、无声的,然而观者在接触作品之后能够感受到自然的律动和美妙的声音。那是溪水叮咚盘山而下、深入刻画出灵秀与俊美的自然山水。S 形曲折幽深的山谷可以让人充满遐想,如同身临其境般步入山谷深处。

图 1-9　中国画《乡情》（张诗扬　画）

国画作品《乡情》是以冬季东北辽南地区的小山村为创作线索,临近春节回老家探望,远远看到弯曲的山路和山脚下的小瓦房。画面中的 S 形作为突出的亮点,既表现出山路弯弯的乡村自然风景,又刻画出作者归乡时心里的复杂情绪。

拍摄沙漠的骆驼商队、夕阳下的蜿蜒河道、长城、茶马古道等带有人文或历史意义的自然景观,需要运用 S 形构图突显另一种美的韵味。S 形构图带来深沉的凝思与冥想、延伸的历史与时空,而这些情感体验是通过画面震撼视觉神经而出现的。

拍摄节日间的舞龙表演、拍摄艺术体操运动员或舞蹈演员舞动的丝绸带、拍摄夜间行驶的汽车车灯轨迹都可以利用 S 形构图。

五、C 形构图

C 形构图广泛运用于自然风景拍摄、广告创意拍摄和人物组群拍摄。这种半环形的构图表现出灵活自然之美,同时又不失庄重。此类镜头常用于纪录片、微电影、旅游广告片等不同类型作品中。

图 1-10　国画《红梅图》（张诗扬　画）

请着意寻找可利用的C形吧！站在海边小山上，或是在海滨高层楼房中的某个房间，海水蓝和沙滩黄搭配出自然界的美丽色彩，观察漫长而弯曲的海岸线能否构成C形。在森林公园中拍摄野花和灌木丛，请尝试寻找视线中的C形。

第三节　屏幕框架中的几何形体构图

画面构图中经常出现几何状的形体，圆形、正方形、长方形、三角形等几何形体具有很好的审美效应，突出抽象的一致性，使画面达到完整统一的效果。在大量借鉴绘画、建筑、雕塑艺术的几何形体构图之后，根据镜框构图的特点，总结出摄影和摄像几何构图规律。从视觉美学的角度来说，几何形体构图可以很大程度地增加作品的艺术性和视觉审美效果。

康定斯基对于画面的形有这样的理解："关于形，一般可分为两方面：1.狭义的形——面和空间。2.广义的形——色彩及其与狭义的形之间的关系……没有一个面或空间是无色的。这意思是说，狭义的形在实际上，必须立刻广义地去检查，也因此两者的划分只是概略性的，而另一方面，两者间的机能关系，一开始就必须确定：形对色、色对形的关系。"[1]

一、三角形构图法

三角形构图法是常见的镜框画面构图方式，是几何构图法中重要的一种，被广泛应用于建筑、绘画、摄影等多元化艺术形态中。著名的三角形建筑埃及金字塔，陵墓的基座为矩形，整个建筑呈现方锥体，从一个侧面形成三角形构图。中国传统建筑中，三角形的屋顶结构很常见，这样的房屋不积水、抗风暴、比较坚固。

国画《辽南的乡村》中，白色部分形成一个三角形，将画面从中间截断，与三角之外的墨色形成鲜明对比。

---

① 〔俄〕康定斯基：《艺术与艺术家论》，吴玛悧译，重庆：重庆大学出版社，2011年，第53页。

图1-11 《辽南的乡村》（张诗扬 画）

在镜框取景时除了运用正三角形构图,还有倒三角形、不规则三角形以及多个三角形的构成形式。正三角形构图给观者传达着安全、稳重、稳固的视觉效应,但缺乏灵动之感;倒三角形构图和不规则三角形构图则表示不安稳;斜放或不规则的三角形具有前进的冲击力和突破力,可以根据需要灵活调整构图,传达出画面潜在的心理意义。

在取景镜框中,三角构图的形成是通过人物、静物、风景等背景内容构成的。取景时要在镜框中先找到水平的或垂直的两个点,然后尽量发现与这两点对应的第三个点,也就是构成三角形的第三点。确认目测的三角构图能够表现预期的符号意义和内在目标。三点定位,需要观察形体本身形成的形状,同时不能忽略光影、道具、场景、画面边框所构成的三角构图,用抽象的视觉思维角度观察选景,利用人物的姿态为整体画面增加三角构图效应。

广告人物摄影中,正三角形构图主要运用于模特人体本身,因为身体构造和关节的原因,人的形体可以构成很多三角形体。例如,模特正面盘坐的姿势,人物侧面收腿抱膝坐姿,屈腿凌空跳跃姿势等。在拍摄取景时可用抽象的角度来审视人物,人物身体为面、四肢为线,头部为点,进而形成三角形的几何形体构图。此外,还可以借助服饰来体现三角构图。朝鲜族女性的民族服饰和所有的 A 摆裙子本身就是三角形的;臀部特别肥大,脚踝收紧的裤子使人物下肢成为倒三角形。在具体的广告拍摄中,应发现并灵活运用三角形构图,让经典的构图设计为广告作品赢取更大的成功。

二、圆形构图法

圆形构图法包括椭圆形、不规则圆形、半圆形(弧形)、圆形。圆形构图的方式之一是将拍摄主体置于圆形中心,利用周围的景物环绕拍摄主体,形成圆形构图,体现透视效果;方式之二是指要拍摄的主体本身呈现圆形或不规则圆形,在镜框中占据重要位置。

取景镜框中的圆形构图会带给受众多种审美效果。圆形是由弯曲的线条所勾勒出来的,因而会产生视觉上的柔美之感;圆形是一个圆润而封闭的几何形体,在视觉上造成动感、旋转、收缩的感觉;圆形又像是一个永无尽头的轨道,周而复始地运转;圆形以视觉的第一关注点为中心轴向外扩散,产生很强的向心力。椭圆形是圆形构图的变异,能产生旋转、运动中的视觉效果。

圆形构图分为外圆和内圆两种方式。外圆是由景物自然形态形成的实体,主要指通过主体在圆形中的变异效果显现出动感和美感。内圆是空心结构的,通过圆形空间构图产生出震撼的视觉透视效果,具有视觉指向性。

圆形有时候是不规则的,经过拉伸的圆形可以成为椭圆,甚至以散点构图的形式出现。圆形构图渗透在建筑、绘画、雕塑、摄影等多个艺术领域,很多景物和建筑采用的是圆形或弧形构图。具有中国古典美的弯弯拱桥、中式庭院中的月亮门、海上升起的太阳、落日余晖呈现的剪影、俄罗斯莫斯科圣母升天大教堂洋葱形的屋顶、宗教绘画中人物背后出现的圆形光环……这些都是圆形构图的基本素材。

图 1-12 意大利,拉斐尔:《雅典学园》,1509--1511 年,
壁画,罗马教廷,梵蒂冈宫,罗马,意大利。①

圆形构图中的主体可以是圆形本身,也可以放置在圆形构图中心。某些景物和光影搭配能够形成圆形,小河上架起弯曲的石桥,石桥的倒影映在河面,形成虚实交汇的圆。

三、矩形构图

在电视摄像、摄影和绘画中,通常能运用到黄金矩形(Golden Rectangle),长宽之比为黄金分割率,即边框矩形的长边为短边 1.618 倍。黄金分割率和黄金矩形能够使欣赏者感觉到艺术的和谐之美,令人身心愉悦。

矩形构图也被称为框架构图,通常在取景时利用带有框架感觉的景物作为前景,把拍摄主体放置在框架中。采用矩形构图的摄影摄像画面能够产生强烈的空间感,带来视觉冲击力。具有框架感的景物包括桥洞、门洞、窗户、山洞等,需要经过细致推敲观察后就地取材拍摄。

---

① 〔美〕威廉·弗莱明、玛丽·马里安:《艺术与观念》,宋协立译,北京:北京大学出版社,2008 年,第 312 页。

四、画幅与边框

在画面构成中,边框是景物的分界线,它将有价值的主体和客体内容集中起来, 构成镜框之内独立的画面。镜框中的边框是由两组平行线构成的, 横线和竖线可以成为画面物体的参照物。由边框形成了三种基本画幅,即横画幅、竖画幅、方画幅。横、竖画幅的长宽比大约为8:5,是日常摄影和摄像常用的画幅比例;方画幅为1:1,常用于专业的图片摄影。电影和电视的画幅形式比较单一,电影普通银屏边框比例1:1.38;现有宽银幕等画幅比例达到1:2;电视荧屏边框一般为1:1.33,长方形画幅的高清电视是16:9。

横画幅是最适合人类视觉的画幅,人的左右两眼水平,因此视觉上横式场角大于纵式场角,而且拍摄横画幅作品时通常会重视地平线。竖画幅可以突出垂直线,适于表现景物的延伸感。方画幅的四个边长度一样,在绘画和艺术摄影经常出现,日常外景拍摄用得比较少。镜框画面的边角位置主要安排处理陪体,用来突出主体。艺术摄影创作中,有时候会将主体事物放置在镜框的边角位置,突出反视觉的艺术审美效果。

无论面对什么样的画幅,都要敏锐确定拍摄的主题思想,将需要的物体拉进取景器中,并且合理安排物体位置,明确主体和客体的位置。

第四节　取景镜框构图中的主体与陪体

传媒行业日常工作,离不开设计、摄影和摄像,且这些摄影摄像作品具有很强的目的性。无论是绘画还是拍摄,都要提前在心中打腹稿,确定好作品的主题。新闻记者需要在现场迅速整理思路,确定新闻中心点,同时需要思考照片或视频如何搭配文字,既能报道事实真相,又能焦距受众群体的视觉感官。平面媒体和电视广告在策划过程中,需要根据商品特征和受众群体来选择主体和陪体,明确两者之间的位置。

一、主体的处理艺术

取景镜框艺术中主体部分之重要,就像是一篇论文的中心论点,一个新闻报道的主题思想一样。在摄影、摄像取景时,必须在镜框中找到需要的拍摄主体。当一部平面艺术作品展现在受众眼前时,要在第一时间集中观者的视觉关注度,让受众领会拍摄者的构思和用意。所有的艺术化处理技巧都是为了突出主体,主体模糊不清的画面造成"文不达意",更无法诠释作品包含的深层意义。

当遇到宏大的现场、人物众多的场面,尤其需要注意镜框中主体的处理。拍摄时必须在诸多人物和景物之中选择具有代表意义的物体,突出表达要点,统领整个画面构图,突出平面媒体中不同层次的艺术表现力,避免形象模糊,主题不集中。

在实地拍摄时,需要从四个方面来逐步推敲画面的主体:

首先,是拍摄主体自身的主观条件。人类长期生活在具有共性的社会中,无形中受到来自家庭、地域、民族乃至社会的影响,导致世界观和价值观取向的差异化。在同一类受众群体中,对某些事物的意象形成具有一致性,形成鲜明的"共性思维"。若是在拍摄作品时无视主体的主观条件,则会通过视觉造成心理偏差。在高档的西式餐厅中,餐具应该是精美的刀叉,在一盘半生半熟的牛排旁边放置一双景泰蓝的精美筷子,容易给受众造成思维逻辑的混乱无序。总之,镜框中的主体应是受众在潜意识中很重要的部分。

第二,在构图时为主体景物安排合理的位置。通过对"黄金分割构图""线形构图""几何形构图"等多元化的构图技巧,我们了解到主体在画面中的位置是至关重要的。同一个主体,因放置在镜框中的位置差异而产生不一样的艺术效果。人们通常会把主体放置在画面中心位置,他们认为中心部分是画面均衡稳定的最佳位置。殊不知这样安排主体造成整体画面缺少灵动的生机变化,极容易产生视觉疲劳。

第三,主体景物在镜框中的面积。根据主体在画面中面积的大小,一般有两种处理主体的方法。一种叫作直接处理主体,即主体在画面中占的面积比较大,因而比较突出,这是一种偏于写实的方法。它可以通过近距离拍摄或用长焦距镜头将被摄主体拉近放大的方法来实现。另一种叫作间接处理主体,即主体在画面中占的面积并不大,但是通过一定的摄影手段仍然可以使它很突出。间接突出主体使画面显得含蓄、意境深远,给人留下的联想、思考的空间较大,是一种偏重于写意的方法①。突出主体的艺术性审美主要指间接处理法。在拍摄练习时运用间接处理法,可以从明暗、色彩、线条、远近、动静等角度着手,运用不同的方法突出主体。

第四,主体在画面整体中的统帅作用。主体支撑起画面,把诸多零散的景物和人物穿连起来,形成有层次的整体。主体的表现有各种不同的形式,归纳起来大体有两种:一种是直接的表现;再一种是间接的表现②。直接表现可以使人对作品意义一目了然,间接表现突出含蓄意味,需要通过线条、光线、虚实变化来引导受众的视觉意识。

二、陪体的处理

画面中的陪体是为主体作陪衬的,也称为客体。在拍摄时合理运用陪体能帮助主体深刻体现画面描述的主题,同时对画面整体的艺术感起到推进作用。在新闻摄影、摄像作品中,陪体一定不能超越主体喧宾夺主,是以经常出现陪体不完整的情况。比如在现场采访过程中,受访者是主体,记者是陪体,记者经常不能全身出现在画面中。以事件场景作为陪体,要注意选择陪体对象,仔细考量陪体对整个新闻作品的影响。设计安排主体和陪体的时候需要斟酌构图、光线、色彩等多方面技巧,确保在任何一个技术环节中陪体均处于陪衬地位。艺术摄影、摄像和广告作品对陪景的处理要尤为认真,"红花虽好,还需绿叶扶持",陪景处理得好,能收到事半功倍的效应,反之把画面搞得一团糟,无法辨认主体和陪体。

我们常用均匀的物体做陪体,突出不均匀物体的主体性。在均匀的画面中加入不均匀的元素,该不均匀元素会迅速吸引观看者的注意力。例如在怒放的花丛中,所有花朵都娇嫩欲滴,只有一朵凋萎的花儿,这朵凋谢了

① 郭艳民:《摄影构图》,北京:中国传媒大学出版社,2011年,第24页。
② 李兴国:《摄影构图艺术》,北京:北京师范大学出版社,2006年,第17—18页。

的花儿自然成为视觉关注焦点。又如,幼稚园的孩子们正在午睡,只有一个儿童站在小床上东张西望,该儿童被众多陪体突显出来,成为视觉焦点中的主体。

此外,还可以利用光的明暗对比客体和主体。黑夜中的灯光、蜡烛、烟花、星辰、月亮等自然与非自然的发光物体都会显得格外醒目。为了突出这些醒目的光,则需要暗淡的光作为客体。

运用色彩对比也可以表现客体。色彩突出主体和陪体是常用的拍摄技巧。在观看歌舞节目时会注意到,独唱演员和为其伴舞的舞蹈演员在服饰颜色上有明显的色彩对比。红花和绿叶相配,两者缺一不可。

利用事物的质感来进行视觉对比也是可行的方法之一。英国作家迈克·威尔斯在1982年世界新闻摄影比赛中,以一幅作品《乌干达干旱》获奖。该新闻摄影运用物体质感的对比来表现非洲严重旱灾地区的民生。作品中只有两只手的特写。一位成人白皙丰腴的手掌占据了大半的画面,在这只白色大手中托着黑人小孩子黑色小手。摄影师通过这两只手鲜明的质感差异,突出受灾的黑人儿童瘦弱的小手儿,一下子将灾情的严重和人们的苦难表现得淋漓尽致,引起了人们对挣扎在死亡线上的非洲灾民的强烈同情和焦虑。

在摄像过程中,主体和陪体的情况稍复杂一些。特写镜头是没有陪体的,拍摄运动的场面,主体和陪体的关系往往难以辨认。影视摄像时,主体和陪体是以段落片段出现的,两者相互转换出现在镜头中。这就需要拍摄者平时留心观察和思考事物,用扎实的基本功和正确的艺术审美观来控制镜头,拍摄出主体、客体合理的作品。

拍摄前可以按照前文所介绍的技巧来预先设定画面的"直接处理陪体"或"间接处理陪体"。直接处理陪体时,把陪体处理在画面内部,让观众可以看到。这种处理方法要求陪体一定要与主体有所对比,而且不能压过主体,两者必须要有主有次,有实有虚。在直接处理陪体的画面中,陪体的面积往往会比主体小;陪体的位置往往处于非优越的边、角、前景、背景的位置;陪体的形象往往会残缺、不完整,只要画面中保留足以说明其性质的部分就可以;陪体的色彩、影调往往与主体有对比,而且不抢眼。由于陪体和主体构成一定的情节,所以要求陪体在动作、神情方面要与主体有密切的配合,陪体的线条结构、方位朝向也必须与主体相互呼应、相对一致①。直接处理陪体后形成"封闭式构图"方式。

间接处理陪体时把陪体的形象处理在画面之外,观众在视觉上看不到,只能在某种线索引导进行联想。间接处理陪体经常出现在影视摄像技术中,在摄像机的运动拍摄、分切拍摄、摄像蒙太奇等技巧处理时,间接处理陪体使观众对影视镜头及片段进行充分联想,通过想象来构成完美的视觉和谐感。间接处理陪体的构图方式也叫"开放式构图"。

第五节 前景与背景

拍摄之前的观察,除了确定主体、陪体的基本位置之外,还需要注意镜框之内物体的前后层次感,即前景和背景。通过巧妙构思形成的前景和背景能为画面主体思想营造合适的环境,有助于解读事物的本质。从视觉审美角度来看,前景和背景的合理运用能够消除画面平面感,呈现活灵活现的景物,让观者如同身临其境。

一、前景

摄影、摄像机取景镜框中的所有物体占有不同空间位置,前景位于整个镜框的主体之前,是距离摄影机、摄像机镜头最近的位置。或者说,距离拍摄者近的物体都可成为前景。不一定每帧照片或摄像作品都带有前景,但是在按下快门之前要形成前景意识。媒介传播常用的摄影和摄像技术属于"平面艺术",运用二维平面来模拟三维立体空间。突出前景的摄影摄像作品可以增加空间透视感,使画面层次清晰,表现的情绪更具深度。在实际拍摄过程中,要避免"没有前景硬找前景"的情况,防止前景喧宾夺主,分割画面、成像过大、色调过重等问题发生。合适的前景有提高层次感、增加装饰性、表现框架中的唯美效果、突显新闻事实的作用。

---

① 郭艳民:《摄影构图》,北京:中国传媒大学出版社,2011年,第28页。

第一,可以提高空间层次感的前景。拍摄河岸上钓鱼的老人,老人是画面中的主体,倘若在前景中加入河边轻拂着的垂柳,将作为主体的老人稍微滞后一点点,则画面出现三维立体感,提高了整体的艺术表现力和感染力。在运用长焦镜头拍摄人物的时候需要特别注意,如果没有前景衬托,作品将会变得呆板缺乏生机。

第二,装饰性前景。前景经常起到美化整体画面,提升艺术审美的作用。拍摄主体是一座千年古刹,选取寺庙前的参天古树作为前景,除了增加三维立体感,更为主体景物起到装饰效果,让观者心有所感,感有所悟。

图1-13　约翰·康斯太勃尔:《从主教花园眺望索尔兹伯里教堂》,1926年。
布面油画,现藏于美国。

《从主教花园眺望索尔兹伯里教堂》的作者是19世纪英国最伟大的风景画家约翰·康斯太勃尔(1776—1837)。约翰·康斯太勃尔起初就读于皇家美术学院,后来注重自然风景临摹。他的作品真实而生动,其画风对后来法国风景画的革新和浪漫主义绘画有很大的启发作用。约翰·康斯太勃尔曾经说:"我生来就是为了描绘更幸福的大地——我的古老的英格兰。"在《从主教花园眺望索尔兹伯里教堂》中,我们能感受到前景对于画面整体结构的重要性。从透视取景上将主体部分放在原处,表现出空间纵深感,凸显出教堂的主体位置。

　　第三,框架式前景。这是拍摄时选取前景的一种特殊形式,对画面起到重要的作用。这样的取景方式在我国传统园林、建筑中运用较多。拍摄者身处室内,通过一扇精美的雕花窗,窥探到一座生机盎然的私家园林,比起直接拍摄园林景色要美的多。又或者,拍摄者古香古色的房子之外,以敞开的大门作为框架前景,拍摄门内的主体景物或人物。佟毅夫曾经拍摄过一帧名为《千秋功绩》的作品,天安门下面主城门洞是作为框架前景出现的。通过门洞由北向南拍摄, 正好拍到完整的天安门城楼和天安门广场的中轴线。该作品按照亮度较高的景物来曝光,这样门洞内形成一片黑影,提炼出拍摄主体的独特效果[①]。

　　第四,新闻现场拍摄中的前景。在突发性新闻现场拍摄,往往需要眼疾手快,迅速寻找到新闻要点。摄像时尽量选取既具有信息含量,又突出画面层次的前景,使受众深入了解事实真相。

二、背景

　　背景与前景相反,在画面中位于主体之后的,用于渲染主体和客体的一切景物都可称之为背景。背景比前景的运用更为广泛,不设置前景的照片经常能见到,而不设置背景的照片是极少出现的。

(一)理性选择画面背景

　　背景在摄影、摄像作品中的重要性主要有以下五个方面:背景能够突出画面主体所处的地理环境,空间环境;背景可以起到深化主题的作用;合适的背景能够增加画面整体的艺术性；可以利用背景的颜色突出主体;可以利用背景形成景深构图。

　　在拍摄以人物为主体的照片时,背景和人物的相互关系可以深刻揭示该人物的心理情感, 不同背景带给受众的视觉效果和心理暗示也截然不同。例如:主体人物是一位身着古装服饰的弹琵琶女子。背景一,华丽的舞

① 郭艳民:《摄影构图》,北京:中国传媒大学出版社,2011年,第33页。

台,缤纷的舞台灯光。背景二,以旧时茶馆中的一个角落为背景。背景三,典型的中国古代宫廷建筑或是古代女子闺房。背景一让人一目了然,舞台上弹奏琵琶的或许是一位青年演奏家;而在背景二的暗示下,我们很容易联想到茶楼中卖艺为生的女孩子;背景三表现的一定是生活在深宫中的落寞女子或是待字闺中的少女。通过上述比较,我们更能深刻体会背景对于主体情感表现的重要性。我们可以尝试选择某一拍摄对象作为固定主体,运用各种不同背景搭配主体,感受不同画面描绘的不同意境。

优秀的艺术家会在前期创作时开始考虑背景的处理方式,在实际拍摄中,具体问题应具体对待,下面介绍几种规律性的背景。

职业型背景:媒体工作者在日常工作中,经常进行人物采访或专访。在访问时,主体受访者不能改变,画面可调剂的只有采访背景。例如:采访某位劳动模范工作者,拍摄地点可以选取该劳模工作的工厂车间。这样的背景表现出主体人物的日常工作环境,运用自然光线,展示劳动者的工作现场环境,刻画其朴实、勤劳等美德,属于写实的拍摄手法。这样的背景和主体搭配,使人仿佛身临其境,深度刻画出采访主题。

生活型背景:生活是多元化的,它带着艺术的缤纷色彩和情感的苦辣酸甜走进我们的视觉世界。在选景前先要考虑好作品即将表现的特征,怎样的背景能吸引人的眼球?怎样才能反映作品环境?例如:公园长凳上坐着老爷爷和老奶奶,我们以两位老人的背影作为拍摄主体。需要突出的情感是青丝变白发,岁月换容颜,两人携手相伴走过多少年,经历过多少艰辛和困难。在选取背景时可选择晚霞映红的水面,兼带有河岸的丝丝垂柳。

季节性背景:在拍摄某些景物的时候,可以利用带有季节特征的背景来衬托主体。例如,用秋天树叶的颜色作为背景。北京香山秋天的红叶、四季九寨沟的色彩变换、冬天雪后吉林的雾凇等。合理利用这些带有季节性特点的画面背景,使画面真实而生动。

自然风光类背景:自然赐予人类的美丽风景一向是摄影、摄像爱好者向往的圣地。作为专业记者和摄像,不仅要选取美丽的风景,更要理解自然风光中隐喻的含义。以俄罗斯的白桦树林为例:白桦树是俄罗斯的国树,它的民族象征意义早已跟随俄罗斯人民生活、传统节日、文学名著、艺术作品等糅为一体。俄罗斯著名画家库因芝、格里察依、列维坦等著名画家的作品

《阳光下的白桦树》《白桦树丛》《微风掠过白桦树》《金色的秋天》，完美体现出白桦树在四季中的美。俄罗斯民俗学家费德科曾这样形容白桦树林："只要你走进白桦林，就会知道白桦树对俄罗斯人意味着什么。其他任何一种树都无法带给你那种纯洁、孤傲和完美的特殊感觉。这就是俄罗斯灵魂的写照。"俄罗斯文豪列夫·托尔斯泰用饱含深情的笔记录着："新月发出它沉静的光芒。池塘在闪耀。老桦树的茂密树枝，一面在月光下显出银白色，另一面的黑影掩盖着荆棘丛和大路。"白桦树代表着俄罗斯人的祖国和家乡。诗人卢勃佐夫在诗中写道："我爱白桦树落叶缤纷，我爱白桦树沙沙作响。我的俄罗斯啊，我爱你的白桦，从童年起我就同它们一起成长。"由此可见，以某些自然风景为背景的画面中，风景的原始意义被削弱，取而代之的是风景中的象征意义。在摄影和摄像中，熟悉不同风景所代表的象征意义非常重要，这些知识需要平时不断学习积累。

名胜古迹类背景：以本地的名胜古迹作为背景，可以直接点出事件发生地点，让受众对该事件有更清晰的记忆。长城、圆明园、故宫、凯旋门、凡尔赛宫、金字塔、冬宫、夏宫、红场……选择具有象征意义的景物来作为画面背景，可以将主体的文化内涵提升到一定的高度。

(二)画面背景运用不当产生的不良效果

如果画面背景处理不当，则会产生不良效果。有时候拍摄者把注意力全部集中到主体身上，忽略了主体背后的陪体，陪体背后的背景。这样会出现背景和主体之间的"不良重叠"。图中的背景树枝正好和人物头部结合，枝干好像已经插进人的太阳穴，这就是我们常说的"不良重叠"。无视或忽视背景，使作品画面主次不清晰，毫无章法。

在实地拍摄时，有一些场景不适合充当画面背景。其一，凌乱的场景，包括室内物品摆放的混乱和室外景物毫无条理。其二，拍摄带有人物主体的外景，需要避开一些树干、枝叶、柱子、镜子等能够影响人物面部光线的物体。应调整镜头中人物的角度，排除不合适的背景景物。其三，在拍摄广告或者某些需要突出主体人物形象的作品时，背景的色泽不宜过于鲜艳，避免背景喧宾夺主。其四：背景和主体若是反差特别强烈，对于突出画面整体效果的艺术性也不合适。

(三)背景在拍摄实践中的运用

背景在镜框中占据多少位置没有定性的规定,根据日常拍摄经验,可以遵循相关的拍摄规律。第一,如果想突出主体所在的环境,背景可以扩大。尤其是在拍摄文物古迹的时候,画面背景的完整性很重要。例如,宫殿上悬挂的匾额,如果没有全部出现在镜框中,只能拍下一部分,就破坏了画面的整体感。第二,人物广告作品中,需要选择简单的背景物体,若是背景繁琐复杂,人物就不能突出,广告作品的商业效果也随之降低。在忽略背景之时,可以把焦距调到远摄端,以便省略掉多余背景。或者开大光圈、使用长焦镜头使背景图像变模糊。第三,背景是画面整体无法分割的重要部分,这时候应该收小光圈,提高背景的清晰度。第四,利用天气影响进行拍摄。遇到雨雪天气、大雾天气时,合理运用逆光可以突出主体。第五,拍摄主体和背景之间的影调有鲜明的对比,两者的色彩应该是既对立而又和谐的。

第二章　掌控光的艺术

光是自然界的一种物质,也是艺术创作中不可或缺的元素之一,是视觉语言符号的重要表现手法。在光束照射物体时,形成明暗不同的面,运用这些光线照射的明暗面,可以塑造出更加逼真的作品。同时也可以利用它们,展示艺术家的内心情绪。学习铅笔素描基础的人对光的变化很敏感,特别重视光面、阴影面与投影的技巧。

15世纪后期,意大利和北方艺术家在光线的使用上,多数用的是"平面漫散光"模式。这种模式在艺术大师达·芬奇、拉斐尔那里达到了一种完美的境地[①]。17世纪,荷兰绘画大师伦勃朗,一生致力于光影和绘画研究。光影对整体画面气氛的渲染有着不可替代的作用,许多艺术家往往通过光影来制造画面气氛,或激烈或平静或梦幻或抑郁或欢腾。柔和的光影、强烈的光影、聚集的光影或散漫的光影等,都能使画面产生不同的气氛,呈现不同的效果[②]。

第一节　光与色的基本知识

从物理理论角度来解释,颜色是由光线刺激人的视网膜,传导至视觉中枢神经所产生的感觉。光线是摄影、摄像的根基,人类的眼睛之所以能看见缤纷的世界,是由于光的反射,光线的变化主宰着物体的色彩。运用"光"构思艺术作品之前,首先要了解什么是"光"。

一、牛顿·光·色彩

光的色彩一直受到科学家们的关注。13世纪,德国传教士西奥多里克

① 霍绪德:文艺复兴时期绘画中的"光影"模式,《文艺研究》,2006年第8期,第155—156页。
② 荀主权:《浅论西方传统画中光影手段的重要性》,西安美术学院,2010年硕士毕业论文。

曾经模仿彩虹对光的色彩进行试验,17世纪法国著名科学家勒内·笛卡尔用三棱镜研究彩虹现象。直到1666年,牛顿运用三棱镜进行太阳光色散试验。在布置好的暗室窗子上开一个小洞,在小洞前放置三棱镜。当阳光从小洞射入后,经过三棱镜在对面墙上出现七彩颜色,依次为红、橙、黄、绿、青、蓝、紫。这种色散现象即是光的分解,也叫光谱。这七种颜色的光线分散的途中加上一块凸透镜,这些分散的光线在凸透镜和墙壁之间又集中到一个焦点上,集中的一点是白色光。所以我们称白色光为复色光。经过三棱镜分解出来的红、橙、黄、绿、青、蓝、紫七个色光,再次经过三棱镜不再分解,所以被称为单色光。

我们看到的光一般都是白色的"复色光"。红(橙红)、绿、蓝(紫蓝)三色光是光的三原色,也叫摄影三原色。三种颜色的色光在经过等量混合后可以形成白色光。人的眼睛能够看到的色光只是极少的一部分,这些色光属于"可见光",人类眼睛看不见的色光范围叫作"不可见光"。人类肉眼中的"可见光"和"不可见光"是由光的波长决定的。光波的波长以纳米为单位(1纳米=1毫米的百万分之一),人的眼睛对于波长的感知辨别范围在约在380纳米至760纳米,当波长小于400纳米,大于700纳米时,人的肉眼几乎不能感知光的颜色。科学家把可见光的光谱定在400~700纳米波长范围之内。光谱中波长700~600纳米的光主要是红色的,600纳米左右波长的是接近黄色的光,500纳米左右开始产生绿色、青色的光,接近400纳米时转为蓝色或蓝紫色。

摄影、摄像三原色和绘画三原色是不同的。前者是指红、绿、蓝色三种色光,通过等量混合可以得到白色色光;后者指红、黄、蓝三种颜色的绘画颜料。

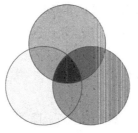

图2-1 **色彩三原色** 上面的青色圆形与左边黄色圆形调成绿色,
与右边品红色圆形调成紫色,左黄右品红相调和成为大红色。

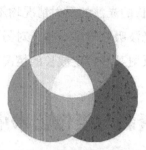

图 2-2 光的三原色 上面红色圆形和左边绿色圆形结合得到黄色，
左边绿色与右边青色相和得到蓝色，三者结合成为白色。

二、光源色与物体色

"光源"一词从广义上讲，是指能发出一定波长范围电磁波的物体；从狭义理解，指的是可见光波段范围内分布的光能辐射体。光源主要有自然光源和人造光源两大类。自然光源是自然界发光的物体，包括火焰、日光、月光等等，这些光源通常具有不稳定性；人造光源的种类繁多，从爱迪生发明电灯开始，各种人造光源进入人类生活。不同光源发出的光波强弱、长短、性质等不同，形成了各种颜色的色光，这些色光也叫光源色。

色温是标度光源颜色的物理量之一。英国物理学家凯尔文在实验中将一块黑色的铁加热至 800K 度时，发现黑色铁开始出现暗红色光；继续加热至 5600K 度时，黑色铁块上出现白色光；一直加热至 25000K 度时，黑色铁上出现了蓝色光。凯尔文于 1860 年制定了色温的标准单位 K 是色温的计量单位，今天用他的名字作为色温的标准单位，通常称 K 度为凯尔文度。某一光源发射的光颜色与黑体温度升高到某一温度时辐射光的颜色相同，黑色此时的温度就称为该光源的色温，以绝对温度 K 表示[1]。光谱成分中的短波光所占据比例多，长波光占的比例少，色温就高；光谱成分中的长波光所占的比例较多，短波光所占的比例少，色温就低。

物体色由投射光和它自身的表面两个因素决定。物体表面的物理特性

---

[1] 马守清主编：《现代影视技术辞典》，北京：中国电影出版社，1998 年，第 53 页

各不相同，即对于不同波长的光波的反射情况均不同。特定的物体表面，总是对光谱中某些波长的光波吸收得多一些，对另一些光的反射得多一些，这种有选择性地吸收与反射某些特定波长的情况称为选择性吸收①。

第二节　摄影与摄像艺术中光的运用

摄影、取景摄像作品主要是借助光完成的，通过光的作用，人的肉眼才能够看到镜框中物体和物体颜色。在没有光线照射的漆黑暗室中，无法捕捉到不发光物体的形态和颜色。而作为拍摄者来说，绝大多数拍摄对象是不能发光的物体。

在拍摄的摄影作品和摄像作品中，经常出现一种现象：拍摄后的画面颜色和肉眼看到的真实景色有些差别，有时候画面偏红或偏蓝，有时候变暗或过亮。产生这种现象的主要原因是光对拍摄的影响。在同一个背景环境中，光线的强弱、明暗、方向、色温等属性也随着时间不同而不断发生变化。

由光线而产生的明暗变化为摄影、摄像艺术提供了艺术创作空间。在光的处理下，画面由最基本的物体受光面、阴影面和投影，发展成摄影的影调和色调。光线可以渲染画面的气氛。在摄影艺术中，气氛可以分为两种类型：造型气氛、戏剧气氛。造型气氛是指摄影师运用光、色、形、线等造型元素，创造一种画面的造型基调，如明快、欢乐、低沉、压抑、暖、冷、动、静等形成气氛，影响人的情绪。戏剧气氛指摄影师通过对造型气氛和天体气氛的表现，结合作品的内容，在画面中表现出一定的情感和气息，如表现人物的情绪、情感、外形特点，表现画面中所反映的人物关系情节，表现画面中人物活动的环境以及所反映的时代气息，环境气息，从而形成一定的社会、历史、文化的面貌②。专业的媒体工作者必须了解色彩的基本知识，认识光与色的辩证关系，才能把日常的摄影摄像工作中完成得更出色。

---

① 梁明、李力：《电影色彩学》，北京：北京大学出版社，2013年，第61页。
② 郭艳民：《摄影构图》，北京：中国传媒大学出版社，2011年，第121页。

一、光线与摄影摄像

无论老式的黑白摄影摄像作品，还是色彩缤纷的视觉艺术作品，都需要在拍摄过程中运用光线进行艺术创造。初学者往往在构图时不能很好地利用和驾驭光线，导致拍摄的作品缺少艺术感。使用 Photoshop、光影魔术手、美图秀秀等任何一款大众化的图像制作软件都可以调整摄影作品的明暗，但是很难改变拍摄角度、方向与光的关系。

摄影摄像属于光影的艺术，光线为摄影和摄像提供着最基本的物质基础，需要在学习过程中认识光的基本属性、研究光的不同变化、熟悉光的基本规律。

按照光的基本性质划分，光可以分为直射光和散射光，也叫硬光和软光；或者按照光的形成特点划分为人工光和自然光。对于传媒工作者，室外的拍摄主要以新闻摄影、摄像为主，这类作品需要运用自然光。直射光的光线较集中，照射面积较小，有明确的光线投射在物体上，使物体表面形成受光面、阴影面和投影，物体在直射光照射之下，表现出明显的轮廓和立体感。散射光的照射不集中，光线均匀且面积较大。物体被照射后表面没有受光面、阴影面和投影，物体在散射光的照射下显得柔和平淡，缺乏立体感。在拍摄过程中，我们经常运用到顺光拍摄、逆光拍摄和侧光拍摄、上下光拍摄四个形式。

(一)顺光拍摄技巧

顺光也叫正面光，该角度拍摄时，光的投射方向应与拍摄方向一致，光线高度与拍摄器材接近。很多初学摄影者喜欢用顺光拍摄，拍出的作品光线照射均匀、色彩明亮、少阴影、无死角。但其缺点是画面的层次感不突出、透视感差、整体效果平淡而乏味、明暗反差较弱。顺光拍摄需要注意以下几点：

☆ 顺光拍摄应注意画面的整体色彩美，拍摄景物之间的影调和色调对比要强烈，以此增加景物的空间层次感，弥补顺光拍摄所产生的弱点。

☆ 顺光拍摄要选择多层次的景物，利用景物自身的优势来增强画面透视感。

☆ 有时候前景产生的投影也可以帮助画面突出层次效果。

☆ 顺光拍摄时可以在镜框中寻找带有纵深线条的背景，笔直树木的影子、竖直的杆子都有利于画面的表现。

☆ 调整拍摄角度，利用光影调节画面。

(二)侧光拍摄技巧

侧光拍摄是摄影和摄像中最常用的一种光线，光线从拍摄点的左或右侧方照射到景物上，形成明显的受光面，阴影面和投影。画面中明暗效果清晰，适于表现画面的空间深度感和立体感。侧光拍摄主要有斜侧光和正侧光两种角度。光线从被拍摄物体的侧前方照射过来，与物体形成 45° 角时，形成了斜侧光拍摄角度。使用前侧光拍摄的景物大部分受光，投影在斜侧面，表现出较好的空间感和质感。用于人物拍摄时能够表现人物的心理情绪，拍摄景物可以丰富层次，突出明暗效果。斜侧光照明可以分为窄光照明、正常斜侧光照明、宽光照明三种。窄光照明，指照射光源在被摄景物侧前方 60～90° 的位置，这种光照方向能增强画面物体的质感，适合拍摄广告人物半身像或头像，拍摄时注意人体面部的光线效果，防止出现"阴阳脸"。正常斜侧光照明的照射光源位于物体前侧方 45～60° 度，表现出拍摄物的质感和立体感。宽光照明的光线照射角度为侧前方 30～45° 位置，光线照射到物体的面积小。宽光照明仅仅适合小面积、小起伏的物体。

光线与被拍摄物体形成 90° 角的时候，形成正侧光的角度。正侧光经常用于室外景物拍摄，光线使画面形成明暗参半的效果，质感和空间感强烈。运用该角度拍摄人物时需要注意，防止正侧光照射下人物面部半阴半阳。

(三)逆光拍摄技巧

逆光拍摄是摄影摄像艺术的最高体现，合理运用逆光角度能使作品产生突出的视觉艺术效果。运用逆光拍摄出来作品暗部比例增大，高度的明暗反差给人的视觉带来强烈冲击，进而产生艺术造型效果。逆光分为侧逆光和全逆光两种照射角度，侧逆光与后侧光的角度相类似，全逆光是面对相机、摄像机投射而来的光。

　　侧逆光指光线照射与景物形成 135° 角。镜框中的景物受光面小,2/3画面为暗面,光线形成的投影清晰表现景物的轮廓。在侧逆光照明下,有利于表现景物的轮廓特征,用以区分这一物体区别于另一物体的界限。当侧逆光照射于粗糙的物体表面时,会突出物体的质感;当照射于光滑表面时,会产生单向反射光,形成耀斑。

　　逆光拍摄时,光源与摄影机或摄像机头相对,光线从拍摄物体后面射出。在逆光下拍摄出的物体能够清晰展现景物轮廓,有时候作为不同层次的景物划分界限,也叫隔离光。逆光角度适合拍摄花卉植物,当光线逆向照射,使被拍摄的植物色明度和饱和度同时提高,呈现出最佳的光泽和色彩。逆光角度使被拍摄景象的明暗打开差距,突出画面整体的艺术感。在拍摄风光外景时,采用逆光角度拍出的森林、湖泊、晚霞、朝阳、山峦、海洋等自然景观线条勾勒得十分明显。尤其是早、晚的逆光外景拍摄,前景的色彩饱和度低,比较黯淡;背景的色彩饱和度低,显得明亮。逆光拍摄带给镜框艺术深刻的内涵,带给观者以心灵的震撼。逆光角度一般不用于人物拍摄,如果使用在人物细节刻画中,有助于表达人物抑郁而深重的情感流露。

　　逆光拍摄时常用三种曝光方法:暗部曝光、内部曝光、亮暗曝光。暗部曝光,是当景物最有表现力的部分位于光影的暗面时,为了重点保证暗部的层次,从而采用这种曝光方式,造成画面的亮度曝光过度从而失去亮部层次。内部曝光是以物体亮部开始曝光,用以产生剪影的效果。亮暗曝光是在亮部层次和暗部层次中取中间值曝光,适合表现中间的影调。

　　逆光拍摄时光线不能直接进入镜头, 长时间对着阳光拍摄会损害镜头,产生眩光等影响。这时候需要遮光罩或其他物体遮挡,或利用长焦镜头避光。

　　(四)顶光和脚光

　　顶光和脚光一般用做辅助光,顶光是拍摄物体的上方与水平线构成九十度角的光线。日常情况下,顶光在实际操作中运用比较少,只有在拍摄人物特写的时候能够用到。脚光是拍摄物下面发射出来的光线,也是比较少使用的拍摄方式。

二、色温在摄影摄像中的重要性

拍摄彩色的摄影摄像作品,必须要考虑到光源的平衡色温。造成色温高低的原因是光源中所含红色和蓝色色光的比率不同,平衡色温的高低与实际生活中的温度无关。人类的视觉感官不能准确地发现光源的颜色,在传媒视觉艺术的学习过程中需要从科学角度分析光源的光谱成分,利用各种光源色完善作品。

自然光的颜色是根据天气、时间等因素的变化而变化的;人工光的颜色是光源中色温的变化而产生的。优秀的摄影师必须理性认识光与色的辩证关系,创作取景时考虑光源的平衡色温,否则被摄体固有色要受到光源色的影响,其色彩不能按照创作意图获得正确的表现,拍摄前调整各种色光,让色光为作品整体服务。

三、自然光与人工光

(一)室内自然光与室外自然光

自然光包括室外自然光和室内自然光,室外自然光分为室外直射光和室外散射光。室外直射光是指在晴朗无云的天气下,太阳光在没有介质阻挡的情况下直接照射到地面上的光线。室外散射光是指太阳光透过大量的云、雨、雪、雾、霾等,间接照射到地面上的自然光。

自然光是日光、月光等来自于自然的光源,它随着自然天体运动而变化,形成丰富的光源,给摄影摄像艺术创作带来生动而真实的效果。自然光的光谱成分变化、色温变化,在一定程度上影响着景物的色彩。比较显著的有三个方面:一是日出前和日落后,景物由天空散射光照明,此时光的色温偏高,天空呈浅蓝色,景物的色彩受到微弱的浅蓝光的影响;二是日出后和日落前短暂的时刻,太阳光中的长波光较多,色温偏低,这时太阳光照明的景物似乎被涂上了一层浅橙黄色;三是夜幕降临时,景物表面的色彩特征也逐渐随之失去。太阳光在斜射、顶射时,基本上是白光照明,景物的色彩特征得到正确的反映。光线照明强度也有由弱变强、由强变弱的过程与规律[1]。自然光的入射角和景物的投影长短同时变化。

室内自然光是室外自然光进入室内后形成的光。所处的地理位置、季节、时间、天气、门窗的方位、大小和材质均是影响室内自然光的主要因素,总而言之,室内自然光是随着室外自然光的改变而变化的。室内自然光具有以下几点特征:第一,在相同的阳光照明环境下,室内自然光的色温要比室外自然光高,距离门窗越远,越能呈现灰蓝或青蓝色调,色温也会越高。第二,室内的门窗等开口处有阳光直射,其余地带是散射光和漫射光照明。第三,注意室内光线照射的方位。例如一间房子北墙上有一扇窗子,该室内光源是从北边射入的;如果有多扇门窗,会呈现出多光源的效果。

(二)人工光

人工光被广泛应用于室内和室外拍摄环境。照明范围有限,同时又便于控制,是人工光的两大特点。人工光可以根据拍摄需要,设置为主光、副光、辅助光、轮廓光、背景光和装饰光等不同直射光,既突出主体,又照顾配体,保证摄影造型的完美[2]。主光也被称为"塑型光",是用来刻画物体基本形态的主要光线。辅助光,也叫"副光"或"补助光",用来辅助主光,平衡亮度,完成整体布光。轮廓光也称为"隔离光""逆光"或"勾边光",位于物体的背后或侧后上方,根据光线方位分为正逆光、高逆光、侧逆光等形式。背景光也叫"环境光""天幕光"或"气氛光",背景光用于照射被摄物体周围的环境背景,调整拍摄物体和周围环境之间的光线,使作品更加细腻,层次感丰富。装饰光也称"修饰光""平衡光"。装饰光是针对物体细节设置的人工光线,当需要突出局部和细节时,或是需要消除某部分投影时,运用该光线对画面进行修正。眼神光是用于拍摄人物或动物特写时常用的人工光之一,利用光线突出人或动物眼部的特写。

四、不同光线的拍摄技巧

无论在何时何地进行拍摄,无论是新闻摄影、现场采访、纪实拍摄或是

---

① 郭艳民:《摄影构图》,北京:中国传媒大学出版社,2011年,第134页。
② 朱景和:《纪录片创作》,北京:中国人民大学出版社,2008年,第180页。

艺术摄影摄像,在开始拍摄时,需要先观察光线和景物之间的关系,尝试在不同拍摄位置取景,或是改变被拍摄物体的位置,改变光线的方向,最终确定好拍摄位置。

(一)室外直射光的拍摄技巧

第一时间段:按照太阳的自然运行轨迹,在与地平面形成零度到15°角的运行时间,也就是"早晨""黄昏"时间段。选择这一时段拍摄创作需要把握光线特点,选择不同的拍摄技巧。

第一,利用柔和的自然直射光。清晨和傍晚,阳光透过空气中的介质,形成柔和自然的光线。太阳初升,东方的天际被映红了,淡淡的微云在金色阳光下显得浪漫而气势磅礴的。在摄影和摄像作品中,自然景观是可以带有强烈隐喻性和抒情性的。"一日之计在于晨",拍摄清晨的校园和街道,闹事和广场、城市和乡村都展现着不同程度的青春力量。"最美不过夕阳红",黄昏的晚霞是最绚丽多彩的,红色的火烧云、鱼鳞般的淡淡白云都是重要的拍摄素材。选取黄昏和清晨拍摄,画面所反映的潜在意义也不尽相同。傍晚夕阳下的所有景物都被抹上一点儿淡淡的哀愁,让人想起元代诗人马致远的《天净沙·秋思》:"枯藤老树昏鸦,小桥流水人家,古道西风瘦马。夕阳西下,断肠人在天涯。"28个字的小令完美描绘出十种意象,让人感受到秋季郊外的风景和诗人凄惨悲苦的心情。用诗词抒发情感和影像拍摄的意境是异曲同工的,两者都突出了同一种感受,意境是所有艺术作品中作者情感的表达。这首《天净沙·秋思》的每一句话都是一幅唯美的色彩画面。第一层由下至上:枯藤缠绕着老树,乌鸦在树上栖息。第二层是由近至远:小桥流水和水岸民居。第三层由远至近:古道苍凉,瘦马伴西风。视野由近处到远处,层层扩展。

第二,利用自然光拍摄剪影或半剪影作品。该时间段的天空明亮,地面景物比较暗,拍摄作品时可以突出天空映衬下的地面景物剪影。袁毅平的摄影作品《东方红》拍摄于1961年8月,选取了太阳升起至地平线一半的时间段。画面下方的天安门等景物剪影轮廓清晰,天空占据整个作品近四分之一,太阳从东方升起,显示出初升的朝气和力量。

第三,合理利用投影和光影进行创作。摄影家弗兰克··霍尔特说:"生活中的一切,无非是光和影。当你看到一束光从窗户射进,你要立刻想到其阴影,两者不是独立存在的。"很多人在拍摄作品时忽略或避开投影,忽视了投影在作品创意中的重要意义。在拍摄艺术性较强的影片或照片时,除了合理安排景物之外,需要重视景物的投影或光影能产生的艺术效果。影子的表现有直接、间接两种。投影直接表现是指物体与自己产生的影子是连接在一起的。投影间接表现,是比较含蓄的投影,树叶晃动留下的影子等具有写意意味的投影。在早晨、黄昏时间段内,室外直射光线入射角度低,使物体形成很长的投影。利用好这一时段物体的影子,可以获得意想不到的变化效果。站在一个制高点上拍摄,更加突出影子的效果。有时候大面积的投影会给画面带来意想不到的艺术感受。美国摄影家爱德华·韦思顿说:"传统的摄影规则,是拍照时着重考虑明影部分的曝光量,而不去顾忌强光部分。我的做法却正相反。主要考虑到强光部分的曝光量,不去顾及明影部分。"在爱德华·韦思顿的摄影作品中,大面积的投影经过处理变得独具特色。

　　第二时间段: 当太阳投射的角度和地平面形成 15～60°,形成了较长的照明时间段,光线色温约在 5400K。被拍摄物体的受光面、阴影、投影明显,适于表现柔和而丰富的层次感、多维度立体感和质感。该时间段的光线、亮度、色温变化缓慢,给拍摄者创造一个相对稳定的拍摄环境,室外现场采访时选择这一时间段,可以清晰展现被摄物体的正常颜色和清晰的层次。

　　第三时间段: 当太阳光投射角度与地平面形成 60～90° 时,我们称之为"顶光照明",也就是正午时分的自然直射光。选择该时间段进行室外采访类拍摄,外景照明较难处理。由于太阳的位置和地平面几乎垂直,自然直射光线强烈,使得景物上部和地表亮度高。

　　顶光照明时期的拍摄要注意一下几点。首先,尝试改变拍摄物体的位置。将可移动的景物放置在阴影的部位,明暗反差会变小。在电视纪实摄影中,由于摄影器材配备相对简单,所以在条件允许时,遇到顶光照明的情况,我们往往是采用调整被摄物体位置的方法进行拍摄,也就是说将被摄对象置于阴影部位,变直射顶光为散射光进行拍摄。还可以将被摄体的主要部位调整到统一的明亮或阴暗的区域,然后按被摄体的主要部位确定曝光组合,保证主要部位的层次,舍去其他次要部位的层次①。

(二)室外散射光的拍摄技巧

室外散射光是指太阳光源受到自然界产生的云、雾、霾、尘埃等物质的阻挡,间接照射到地面的光线。室外散射光照明有很多不同情况,可以归纳为以下特点:光线没有具体的投射方向,照射光线稳定柔和,光线照射均匀;拍摄画面的明暗反差较小,画面影调较平;光线色温高、色调冷。被摄物体的受光面、阴影面和投影不明显,面上照明与点上照明无明显区别。总的来说,室外散射光是在特殊的天气条件下形成的一种室外自然光。

1. 阴天的自然光线拍摄

阴天,包括雾霾天气和薄云天,是常见的一种室外散射光天气,云层或雾霾越厚重,光线的亮度越低,反之云层或雾霾轻薄,照射的光线亮度越高。选择阴天进行户外拍摄时需要注意:在这样的自然光照射下,所拍景物的明暗反差不明显,需要依靠物体之间的明暗关系表现反差;物体表面的空间感、立体感、层次感和质感较差;拍摄物体的色彩表现力较差。

☆ 阴天时光线色温约在 7000K~10000K,画面呈现蓝色。

☆ 云层较薄的天气形成理想的户外拍摄光线,明暗反差小,影调和色调层次丰富。尤其适合拍摄人物特写,能深度刻画出面部皮肤的质感和面部层次感。

☆ 选择阴天进行室外摄影、摄像时,尽量不要选择天空作为景物,或者用暗色调景幕遮挡部分天空。可以减少画面中的白色调,使拍摄景物的亮度和天空亮度差距变小。

☆ 阴天的自然散射光有利于拍摄水中的倒影。

☆ 阴天拍摄作品时需要合理安排被摄物体的色彩和亮度,利用色别的差异突出画面整体。

2. 雾天的自然散射光拍摄

雾天拍摄是室外散射光条件下拍摄的一种形式,适合表现朦胧的美。雾天拍摄的景物若隐若现,容易引发观者的特殊情感或对往事的追忆,能

---

① 郭艳民:《摄影构图》,北京:中国传媒大学出版社,2011年,第145页。

更好表现艺术手法。雾天空气重介质增多，散射光强度高于阴天，均匀照射之下，拍摄的物体表面层次细腻。

☆ 经常出现雾气的地点主要集中在清晨和傍晚的湖边、海边、树林、山顶等地。

☆ 有时候需要用人工烟雾代替自然雾天，也能起到渲染画面的效果。

☆ 雾能够简化画面背景环境和细致的物体线条，保留主要轮廓。使画面具有水墨画的写意效果。

☆ 雾天太阳光照射的色温较高，拍摄中远景呈现出一点儿浅蓝色。

☆ 不同的光线照射方向能够产生不同的拍摄效果，雾天拍摄适合选择侧光、逆光或侧逆光。如果选择顺光，画面会缺乏明暗变化，不能突出雾天的效果。

☆ 可以利用雾天拍摄中的光束进行创作。

☆ 如需强调雾的迷蒙感，拍摄时不能使用各种滤色镜和 UV 镜。

3. 雨雪天气的自然散射光拍摄

雨雪天气带来特殊的室外散射光，是带有浪漫气息的光线，很多彩色摄影作品、电视电影作品都选择雪天和雨天拍摄。纪录片大师伊文思拍摄过一部叫《雨》的片子，他认为雨天本身是光与运动，所以室外拍摄效果很好。雨雪天气外出拍摄外景还有一个抒情优势，雨雪本身具有一种情调，容易渲染环境使受众展开丰富的联想。

天空光是雨雪天气中唯一的光源，它的色温较高，物体被笼罩在蓝色的天光照射之下，微微呈现出蓝色。天空的亮度和地面拍摄物的明暗差别很大。雨雪使得地面的景物显得更暗，虽然光线柔和细腻，亮度平均，但是景物灰暗，画面缺乏立体感和层次感。雨天地面如有积水可以形成反光物倒影。

☆ 雨雪天气拍摄时，通常采用逆光、侧逆光照明，可以以此突出雨雪的表现力。

☆ 雨雪天气拍摄注意控制曝光，防止曝光过度。

☆ 雨雪天气拍摄，可以在选择户外拍摄地点下功夫，如果背景是深色的树林、灰黑色的城墙、色彩暗淡的别墅、簇拥的人群等深色调的物体作为陪衬，可以突出雨雪天气的特点。

☆ 雨天外出摄影,可以用慢快门速度拍摄,以便使雨滴形成珠链状的线条;雪天外出拍摄,可以运用高快门速度,拍摄出的雪花动感极强。

☆ 拍摄雨后彩虹时,应防止相机曝光过度。彩虹的背景天空应以深色出现,如果天空较亮,需要用偏振镜来加深颜色,突出作主体的彩虹。

☆ 拍摄闪电的难度很大,可以在摄影棚中用特技完成。如果需要在自然环境下拍摄闪电效果,则需要三脚架。将相机架在三脚架上,快门速度设置成 T 门或 B 门,镜头设置为无限远。ISO/ASA4000 胶卷用 f/11 曝光,ISO/ASA125 胶卷用 f/5 曝光。外出拍摄闪电需要注意人身安全,不能在山坡、房顶、树木下等地方拍摄。

☆ 利用雨雪天气特有的雨雪具来表现活泼的画面情调。彩色的雨伞、雨衣、雨滴、水涡等都是雨天具备的特殊背景。

☆ 雨雪天气拍摄要防止雨水或雪花进入照相机或摄像机。

☆ 雪天拍摄时,如果大部分场景被白雪覆盖,画面容易偏白,适于拍摄高调画面。

(三)室内自然光的拍摄技巧

在室内自然光照的环境下拍摄是较为常见的。当媒体工作人员需要在室内现场对突发事件进行采访时,需要了解基本的技术处理方法。第一,室内的自然光亮度为摄像机记录景物的最低照度值时,可以直接创作拍摄,使画面显得更加自然真实。第二,由于室内画面色调偏蓝,拍摄的作品容易缺少生机活力。第三,在室内自然光亮度不平衡的时候,选择手动光圈。第四,摄像机远离强光窗口,如果室内外亮度过大,容易引起曝光不足的现象。第五,拍摄物体色调和亮度形成较大的反差,有利于拉开影调,形成立体层次感。

(四)使用人工光拍摄的基本知识

对于传媒工作者来说,了解室内人工光线对摄影、摄像产生的效果是很有必要的。例如在室内拍摄广告作品时,自然光线受到限制,需要用人工来营造一定的现场气氛。首先安排好主光、辅助光、背光,确立最基本的照明基础光。为了营造理想的光线效果,通常还需要使用更多的辅助光源,如

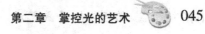

背景光、眼神光等。

　　人工光布光一般分为六个部分。

　　首先,根据拍摄对象设置主光位置,主要包括宽光照明、窄光照明、面光照明等。主光的主要功能是表现光源的方向和性质,使画面物体产生明显的阴影和反差,进而塑造人物和景物的形象,因此也称塑型光。主光需要形成一定的明暗反差以突出立体感和质感。选用聚光灯发出的直射光作为主光的光源,使物体表面产生光斑和闪光;使用散射光作为主光,可以产生丰富的中间影调,但造型效果会减弱。主光位于物体左前侧或右前侧45°时,产生的光线比较自然,形成正常的视觉效果。当光源在物体侧前方60°位置照射时,称之为宽光照明。物体受光后形成的暗面较小,亮面较大。光源处于被摄物体测前15°位置时,称之为窄光照明。窄光照明形成的效果和宽光照明相反,物体受光后亮面较小,暗面较大。突出了物体的立体感和质感。面光照明的光源位于物体前方15～30°,基本属于正面照明。面光照明使被摄物体的立体感和质感较差,会使拍摄的主体人物感觉光线刺眼。如果拍摄现场有多个主光灯,需要注意投影不能混乱。

　　第二,需要设置辅助光,常用的设置工具为反光板和散射光照明灯。辅助光一般位于靠近摄像机拍摄轴线的位置,它能够增加被摄物体阴影的亮度,用以降低阴影的影调,优化视觉效果。反光板可以增加辅助光,泛光灯或闪光灯也能够被用来产生补光,使用时调整反光板和泛光灯等设备与被摄物体的距离,形成合适的画面效果。如果室内的自然光线比较明亮,白色的墙壁、屋顶天花板、地板、家具等都起到一定的辅助光作用。

　　第三,需要设置轮廓光。在布光组合中,轮廓光通常是最亮的,我们需要调整轮廓光源和拍摄物体之间的距离,控制轮廓光的强度,使其和主光、辅助光和谐搭配。需要减弱灯光时可以使用灰色纸,需要改变灯光颜色时用彩色纸,以此获得合适的光线效果。拍摄中需要注意,轮廓光的投影不能投射到镜头上,否则画面会出现光斑。可以用黑色纸遮挡光线,避免多余的光线投影投射镜头,或者升高轮廓光的高度,也能消除光斑。

　　第四,设置背景光。背景光用于照明拍摄对象周围环境和背景的光线,通常是暗于主光和轮廓光的。它可以通过对拍摄环境的细致刻画来突出主体,明确主体与环境的关系,给受众以详细的场景交代。有时候需要拍摄半剪影或是剪影效果，就需要亮度高的背景光。常用的背景光是散射光，因为散射光可以用于整体环境和平面背景的照明。如果使用聚光灯来作为背景光，集中的光束会使背景形成强烈的明暗差别。运用背景光时应注意避免对主体布光效果的影响，背景光的强度一般以主光的 1/2 或 3/4 为宜，过亮的背景会减弱前景主体的相对亮度，造成喧宾夺主。有时候背景光也可以用来表现一些带有情绪特征的背景，可以在背景上投射出不同色彩、不同图案的光，用以表现带有深沉色调的忧郁情感或是黑暗的夜、欢快的情绪等。总之要注意，背景光是为拍摄主体和拍摄效果而服务的，光线的强弱等变化也应按照效果要求而定。

第五，设置装饰光。装饰光也叫润饰光，用于表现头发特征和质感的光线称为头发光，用于表现某服装特点和质感的光线称为服饰光，用于表现道具特点和质感的光线称为道具光等。装饰光是用来弥补其他光线的照明不足，或者强调修饰某一局部物体。一般选用可调节的小光束聚光灯作为装饰光，针对实际需要调节光束大小，用于对局部范围的修饰。需要防止装饰光对其他光线照明效果的干扰，必要时应该做出适当的遮挡。总之，装饰光能够增加画面整体的影调，减弱主光、辅助光等光源之间产生的生硬反差，对拍摄效果起到很好的调节作用。

第六，根据需要设置眼神光。眼神光灯是特制的一种发光功率小、光线柔和且照射面积较大的灯具。通常在正面拍摄人物面部特写时使用，使眼睛产生较亮的反射光点，同时在不影响其他光线效果的同时照亮眼窝周围的阴影。眼神光是针对人物面部特写而设置的光源。眼神光能使人的眼球能在光源照射下反射出光斑的光线。在表现人物面部特写时，为了增加传神效果，刻画人物神态特征，应善于运用眼神光。

（五）室内拍摄的照明方法

1. 单光源照明

在拍摄布光时，仅使用一个照明灯具做光源，叫作单光源照明，是一种非常简单的人工照明方式。

在记者进行现场采访时，多数现场的条件有限，拍摄时间紧迫，这时候通常用单光源照明来处理。外景新闻采访的拍摄过程中，自然光受到大气层的影响形成混合光,可以选择利用人工照明作为主光,把自然光作为辅助光。自然光过暗的时候就需要多个光源,避免明暗差别过大。在新闻节目的采访现场,通常使用碘钨灯或电瓶灯,选择适当的角度,照亮受访者以及周边物体。这样的拍摄产生的效果较单一,如需更佳的照明效果,必须要加入辅助的照明光线。

此外,现场采访条件差时,摄像机上附设的聚光灯可以充当单光源照明灯使用。新闻现场采访,有时候受到人员和地理环境的限制,一人一机拍摄,使用摄像机灯灵活方便。它的使用缺陷是,照射方向固定,角度变化小。

2. 主辅光照明

在布光时仅仅使用主光和辅助光,称为主辅光照明。主光是最重要的光源,即照明中最明亮的、起主要作用的光源。主光照射下,能够更准确的表现拍摄对象的基本形态和画面立体空间以及物体的表面结构。如果拍摄地点的自然光是日光光源,那么主光需突出照射的方向,一般设置在物体的上前方和侧上前方,摄像机中线轴 30~45°,也可以根据拍摄的具体条件和情况灵活安排。

辅助光通常位于与主光对应的摄像机轴另一面。确定主光的亮度后,根据需要调节辅助光。辅助光用于减弱主光造成的明显阴影,两种光线配合,照顾主光光线不能顾及的地方,减少阴影密度。当辅助光的亮度低于主光,两者的强度和反差越大,此时形成的厚重的阴影,画面具有强烈的立体感。当辅助光的亮度越高,主光和辅助光的强度和反差越小,画面阴影越淡薄,整体效果明亮,立体感减弱。当主光和辅助光的亮度一致,或接近一致时,画面上不会出现物体的阴影,同时也失去立体感。有时候为了刻画人物面部形象,会选择使用一个反光镜来代替辅助光照明,利用反光镜中的散射光,拍摄出的人物脸部达到精致柔和的效果。

3. 三点照明法

三点照明法也称为三光照明或三点布光法。这是一种常用于电视纪录片、电影拍摄的传统布光手法。三点照明,分别指的是"主光""辅助光""背光",背光不是"背景光",它的作用是帮助人们从视觉上划分开主体和背景,在某些物体上形成反光的效果。在室内场景中可以允许有多个主光、辅助光和背光。主光作为三点中最重要的一点,比其余两点要亮一些,会产生深刻而清晰的投影。辅助光帮助主光形成的光亮部分延伸,也用于模拟场景中次要光源或反射光源的效果。运用三点照明时要灵活,可以先布置少量光,逐步添加辅助光来完成饱和,防止曝光过度。主光、辅助光、背光在自己的位置,由主光确立被摄物体的形态,辅助光增加柔和的层次,减弱主光造成的阴影,背光可以将被摄物体从背景中分离,使画面空间具有三维效果。三点布光主光、辅助光、背光的光比设置一般使用 1:0.5:1.5~2 的比例标准。以主光为基准,辅助光的强度为主光的 1/2,背光为主光的 1.5~2 倍。主光太暗或辅助光过亮都会使画面造型效果变弱,背光太弱会造成主体与背景无法分离,画面缺少立体感和深度感。 实际操作时没有绝对不变的模式, 应根据拍摄场景在摄像机取景器中所反映的实际情况对光效需求作出判断,视光比变化需要,依照明意图而定,使三光照明达到平衡的关系。

在摄影艺术中,主光、辅助光和背光的三角形安排是单机拍摄常用的布光方法。多机拍摄或大场面拍摄时,就需要调整光线位置。电影拍摄对布光的要求十分严格,需要精确的照明效果。电视节目现场录制需要时效性、动态感和大范围场景布光,所以三点布光有时候不能过于规范,拍摄人物的角度不同,有时候会运用交叉三角的方式布光。

4. 普遍照明法

普遍照明法指的是运用散射光和反射光均匀照射,成为全景照明的方法。通常用于阴天时候的自然光,运用高散光漫射照明。普遍照明法的光线会均匀布满整个拍摄空间,各方向照明强度均衡,物体的立体感和质感较弱。普遍照明法在电影拍摄中运用得较少,因为电影拍摄需要强调光线造型对画面产生的戏剧性效果。电视拍摄时,这种照明方式产生的散射光均匀柔和,摄像机在这样的照明环境下操作灵活,适用于各类电视节目拍摄的动态变化和场景调度。同时适用于新闻报道的现场拍摄。

布置室内人工光所需的工具:

☆ 聚光灯:是产生直射光源的工具,特点是光线直径小,内部的镜片使光线直接照射到物体上。

☆ 泛光灯:也叫"热灯",是用钨制灯丝制作的照明器材,适用于彩色胶片拍摄。

☆　石英-卤素灯:所产生的光线色温恒定,色彩平衡。

☆　碗状反光灯罩:能聚集光线,使其集中照射在被摄物体上。

☆　聚光罩:加在灯罩前的管状物体,使光束变窄。

☆　反光板:用纸板或其他材质制成,将光线反射到阴影部分。

☆　挡光板:黑色挡板,在光源前方。

☆　遮光板:防止眩光。

☆　扩散屏:半透明的塑料布,使灯光柔和。

☆　柔光箱:将灯光完全罩住,使其光线均匀柔和。

☆　灯架:用来固定灯或反光板等设备。

五、光源色与环境色

　　光源色是光源自身的颜色。黑白摄影不存在光源色的问题,彩色摄影在观察景物时首先要明确光与色的联系。看到光就能看到色,光源色温决定光源本身的颜色。不同的光源有不同的光源色,在摄影和摄像过程中,被拍摄的主体一定处于多维度空间之中。在镜框中能够观察到的,主体之外的物体颜色能够对主体产生一定影响。首先,周围物体反射出的颜色影响着主体景物。若是主体景物受到环境色的影响,在拍摄之前需要调整位置,尽量让主体远离周围物体。其次,被拍摄主体部分如果受到光源照射度高,环境色对主体固有色的影响不大,受到光源照射度低的部分将会受到一些影响,形成主体固有色和环境色的混合色。第三,拍摄场景中亮度越高,主体受到环境色影响越小。相反,亮度越低,受到影响越大。

　　当然,如能合理利用环境色来进行艺术创作也是十分可取的。拍摄新年喜庆的片段,红色的爆竹、红色的春联、红色的灯笼映着孩子的红彤彤的笑脸,孩子的面部肤色和环境色自然交融,无疑是为主体人物增色的。如何利用环境色,主要看拍摄前的创作意图,合理恰当的配色是摄影摄像学习过程中的重要技巧。

六、拍摄中的用光技巧

☆ 晴朗天气的正午左右时分,日光含有三原色的比例是基本相同的,视觉上感受到的是白色光。

☆ 一盏灯的色温为 3200K 度,在灯前加一张淡黄色的透明纸,其色温就低于 3200K 度;而在灯前加一张淡蓝色的透明纸,其色温就上升而高于 3200K 度。

☆ 一只普通的灯包含红颜色多,含蓝色少,并非是真正的白色光,当看的时间稍长一点就会误认为是白色光。低色温的白炽灯和高色温的闪光灯,照射同一被摄体就能产生两种光源色效果。

☆ 傍晚日落时分,由户外进入室内之始的视觉感觉是橙黄色的室内灯光,在房间小坐一会儿会发现柔黄的灯光变成白色了。其实室内的灯光一直没有变化,始终是橙黄颜色,人的视觉感受逐渐适应了橙黄色光而产生视觉误差,错认室内灯光为白色光。

☆ 阴天时户外的光由于色温较高,导致室外景致形成偏蓝色的色彩,视觉误差则认为是白色。

☆ 黎明时分的光源色是蓝青色调;日出时候在蓝青色调中加入一些品红色;太阳升起后以橙红色色调为主;正午前后光源色为白色;夕阳西下时以橙红色调为主调。

☆ 夏季晴朗的正午,自然光强烈,光线呈垂直状直射头顶。此时的自然光会造成物体投影短、侧部受光面积小,室外拍摄尽可能避开这一时段。

☆ 夜间拍摄是比较难控制的。夜间拍摄带有夜空背景的景物,由于光的缘故容易形成一片漆黑。若是计划拍摄夜景,可以在白天、太阳尚未升起或刚刚落山的时候拍摄取景,在后期制作中运用技术使画面影像严重曝光不足,形成夜间效果。

☆ 侧逆光拍摄时,可以利用物体影子的长短来突出画面空间层次感,发挥视觉构图艺术效果。

☆ 运用逆光拍摄形成光束效果。当背景光阴暗或者遇到烟雾,可以运用逆光拍摄光束,以此强化拍摄效果。

☆ 逆光照射在水珠等透明物体上,会使水珠晶莹剔透。

☆ 室外场景的逆光亮暗曝光拍摄时, 应选择清晨或傍晚的低角度光线拍摄,可以使背景较暗,物体带有发亮的光边。

☆ 清晨和黄昏时间段色温约在 2800K～3400K,阳光中橙色和红色比较多。可直接使用摄像机 5400K 色片预置色温调白平衡。

☆ 只有配置高端的机型才能直接调整数字, 不能直接调数字的机器需要先设置 5500K,然后调整"预设白平衡模式"才能生效,选择了其他模式无效。

☆ 黄昏时刻太阳微微落下山的时候,或是清晨太阳初升的时候,光影和光的色温不断变化,可以拍摄到笼罩在景物上的,暖暖的金黄色、橙黄色、橙红色。

☆ 顶光和脚光一般用做辅助光。

☆ 拍摄人物惊悚、恐怖画面时,可以选用脚光来突出人物面部的恐怖表情,增强惊悚的气氛。

☆ 在拍摄人物全身像的时候,脚光可以使画面上、下光线照射均匀。

第三章　取景框中的色彩艺术

色彩是视觉形象元素中极为重要的部分,它传递着艺术作品的潜在象征意义,表达出作者的内心情感世界。随心所欲地操控色彩,是非常可怕的事情。色彩对人们的情绪和心理产生重要影响,生物共振学者玛丽安·基尔马丁解释:"基本上,人类完全是由光线组成。我们看上去是实体,因为我的思维定式让我们只看到了光的粒子性。但我们知道,光具有粒子(实体)和波(频率)的双重形式。我们能'感受'到光,是因为我们和以波的形式出现的光产生了共振。这就是当我们说自己有种红色/愤怒/充满能量的感觉时,真正想要表达的含义。"人类感知的局限性,让我们无法看到影响我们"感受"的光波。反讽之出也正在于此:色彩以我们看不见的方式,影响着我们的感觉与行为。[①] 我们在进行摄影和摄像创作时,需要提前了解关于色彩的相关知识、象征意义以及运用方式。

第一节　色彩的属性与分类

色彩三属性是指色彩的三个重要特征:色相、明度、饱和度。摄影摄像作品中的色彩调配在画面艺术整体中占据重要比例。熟悉色彩三属性对进一步开展摄影、摄像等传媒工作十分有利,对镜框艺术的构图质量起到重要的作用。

一、色相、明度、饱和度

(一)色相

色相,也称色别或色调,是色彩中最重要的基本属性。色相由原色、间

---

① 〔美〕帕蒂·贝兰托尼:《不懂色彩不看电影:视觉化叙事中色彩的力量》,吴泽源译,北京:世界图书出版公司,2014年,第7页。

色、复色构成,是对颜色的测量术语,通过它给视觉色彩冠以"红、黄、蓝、绿、青"等名称。黑、白、灰色只有明暗的变化而没有色相属性,属于"无色"一类,摄影学中称之为"消色"。人类的眼睛可以辨认出约 180 种色相的颜色,色相可以用色相角 H 及主波长 λ d(nm)表示,青色的主波长 490nm、红色主波长 687nm、橙色主波长 592nm。在测量复色光时,选择光谱中与色相相同的主波长。

(二)明度

色彩的明度(brightness)是人类的眼睛对光和色彩本身明暗程度的感知。明度取决于照明光源的强弱、受光面的色相和饱和度、物体表面的反射光线。

所有色彩中,白色的明度最高,黑色的明度最低,灰色在明度中居中。上述提及的七色光谱中,黄颜色明度高,橙色、绿色稍低,红色、青色的明度更低,紫色的明度最低。受光强弱对色彩本身也能产生不同的明暗变化。

拍摄过程中明度是一个重要的属性。譬如在沙漠中取景,整体色调呈浅黄色,这是自身明度非常高的色彩,拍摄过程中如果被光源直接照射,明度和色彩纯度将会更高,反之,没有经过光线直接照射的部分显得非常暗淡。即便景物的主要色彩相同,因为室内外受光现象不同而产生的明度变化也会不同。拍摄作品前,根据所需表达的情感内容选择合适的明度和色调,运用景物的明度为作品增色。拍摄灾难型影片或是亲临灾难现场采访拍摄的时候应选择明度较低的色彩作为拍摄主体,出镜记者应选择颜色明度低的衣饰和妆容;面对激情四射的场面则应寻找明度较高的物体作为拍摄对象。在提高色彩明度的同时,色彩的饱和度有可能下降。摄影和摄像是媒体常用的两种传播手段,对于专业的传媒工作者来说,认识色彩明度具有重要意义,熟悉掌握各种色彩的明暗变化,拍摄时候恰当运用色彩的明暗。

(三)饱和度

色彩的饱和度(depth of color saturation)是色的基本属性,色彩的纯度,或者说色彩本身的鲜明程度。

饱和度与明度之间有一定的关联,明度是影响饱和度的因素之一。当某颜色饱和度不变的情况下,明度越大饱和度越大,明度越小饱和度越小;主体景物色彩与周围的环境色是互补色的时候,主体色饱和度较高,如果主体景物色彩和环境色相近,其饱和度就相对变低。黑色、白色和灰色的介入是饱和度变化的主要因素。拍摄主体若是绿色,周边环境色为黑色,使得绿色的明度降低,饱和度也随着降低;如果为绿色中注入白色,则饱和度增大。灰色的明度如果和主体颜色明度相同,混入后不会起变化。

影响饱和度的原因还有空气中介质密度。空气中介质密度大,色彩饱和度相对小;介质密度小,色彩饱和度就大,色彩饱和度与空气中介质密度的大小成反比。因此,我们在拍摄中发现,本是同样饱和度的色彩,距离越远色彩就越淡,距离近时感觉色彩越纯正。

此外,曝光技术对色彩饱和度也产生了重要的影响。正确的曝光会使拍摄作品的色彩纯正,饱和度大;反之,若是曝光过度或不足都能影响色彩饱和度。

通过观察可以了解大雨前后树林的饱和度怎样变化,光泽的物体外表和粗糙的外表有何差别,在日常拍摄中积累一定的相关知识,有助于表现作品的艺术形象。

二、缤纷的色彩

色彩是摄影、摄像作品中的重要艺术表现手段,通过色彩可以塑造不同的形象,具有烘托作品主题思想。在拍摄过程中,掌握色彩的特性、变化以及色彩相互关系,能够帮助我们合理安排不同的物体,利用色彩突出作品构图。

(一)12色环和24色环

除了牛顿用三棱镜确定光的三原色,与其同时代的英国科学家布鲁斯选择了运用绘画颜料进行原色的实验。通过实验发现:红、黄、蓝三种色彩颜料互相混合后可以调配成红色、橙色、黄色、绿色、青色、蓝色、紫色等很多颜色,而红、黄、蓝三色是其他颜色无法调配出来的。

由绘画三原色可以调配出 12 色相环和 24 色相环。今天我们常用的 12 色相环①，是近代著名的色彩学家约翰斯·伊顿(1888—1967)在《色彩论》一书中提到的。该图绘制第一步,画出标准的等边三角形,红、黄、蓝分置三角形涂在相对的色环,黄色在顶角,蓝色左下角、红色右下角。第二步,在三角形外接圆中画出正六边形,涂上第二次色:橙色、绿色、紫色。第三步,在第一次色和第二次色之间涂第三次色,分别是黄橙色、红橙色、红紫色、蓝紫色、蓝绿色、黄绿色。

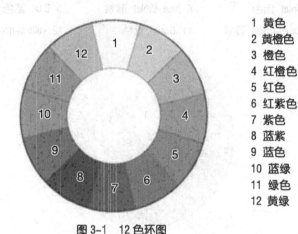

1 黄色
2 黄橙色
3 橙色
4 红橙色
5 红色
6 红紫色
7 紫色
8 蓝紫
9 蓝色
10 蓝绿
11 绿色
12 黄绿

图 3-1 12 色环图

12 色相环中的等边三角形分别显示出三原色红、黄、蓝,黄＋蓝＝绿、黄＋红＝橙、红＋蓝＝紫。黄＋橙＝黄橙、红＋橙＝红橙、红＋紫＝红紫、蓝＋紫＝蓝紫、蓝＋绿＝蓝绿、黄＋绿＝黄绿。约翰斯·伊顿的 12 色环以三原色做基础,由原色(primary colours)、二次色(secondary colours)和三次色(tertiary colours)组合而成。用同样的间隔,按照彩虹以及光谱的排列方式绘制出 12 色相环。该色彩理论对后世影响很大,今天绘画用的颜料三原色还是红黄蓝。

除了约翰斯·伊顿之外, 德国色彩学家威廉·爱斯特瓦尔德 (1853-1932),于 1910 年开始涉足色彩学的研究,在生理四原色基础上制作的衡量颜色的十六色相环,提出了奥斯特瓦尔德色彩系统。艾斯特瓦尔德认为,

① 〔德〕约翰斯·伊顿:《色彩艺术》,杜定宇译,北京:世界图书出版公司,1999 年。

所有颜色都可以通过黑色、白色和纯色三种成分按照一定面积的比例混色而得。美国的艺术学家、色彩学家阿尔伯特·孟赛尔(1858—1918)于1898年创制孟塞尔颜色系统,运用明度、色相、色度来描述颜色。阿尔伯特·孟赛尔是第一个把色调、明度、色度分离成感知均匀和独立的尺度,并且在三维空间中表达颜色的关系。

1 Yellow 黄色	2 yellow-orange 黄橙色	3 Orange 橙色
4 red-orange 红橙色	5 Red 红色	6 red-Violet 红紫色
7 Violet 紫色	8 blue-Violet 蓝紫	9 Blue 蓝色
10 blue-green 蓝绿	11 Green 绿色	12 yellow-green 黄绿

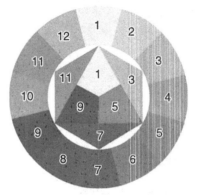

图3-2　12色环构成图

24色相环是由德国色彩学家威廉·艾斯特瓦尔德颜色系统的黄、橙、红、紫、蓝、蓝绿、绿、黄绿8个主要色相,每个基本色相又分为3个部分,组成24个分割的色相环,从1号排列到24号。这种色相的环状顺序排列被称为"色相环",24色相色环中相隔十二个数位或者相距180度的两个色相是带有强烈对比关系的两个色相。互补色结合的色组使人感觉不安定,相隔15度的两个色相柔和、色相统一,趋于调和。

(二)补色

在光学中两种混合后呈现白光的色光,或颜料色混合呈消色的成对色互为补色。任何两种原色光混合,得二次色,二次是与原色互补的。色光中的红与青、黄与蓝、绿与品红互为补色;色彩颜料中的红与绿、黄与紫、蓝与橙等互补。色光合成的方法有两种,分别是加色法和减色法。

加色法是彩色摄影成像原理之一：所谓加色法，就是三原色按不同的比例混合，而取得其他色彩的方法。如用三只色灯分别发出红、绿、蓝三种色光，照射在白色银幕上交叉混合，就可获得下列结果。红色与绿色混合形成黄色、绿色与蓝色混合形成青色、蓝色与红色混合形成品红色、红色与绿色和蓝色混合形成白色、黄色和蓝色混合得到白色、青色和红色混合形成白色、品红和绿色也形成白色。早期的彩色摄影利用三原色相加的原理，用红、绿、蓝滤光镜分别拍摄同一个物体，三幅画面相同的分色底片，再拷贝成三张分色透明正片，把三张正片分别装入三个幻灯机里，在幻灯机镜头前分别加上拍摄时所用的滤光镜，或者把正片染上该滤光镜颜色，用幻灯机把它们投射到白色银幕上，使三个影像重合就能还原被摄体的色彩。用这种方法拍摄只能局限于一些静态被摄体，不能制作成彩色相片，所以逐渐被减色法取代。

　　色彩颜料中的互补色相互调和，会使色彩的纯度下降变成灰色，所以在绘画过程中一般是不用补色调和的。如果两种颜色互为补色的时候，颜色一占据的面积远大于颜色二，就可以增强画面色彩的对比，使画面颜色显得更加丰富。在彩色摄影和摄像中所指的三补色就是黄色、品红色和青色。当一种补色光与三原色光中的任意某一色光等量混合时，能够产生白光，这两种色光就称为互补色光，即原色光和补色光。如把三原色光和三补色光在一个色环上按红、黄、绿、青、蓝、品红的顺序排列，凡是在互补色色环上相对的色光，就是互补色光。

　　法国的查尔斯克劳和杜奥龙提出了减色法的基本原理。两个原色光相叠加形成另一种色光，以此推论会产生三种补色光：红光和绿光重叠得到黄色光、绿光和蓝光相加得到青光、红色光和蓝色光相叠加得到品红颜色的光。

　　摄影和摄像技术发展至今，我们仍然要运用减色法来解释彩色摄影成像原理。减色法是用一种补色(黄、品红、青)通过彩色滤光镜减去白光中与互补的某一原色光，而获得其他色彩的一种方法。彩色滤光镜只能让与该滤光镜相同的色光通过，如青色滤光镜通过青色光，白光中减红；黄色滤光镜通过黄色光，白光中减蓝；品红滤光镜通过品红色光，白光中减绿。当互补色光黄、品红、青三种滤光镜交叉重叠的时候，用白色光照射能产生下面的颜色:黄＋品红＝白－蓝－绿＝红;品红＋青＝白－绿－红＝蓝。如果把红、绿、蓝三种滤光镜拍摄的三张分色底片分别制成三张正片,再把这三张正片分别染成与滤光镜颜色(红色染成青色,绿色染成品红色,蓝色染成黄色),这三张色片重叠在一起,能还原出被摄体原色。现代所制造的彩色感光材料胶片就是根据减色法原理制作的。

(三)物体固有色

物体的固有色是指物体自身的颜色。通过光的作用,我们能够看到自然界物体的缤纷色彩。物体吸收和反射光的程度差异,形成了不同的颜色。当室外自然光线照射到树叶上,树叶反射绿光吸收其他的色光,所以树叶是绿色的;苹果在日光照射下,只能反射红色光吸收其他的色光,所以这个苹果是红色的;如果物体对所有色光全都反射,那么该物体一定是白色的;对所有色光都能吸收,物体则是黑色的。物体离不开光,摄影和摄像更是光的艺术。我们称物体本身的颜色为固有色,在摄影和摄像中称为"摄体固有色"。无论是人工光源还是自然光,不同光源的色光、色温都有差别,在摄影摄像时尤须注意,光源色不同,摄体固有色和拍摄出来的物体色彩也不同。需要灵活运用光和色的知识,在纪实拍摄的时候尽可能把被摄体固有色呈现给受众。

第二节　色彩与视知觉

色彩带给人的生理反应和多种心理反应综合在一起,起到对颜色的作用。合理安排色彩构成和光影的明暗对比,在摄影和电视创作中起到举足轻重的地位。通过对色彩视知觉的研究发现,色彩给人造成冷和暖、动和静、轻与重、前与后、沉静与兴奋等不同的心理感受。通过视知觉能够产生相关的联想,以三原色为例说明,看到红色可以感受到温暖、兴奋、热烈、胜利的象征,联想到太阳、火,革命、旗帜等。看到绿色,那是象征着希望和生命的颜色,可以联想到春天的草原、无边的树林。看到蓝色,感觉到蓝色象征着崇高、冰冷、清凉,下意识联想到了蔚蓝的天空、海洋、天空等。

仅仅注意三原色的视觉意义是不够的,如果在选择色彩时将注意力单纯地放在此处,就容易忽视掉构成画面的其余重要因素。不同色彩所形成的视知觉对受众的影响是多变的,在不同色彩的刺激下,心理和生理活动是对色彩感受的最根本基础。不同的历史时代,不同的历史、文化、民族、传统、习俗等审美意识以及不同的社会心理等因素,对色彩的感受都有不同程度的影响。

☆ 色彩的冷暖感觉表现在,暖色使人感到温暖热烈,冷色感到清静凉爽;暖色能使人感到距离很近,冷色则拉开了观者和画面之间的距离;暖色具有前进的感觉,冷色具有后退的感觉;暖色具有膨胀感,冷色具有收缩感;

☆ 色彩的明度高时色彩显得大一些,明度低则色彩显得小些。红、橙、黄、绿、青、蓝、紫色中,在面积相同时,黄色显得大,紫色显得小。

☆ 色彩快慢感觉。各种色彩的敏感性是不同的,有快有慢,这是生理因素和视觉神经兴奋与抑制作用的结果。人眼对红色敏感性强,对绿色、黄色的敏感度一般,对白色敏感性反应最慢。

☆ 色彩轻重感觉——实验证明,色彩的视觉轻重排序为红、橙、蓝、绿、黄、白,其中红色最重,白色最轻,橙、蓝、绿色大致相同。明度高的冷色使人感觉轻,明度低,表面粗糙的色彩使人感觉重。

一、视知觉中的冷与暖

色彩学家们通过实验证明了视知觉带来的冷和暖。首先来看日本色彩学家大治浩的实验:将两个车间的环境颜色,一个涂冷调的青灰色,另一个涂暖调的红橙色。在客观上,两个场地的温度是相同的,但车间中的工人主观感受上的温度有很大的差异。在青灰色车间工作的人,在摄氏 15℃ 时仍然感到冷,但在红橙色车间工作的人,在摄氏 11.1℃ 时还不感到冷。下面是约翰内斯·伊顿用动物来进行的实验:将一个赛马的马房分为两部分,一部分粉刷成蓝色,另一部分粉刷成红橙色。在蓝色部分的马匹赛马后很快安静下来,而在红橙色部分的马匹却在若干时间内依然感到燥热不安,并且发现在蓝色部分没有苍蝇,红橙色部分却有很多。伊顿通过实验认为:红橙色或者朱红色是最暖的颜色,蓝绿色是最冷的颜色。我们常用的暖色包括黄色、黄橙色、橙色、红橙色、红色和红紫色,冷色包括黄绿色、绿色、蓝绿色、蓝色、蓝紫色、紫色。

　　提起冷色,可以联想到海洋、冰川、蓝天、星空、青山、绿水、雪原等环境景物,而暖色让人想起金色的麦田、红旗、火焰、沙漠、太阳等景物。通过对人和动物的色彩视知觉实验,能够清晰看出色彩的冷暖能够引起人和动物生理和心理的反应。冷色能够降低血液循环,使人的肌肉产生收缩,通过这些生理反应来感到平静松弛;暖色能够让人的血液循环加速,使人感到兴奋;特殊刺眼的颜色会让人感到内心冲动。下图中的中国画《冬雪》,整体以冷色调为主,从视觉上给人以"寒冷"的冲击,唯独在画中用几抹黄色和红色的灯笼作为点缀,使画面整体效果更加灵动,能够联想到冬季北方乡村的春节。

图3-3　《冬雪》(张诗扬　画)

　　美国知名的影视色彩研究者帕蒂·贝兰托尼曾经任教于洛杉矶美国电影协会学院,她教授的色彩与视觉化叙事课程,为导演、摄影师、编剧等相关工作人员提供了丰富的色彩知识给养。在她的色彩实验课上,同学们带来某种色彩的东西,把教室完全妆扮成一种颜色,其实验效果验证了色彩的惊人力量。参与红色实验的同学出现"兴奋、骚动、汗流浃背、争吵、尖叫"的行为。蓝色实验中,面对一屋子的蓝色,学生们"停止交谈、低落、倦怠",甚至于课程结束后还慵懒地坐在教室。

通过实验,我们能够更清楚色彩的力量。在日常生活中,通过视觉感受周围环境的冷暖变化的例子很多。比如:夏天的房间中,窗帘等主要家居用品都会选用冷色,身在其中会感到凉爽些;冬季则换成暖色系的家饰,使人感觉暖暖的。当我们需要营造某种氛围时,可以利用背景环境突出氛围和情感,不同色彩的画面会带给观看者不同的视知觉反应。

二、艺术作品心理感受

康定斯基在《论艺术的精神》一书中提出:"当你扫视一组色彩的时候,你有两种感受。首先是一座纯粹的感官效果……这些都是生理上的感觉,为时有限。此外它们还是肤浅表面的东西,如果人的心扉紧闭,其印象便转瞬即逝。这好像是我们接触到冰就产生寒冷的感觉,一旦手指变热,寒冷就立即被遗忘。同样的,一旦我们的眼睛转向了别处,颜色的感官作用也就被忘却了。另一方面,冰的寒冷的感官作用渗透得愈深,它引起的感受也就俞复杂,而且是一系列的心理体验。同样,色彩的表面印象也会发展为某种经验……对一个较敏感的心灵,色彩的效果就会更深刻,感染力更强。这就使我们到达了观察色彩的第二个效果:色彩的心理效果,它们在精神上引起了一个相应振荡,而生理印象只有在作为这种心理振荡的一个阶段时才有重要性。"①

人类对不同的色彩产生不同的感觉,是由色彩带来的心理和生理反应引起的。法国心理学家福雷通过实验证明,用彩色灯光照射时,人的肌肉弹力会增加,血液循环加快;用蓝色灯光照射是,肌肉弹力和血液流动反应最小。凡是可见光中波长较长的色彩,都能引起扩张性反应;而波长较短的色彩,则会引起收缩性的反应。

---

① 〔俄〕康定斯基:《论艺术的精神》,北京:中国社会科学出版社,1987年,第32—33页。

三、色彩的心理感悟

> 如果说色彩是琴键的话，那么眼睛便是音槌，心灵则是绷满丝弦的钢琴，而艺术家便是弹琴的巧手，经过一番刻意敲弹，引来心灵的激荡。说到底，总要先有人类心灵的刻意弹奏，才能见到色彩的和声，这是内在驱动的原则。

> ——康定斯基

我们在观看彩色摄影作品、电影和电视作品的时候，画面中的色彩往往刺激着我们的视神经和心理感悟，这就是艺术色彩产生的生理和心理作用。

在心理学研究中，色彩是带有心理效应的一种现象，当人类的视觉感官受到不同色彩刺激时，会引起生理、心理和情绪的变化，不同的受众对相同色彩的心理感悟和联想是不一样的。在拍摄一部摄影、影视作品的时候，如果能够学习色彩构成的规律，掌握好不同色彩的心理暗示，会在作品创作中突出更多的艺术含量，拍摄出经典作品。

人类对色彩的心理反应主要有直觉反应和思维反应两种。直接反应是人类的生理反应。当我们想到天空，自然在脑海中浮现出蓝色和白色；谈起草原，即便是从未踏足至内蒙大草原的朋友，也会想象到一片绿色；看见乳白色，可能会联想到牛奶的味道，这些都属于人类对颜色的直接反应。色彩思维反应是人类心理活动的表现，是通过思考得出的色彩判断。

英国实验心理学家 CW 瓦伦丁将色彩联想过程分为三种类型：第一种为下意识联想。是指当观者看到某种色彩，这种色彩在平日中所体现的联想，因联想所引起的情感早已扎根在思维意识里。当再次看到该色彩时，对它已经形成习惯性的心理反应，不需要再调动具体联想的记忆，便下意识地激发出某种情感来。在下意识联想中，色彩对我们的影响往往是色彩自身的力量所致。例如，当看到大面积浅蓝色时会产生舒畅和愉悦的心理感受，但不是因为联想起海洋和晴空才有此感觉。第二种为一般联想，是我们意识到但又不依赖于自己特殊经验的联想，这是大众化的共同联想。例如，看到橘黄色想到橙子，见到红色想起五星红旗，看到绿色想到草坪。第三种联想叫个别联想。这是一种源于个人非常特殊的经历或经验而形成的联想，或者是某个局部地区和团体所独有的联想，这种联想会影响到人对色彩的厌恶与偏爱。

鲁道夫·阿恩海姆曾说过："从生理学角度看，与各种深浅不同的颜色相对应的光波，在眼睛中却只能由很少几种接收器负责接收它们。每一种接收器仅感受一种颜色(或一个颜色域限)，由这些颜色相互结合又可以产生出复杂细微的色彩层次和变化。而从心理学角度看，色彩视觉则是基于少数几种单纯的和基本的性质，这些性质的产生不一定或不单纯与生理接受器有关。正如知觉的形状是经由各种简单的形状合成的一样，色彩的形态同样也是几种最基本的和最单纯的'质'(如黄、红、蓝)合成的结果。在日常生活中，这几种颜色会不时地单独出现，但绝大多数情况下，它们都是混合的。这些混合色是由几种基本色彩在知觉中相互结合而成。某些混合色自身就起到一种视觉概念作用，如橘黄色、绿色或紫色。在一个由各种色彩组成的系统中(或者说，在一幅画这样的实用色彩系统中)。这些一级的色彩概念(还是指绿、紫、橘黄等色)，只起到一种连结基本色(红、黄、蓝等作为本系统的基础的色彩)的链条的作用。很明显，这一种包含着等级区别的系统，它同传统的逻辑系统有类似之处——其中各种相互不同的特殊概念是从少数几个基本概念推衍出来的。其结果是创造出一种秩序或结构，这一结构能够通过它的每一构成要素在整体中的位置而确定自身的性质。"[1]

德国爱娃·海勒通过实验分析人类对于色彩的心理感受。在爱情这个概念上，主色彩非常明确：70%的人认为是红色的，8%的人认为是粉红色，但是剩下的22%的人答案分布在从白色到黑色、从金色到紫色的各种色彩中……"希望"的颜色，有52%的人认为是绿色，23%的人认为是蓝色，7%的人认为是白色，6%的人认为是黄色。[2]

观看艺术作品的观众所在的民族、区域、文化、政治、经济的差异，对色彩、形状的把握能力也不同，这种区别造成的当前电视节目重口难调的现状，儿童对色彩的分辨能力很差，对色彩具有不确定，对成年人来说，这些

① 〔美〕鲁道夫·阿恩海姆：《视觉思维》，滕守尧译，成都：四川人民出版社，1998年，第39页。
② 〔德〕爱娃·海勒：《色彩的性格》，吴彤译，北京：中央编译出版社，2013年，第9—10页。

色彩已有明确的定义特征。可能群体甲对某一节目、艺术作品特别感兴趣，而群体乙则对此完全没有兴趣。

四、色彩的对比

色彩在画面构图中的形状、面积、明度、饱和度、位置等因素形成了色彩对比。在不同的色彩对比中，原本的颜色会产生出特殊的视觉感受。色彩对比就是在特定的情况下颜色与颜色之间的比较，它体现在色相、明度、饱和度、冷暖、补色、面积等六种不同类型的对比之中。这样的差别愈大，对比效果就愈明显，缩小或减弱这种对比效果就趋于缓和。当对比达到最大程度时，成为直径对比或者地级对比。例如大小、黑白、冷暖处于极端时，就是地级对比[①]。

(一)实验对比

实验一：

准备：两张相同大小的灰色圆形纸片，一张半边白色半边黑色的纸。

操作：将灰色圆形纸片分别贴在黑与白两半边的背景下，可以看到，黑色背景上的灰色圆形纸片比白色背景上贴的灰色纸片显得明亮许多。

实验结果：背景上的黑色和圆形上的灰色明度差别大，造成两个圆形并非来自同一张灰纸视觉错觉。

实验二：

准备：两张黑色纸剪成的标准圆形，一张半边红色半边绿色的纸。

操作：将黑色圆形纸片分别贴在红与绿两半边的背景下，可以看到，红色背景上的黑色圆感觉发绿；绿色背景上的黑色发红。

实验结果：颜色与无颜色对比，产生无彩色黑具有彩色倾向。

实验三：

准备：一小张黄色纸片，两张同样大小的红色纸片，大小两块绿色纸张。

操作：将黄色纸片放置于大块紫红色纸张中，黄色发白并调性转冷。将

---

① 〔德〕约翰内斯·伊顿：《色彩艺术》，北京：世界图书出版公司，1999年，第21页。

一大一小两块红色字片,分别放进一大一小两块绿色纸片中,小片的红色显得更温暖更红艳。

实验结果:不同颜色面积大小的差异对比使色彩冷暖调性变化。

(二)色彩的各种对比

色彩的对比有色相对比、明度对比、饱和度对比、冷暖对比、补色对比、面积、形状、位置对比。

☆ 色相对比包括原色对比、间色对比、对比色对比、互补色对比、邻近色对比、同类色对比等几种类型。先从一个小型色彩偏移实验了解色相对比。

实验准备:橙色纸两块,红色纸一张,黄色纸一张。

操作:将橙色纸分别放置在黄色纸和红色纸上,观察到红色纸上的橙黄色偏黄。

实验结果:橙色是由红色和黄色调制出来的,当橙色和红色放在一起,相同的成分被调和,相异部分被增强,所以看起来比单独放置时偏黄。这就是色感偏移实验。

原色对比:红黄蓝三原色是色环上最极端的三个颜色,表现了最强烈的色相气质,它们之间的对比属于最强的色相对比,中国京剧脸谱经常使用强烈的三原色突出人物的特征,世界上许多国家也都选用原色作为国旗的颜色[1]

间色对比:原色相混而得出间色,色相对比柔和,例如橙色、紫色、绿色之间搭配起来柔美舒服。绿叶搭配紫色的小野花,绿叶搭配橙色的橙子或橘子,这样的间色对比在自然界中随处可见。

对比色的对比:色相距离在120°左右时对比,三原色、三间色、色相环中间隔90°左右相对比,都是对比色对比。例如:黄橙色、绿色、蓝色、紫红色对比;橙色、黄绿色、绿蓝色、紫色对比等。

互补色对比:互补色的对比是指在色相距离在180°左右时形成的色相强弱对比。互补色对比容易形成冷色调和暖色调之间的对比。

近似色对比:近似色对比也称为邻近色对比,是指在色相环上顺序相

---

① 梁明、李力:《电影色彩学》,北京:北京大学出版社,2008年,第145页。

邻的基础色相之间的对比。例如:黄色和绿色、红色和橙色之间对比,绿色中带有黄色,色相因素相互渗漏,在色彩统一中不失对比变化。

同类色对比:同类色对比是指在色相环上距离在 15°左右的色相对比。例如,浅红色和深红色,橙黄色和浅黄色等等。

☆ 明度对比:明度对比是指色彩的黑白程度对比,也可以说是色彩明暗程度的对比。白天与黑夜,光明与黑暗,这种规律在人类生活和自然界中具有普遍意义。其中最强烈的明暗对比就是白色和黑色的对比。黑色天鹅绒也许是最深的黑色,而重土氧化钡则是最纯的白色。最黑色和最白色都只有一种,然而无穷数量的深浅灰色在白色和黑色之间构成了一个连续的色阶。中性灰色是一种无特点的平淡的无彩色,非常容易被明暗与色相的对比所影响。它是无声的,灰色会使强烈对比显得协调,其方法是吸收它们的力量,而这么一来,它就像吸血鬼那样,取得了它们的生命①。明度对比是色彩构成的最重要的因素,色彩的层次与空间关系主要依靠色彩的明度对比表现。据日本大智浩的估计,色彩明度对比的力量要比饱和度大三倍②。

构图的色彩对比中,明度对比是最主要的。如果需要突出某一主体的重要性,需要依靠明度和暗度来进行反差比较,明显的反差会使主体物体的色彩突出;反之,需要削弱某一作品中的色彩形态影响,可以缩小它的背景和明度差别,利用色彩明度来突出影视画面中的重点部分是常用的艺术手法。

☆ 饱和度对比:饱和度的对比是指纯色和稀释后色彩之间的对比。在相同颜色色系中的饱和度对比可以看出,鲜艳的蓝色和灰暗的蓝色饱和度不一致,鲜艳的蓝色给人的视觉刺激更强烈。不同的颜色色系的饱和度也有区别,纯红和纯绿相对比,红色的鲜艳度较高。高饱和度色彩基调有强烈、鲜明的特点。如果对比色相是全饱和度基调,容易产生炫目、杂乱和生硬的感觉。中饱和度基调具有温和、柔软、沉静的特点。低饱和度基调,易产生脏、灰、含混、无力等感觉③。在绘画调色时,降低色彩的饱和度有四种方式,在色彩中加白色;在纯色中加黑色;在纯色中加入灰色;在纯色中添加该颜色的互补色。

---

① 〔德〕约翰内斯·伊顿:《色彩艺术》,北京:世界图书出版公司,1999 年,第 32 页。
② 室内设计师经典理论教程,《自由设计新家园》,2006 年 8 月 2 日。
③ 室内设计师经典理论教程,《自由设计新家园》,2006 年 8 月 2 日。

德国籍瑞士画家保罗·克利(1879—1940)出生于瑞士伯尔尼的一个音乐世家,具有很高的音乐素养。他是康定斯基组织的"青骑士"画派的主要成员。保罗·克利曾说:"我被颜色所主宰,我不需要去抓住它,颜色永远控制着我……这是幸福时刻的感受,颜色和我已经合为一体……"正如后人对他的评价:"莫扎特留给我们一个音乐的世界,这个音乐世界甚至可以打动那些不能领悟音乐世界与象征世界关联的人。克利留给我们一个绘画的世界,这个绘画世界甚至对于那些不能理解其渗透到绝对的洞察力的人来说也是存在的。"

对色彩、形式和空间方面具有一定的创新。在创作作品《奇异的鱼》时,保罗·克利谈到饱和度对比:"对比的表达方式是通过下列方法获得的:广泛使用从黑到白的所有色调,使色质含量达到极大的饱和度。或者有限地使用这一范围内的上面受光部分或者下面半阴暗部分,变化的巨大可能性是由各种颜色的结合所提供的。红色色调中的红色,就是指红度不足到饱和的整个范围,既是广泛扩张,又不超越范围——多么鲜明的对比啊。"

图 3-4 《奇异的鱼》

☆ 补色对比

两种色光相加呈现的不是白色,而是灰色,这两种色光和两种颜色即为互补色。最典型的补色对比是红色和绿色、黄色和紫色、蓝色和橙色、葱绿色和桃红色等。凡·高的作品《夜晚的咖啡馆》创作于 1888 年 9 月,画面中蓝紫色的天空;黄色和橙色的建筑物;黄色、橙色、浅蓝色、黑色构成的石子路……凡·高晚期作品中喜欢运用黄色和蓝色为画面主色调, 这两种颜色是对比色,黄色含有热闹温暖的气氛,蓝色表现出沉稳和安静。画面中部分建筑在灯光照映下呈现温暖的黄色, 咖啡馆户外的桌椅呈现橙黄色,和深蓝紫色的夜空相互对比,使画面有强烈的纵深感。

☆ **面积、形状、位置对比**

画面或镜框中包含着不同形状,不同面积的物体,这些物体的形状比例和颜色比例产生颜色对比。色彩可以组合在任何大小的色域中。但是,我们要研究在两种或两种以上的色彩之间应该有什么样的色量比例才算是平衡的,也就是不让一种色彩使用的更为突出。运用色彩和面积的和谐比例之后, 面积对比就会被中和, 画面中色彩和谐会产生安静稳定的效果,需要注意的是,只有画面中所有颜色色相呈现出它们最高纯度时,面积的比例关系才能形成。画面中色彩的感觉和色彩占据的面积有直接关系,画面中占据面积大的色彩会起到强调作用,占据面积小的色彩容易被同化或忽略。

歌德认为两种因素决定一种纯度色彩的力量,即它的明度和面积。他为这些明暗色调变化拟定了一个简单的数字比例,他的光亮度的数字比例如下公式:

黄:橙:红:紫:蓝:绿=9:8:6:3:4:6

黄:紫=9:3=3:1=3/4:1/4

橙:蓝=8:4=2:1=2/3:1/3

红:绿=6:6=1:1=1/2:1/2

在将这些光亮度转变成为和谐色域时,必须将光亮度的比例倒转。即,黄色比它的补色强三倍,因此它只应该占据相当于其补色紫色色域的三分之一。因而原色和间色的和谐面积比例关系如下:黄:橙:红:紫:蓝:绿=3:4:6:9:8:6。此外歌德还将一个圆形分成 36 个扇形等份,黄色占 3 份,橙色占 4 份,红色占 6 份,绿色占 6 份,紫色占 9 份,蓝色占 8 份。

伊顿认为,当色彩处于少量位置,就好比处于危难当中,它要做出自卫的反应,所以相对的,比它处在一种和谐数量中较为生动,在生物学上也看到类似的补偿规律在起作用。在植物界和动物界,处于不利的生存条件下就会出现一种奋起反抗的力量,一有机会便表现出增强了的性能,处于微量的色彩如果有机会受到长久注视而一直呈现在眼睛中,就会变得越来越浓缩,越来越显眼。

荷兰画家彼埃·蒙德里安是风格派运动幕后艺术家和非具象绘画的创始者之一,是几何抽象画派的先驱,与德士堡等组织"风格派",提倡自己的艺术"新造型主义",对后代的建筑、设计等影响很大。

彼埃·蒙德里安绘画美学中的"真正的现实",是隐藏在自然表象之下的"纯粹和实在"。这种美学观念源自于画家本人对于通神论的热爱。在彼埃·蒙德里安眼中,自然界的一切物象,建筑、森林、湖泊,都有其潜在的"纯粹和实在"。自然界所有事物的外貌不同,但究其实质却是相通的。

彼埃·蒙德里安认为:"造型数学以创造者的观点看,意味着真正的有条不紊的思想。"而实证神秘主义则指出一种创作法则:"我们现在研究着把我们想象中的现实转变成可以为理性所控制的结构, 以便随后在'一定的'自然现实之中重新发现这些相同的结构,从而凭借造型视觉去洞察自然。"[1]

画家的任务就是在画中把那隐秘的纯粹实在和普遍的相通性揭示出来,彼埃·蒙德里安深受荷兰数学家、哲学家苏恩梅克尔的影响。苏恩梅克尔认为自己的新哲学体系能够使人们通过冥想深入自然,透察出现实隐秘的内在结构。大自然虽然在变化中显得活泼任性,基本上总是以绝对规律性来经常执行任务的,意即以造型的规律性来起作用。苏恩梅克尔眼中的三原色均具有象征的意义,黄色象征阳光的四射运动,蓝色象征着天空的无限延展,红色则是中性和搭配色,是黄和蓝晨曦时的细语交谈[2]。

"风格派"认为绘画必须体现一种广阔的宇宙规则,纵横的线条、原始的颜色和平面的结构被置于一种和谐的布局之中。彼埃·蒙德里安在晚年的作品里,只使用黄、红、蓝、白、黑这些基本色彩,而技巧上,也只使用面积对比和色相对比两种基本手段。他自己也谈到了色彩位置与关系:"所有

① 〔英〕赫伯特·里德:《现代绘画简史》,刘萍君译,上海:上海人民美术出版社,1979年,第112页。
② 〔英〕赫伯特·里德:《现代绘画简史》,刘萍君译,上海:上海人民美术出版社,1979年,第112页。

的事物都是整体的一部分,每个部分都从整体中获得了价值,而整体也从每个部分那里获得了价值。一种色彩只能通过另一种色彩存在,一个维数要通过其他维数而存在,位置通过其他位置而存在,这就是我把关系放在首要位置的原因。"①

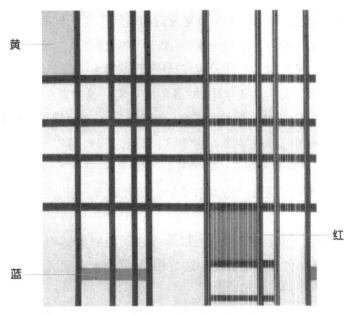

图 3-5 《红黄蓝构成》②

《红黄蓝构成》45×45 厘米,绘制于 1930 年,是彼埃·蒙德里安几何抽象风格的代表作品之一。从画面中可以看到,黑色的粗线条将整个画面划分成面积不同的矩形。右上方的红色正方形是画面主导部分,占据画面的大部分面积,红色色度饱和。画面左下方有一小块矩形的蓝色,画面右下方是很小的矩形黄色。蓝、黄色矩形图案和其余的四块灰白色矩形有效配合,使右上方的红色正方形和画面其他部分获得平衡。《红黄蓝构成》的画面中,运用三原色红、黄、蓝,三个非色素灰、黑、白,利用垂直线、水平线形成直角和不同颜色的矩形和正方形,将正方形的画面分割、组合。是色彩面积平衡的经典绘画作品。

---

① 徐沛君编著:《蒙德里安论艺》,北京:人民美术出版社,2002 年,第 57 页。
② 〔俄〕康定斯基:《艺术中的精神》,余敏玲译,重庆:重庆大学出版社,2011 年,第 11 页。

第三节　色彩表情和象征

一、红色

红色是光谱中波长最长、振幅率最慢的单色光,是三原色之一,完全纯正的红色中不含有黄色系和蓝色系中的任意一种颜色,被称为"品红"。红色是古老的,人类最早开始使用红色;红色是美丽的,俄语中的红色和美丽有相近的含义;红色是吉祥的,新年的窗花、鞭炮、春联,旧时婚礼的一切都离不开红色;红色是高贵的,《艺文类聚》中记载的凤凰是红色的,中国古代帝王的宫殿称为丹墀、朱阙……红色系包括朱红、品红、洋红、宝石红、玫瑰红、绯红、绛红、酒红、深红、粉红、桃红、紫红、朱砂等色彩。

最早的红色颜料非常昂贵,提取 1 克红色素就需要 10000 多只紫螺,1 公斤红色颜料大约需要 14 万个胭脂虫。后来人类发现了西洋茜草,剥去根部的皮,中间的心是红色的,晒干后碾碎,便于加工成绘画颜料和印染行业的色彩颜料。

(一)红色的表情

红色在现代生活中随处可见,纯正的红色表现热烈的情感、积极向上、爱国思想、温暖等意义,同时也代表着警告、危险、禁止等标志意义。康定斯基这样评价红色:"红色的无限温暖不具有黄色的那种轻狂的感染力,但它却表达了内在的坚定和有力的强度。它独自成熟地放射光芒,绝不盲目耗费自己的能量……朱红这种颜色给人一种尖锐的感觉,它像是炽热奔腾的钢水,冷水一浇就会凝固。""世界上有冷的颜色,也有暖的颜色,但任何色彩中都不具有红色具有的强烈的热力。"

(二)红色的象征意义

红色的象征意义与人类的视觉感受有密切的关系,红色是血液的颜色,是火焰的颜色。爱斯基摩语中的红色运用字面上的意思"血一样的",

希伯来语中血液和红色是同源的单词。

红色象征着鲜血与灵魂。在各个不同时期的宗教文明中,人类用鲜血作为祭祀神灵之物。相传希腊人认为鲜血流至坟墓可以给予阴间的亡灵以力量,埃及法老为了治愈疾病甚至于要喝小孩的鲜血。

红色的驱邪作用,在不同的国度都有体现。红色的线绳或布条具有驱邪的作用,将其缠绕在儿童的手臂、颈部、脚踝处,可以避免疾病,避免邪祟;为婴儿或儿童带上红色的帽子,使魔鬼不敢直视、伤害儿童。

红色是贵族的颜色,中世纪的西方国家,只有贵族才允许穿红色外套。清代女子对穿着红色服装也有一定的规矩,民国时期作家包天笑在他的《衣食住行的百年变迁》一文中说:"红裙子要夫妇双全才可以穿。若是一个孀妇,不许穿红裙,而且永远不许穿红裙的。还有夫妇之间,惟正室可以穿红裙,姨太太不许穿红裙,即使是她的儿子已是科甲发达做了大官,不许穿就是不许穿。"

图 3-6 伊丽莎白·维热 - 勒布伦
《法国皇后、洛兰 - 哈布斯堡的玛丽安托瓦内特与其子女》布面油画①

① 〔美〕威廉·弗莱明、玛丽·马里安:《艺术与观念》,宋协立译,北京:北京大学出版社,2008 年,第 464 页。

在我国传统文化中,红色具有很多象征意义。自古以来,红色就是华夏子孙崇尚的颜色之一。中国农历新年的时候,本命之人都会穿红色的衣饰,带红色腰带、穿红色袜子,为的是本命年中一切平安顺利。红色的鞭炮、窗花、春联、福字都是春节必备的吉祥象征。红色的布条缠绕在古老植物的枝干上,可以起到吉祥如意的效果,这样的树往往被认为是"神树"。传统的中式婚礼上,喜服的颜色是红色的,相应的一切可用之物都会用红色妆点。

红色是象征无产阶级革命的颜色。1792年雅各宾党把红色旗帜作为自由的象征;1834年里昂工人起义中,红色旗帜成为工人运动的象征;1907年俄国革命时期,红色旗帜是社会主义和共产主义的象征。

中国国旗、国徽都是以红色为主色调的,国旗之红象征革命,国徽在颜色上用正红色和金红色互为衬托对比,体现了中华民族特有的吉寿喜庆的民族色彩和传统,既庄严又富丽。在我国的诸多艺术作品中,"红色"成为无产阶级革命的象征色彩,尤其是革命英雄女性的专属颜色。歌剧《江姐》片段《红梅赞》和《绣红旗》、舞剧《白毛女》中喜儿的红头绳和红袄、京剧样板戏《红灯记》中李铁梅身着红色衣服、舞剧《草原儿女》中斯琴穿的红色民族服装和红色长靴都是革命色彩的象征。红色在芭蕾舞剧《红色娘子军》中具有特殊的象征意义。从心理象征角度来看,红色是充满激情的、令人血液沸腾的颜色,在灰色、黑色、白色等暗淡的色彩映衬之下,红色的审美表现意义更加强烈。序幕中,吴清华愤怒的眼神和面部表情,充满了不甘为奴隶的愤恨。红色衣裤红舞鞋,整个人物像一团烈火一样散发着炙热的光彩。吴清华参加红军一场中,蓝天、白云、红色木棉花、身着蓝色军装的女战士,衬托出红色袖章和帽徽,色彩搭配相得益彰。红色既符合大众审美的情感需求,又能够突出红色革命主题。

红色带有禁止的含义,国际通用的交通信号中,红色代表着禁止通行。手术室、机密档案室等重要部门的禁止标记也用红色符号。

在古代西方宗教文化中,红色表现出道德上的讽刺。《旧约全书》中记载,城市耶路撒冷被视为穿红裙子的妓女,在1500年左右,犹大·伊沙里奥特曾经被画成红色头发。《新约全书》中记载:"我曾看见一位女子坐在一头猩红的动物上,它声名狼藉,有七个头和十只角。这位女子身穿紫色和鲜红的衣服,戴着金子、宝石和珍珠的装饰品,手中拿着金色的杯子,里面充满她淫荡的罪恶和肮脏,她的额头上写着一个名字,一个秘密:伟大的巴比伦——淫荡及地球上一切罪恶的母亲。"

(三)红色的色彩搭配

红色中添加其他颜色所组成的红色系列颜色表达着不同的表情意义。红色＋白色＝淡红,代表着圆满、快乐、优美、幸福、甜蜜。红色＋黑色＝暗红,代表不安的情绪、烦躁、孤僻、固执、独断。朱红是直接从矿物质中提取出来的颜料,是鲜明的红色系颜色。朱红色不能与冷色系的颜色混合,如果和蓝色相合会成为难看的酱色。深红是在纯正红色中加入了不明朗的元素,让人在红色的明快上抹上一丝沉稳,红色原有的光彩被掩饰住。随着红色中加入的黑色越来越多,颜色变成暗红色,这是血一样的颜色。

二、粉红色

粉红色是温柔的色彩,是甜蜜的色彩,是浪漫的色彩,是表现少女之梦的色彩。糖果粉红色、淡粉红色、桃红色、玫瑰粉红、粉紫色、旧粉色、胭脂色、粉灰色……我们眼中的粉红色系具有典型的女性特征。

(一)粉红色的表情

粉红色是红色系中娇嫩的色彩,尝试用红色和白色、黄色调出粉红色吧！如果说纯正的红色是狂热高大的,那么粉红色中的白色和黄色就可以起到柔化红色的作用。很多小孩子喜欢粉红色,因为它是细腻情感的表现颜色;相恋的人会常用到粉红色,表现出美满的甜蜜与幸福。粉红色是糖果的色彩,也是生日蛋糕表面雕刻的常用颜色,是玫瑰花、康乃馨、蔷薇的颜色。粉红色带给人们宁静、幸福与平安。若说红色是代表情感狂热,粉色则表现出情感的温柔和亲切的暖意。在美国西雅图的海军禁闭所、洛杉矶退伍军人医院的精神病房等地方都有大量的粉色饰物做装饰,为的是起到安定情绪的作用。实验证明,把一个狂躁的病人单独关在一间墙壁为粉红色的房间内,他们很快就会安静下来,如果在工厂的机器中涂上橙色,会提高生产效率,降低事故率①。

(二)粉红色的象征意义

在 1920 年以前的西方国家风俗中,红色是象征男性的颜色,粉红色则是小男孩的专用色彩,蓝色象征女性,浅蓝色象征女孩子。意大利著名画家吉奥托在 1303—1305 年间创作的圣经场面画至今存放在帕多瓦的一座教堂中,这些作品展现的童年耶稣,以及木里罗 1681 年创作的关于圣灵的绘画中,都证明在很长的历史时期中,基督教艺术作品中的童年耶稣都穿着粉红色的衣服。在很多遗留下来的西方绘画作品中,贵族儿童和成年男性也喜欢穿着粉红色衣服,粉红色曾经是属于男孩子的。18 世纪洛可可时代,宗教礼拜仪式中常用到粉红色,尤其象征男性服饰。1792 年,粉红色成为礼拜仪式的色彩,天主教神职人员在基督降临期间的要穿粉红色服装。今天的男性服装色彩变得多元化起来,即便如此,穿着粉红色外套的男士是少之又少。

画家毕加索在 1904—1906 年之间创作的作品,多以粉红色为主要色彩。这是画家与女朋友恋爱的几年,绘画题材主要是马戏团、杂技演员、小丑,大量粉红色成为毕加索的绘画特征,成功开启了续"蓝色时期"之后的"粉红色时期"。

(三)粉红的色彩搭配

粉红色在和其他颜色搭配的时候也有色彩搭配的规定。当褐色和粉红色在一起的时候,减少了褐色的冷色意味,突出了粉红色本身的亲近之感;粉红色有时候也和黑色一起出现,黑色比褐色更强势,使得粉红色色彩变得鲜艳。棕色和黑色本是属于冷色系的,与温暖的粉红色组合之后,变得舒适而安全。粉红色与绿色的搭配时,让人想起了自然界植物叶子的翠绿和花朵的鲜艳。当视觉中的绿色多于粉红色,表现出繁荣和兴旺;如果粉红色多于绿色,则代表了愉快、稚嫩、开心、新鲜等。粉红色与紫色搭配起来效果不好,两者在一起,粉红色失去本有的优势,变得虚伪或不客观。粉红色

---

① 张扬:《影视调色学》,北京:人民邮电出版社,2014 年,第 50 页。

与白色搭配起来,本有的娇嫩和幸福感会被白色淡化,白色比例越大,粉红色产生的视觉效果越小。图3-8中的粉色牡丹搭配绿色叶子,显得娇美高贵。由深粉色展开至粉白色的花瓣,是自然界植物颜色的馈赠。

图3-7 《牡丹》(张诗扬 画)

三、蓝色

蓝色是天空的颜色,海洋的颜色,代表着遥远与寒冷,是象征博大、豁达与开朗的颜色。海天之蓝色是变幻而永恒的,它在自然的调色板中形成深浅不一的色彩,而蓝色系是亘古不变的主色调。在爱娃·海勒的色彩调查中显示,蓝色是非常受人喜欢的颜色之一,有40%的男性和36%的女性最喜欢蓝色,仅仅2%男性和1%女性把蓝色视为"最不喜欢的颜色"。蓝色分为很多种,在国画色中有头青、二青、三青、群青、花青、湖蓝、钛青蓝、孔雀蓝、钴蓝等种类。生活中经常出现的蓝色系有宝石蓝、蔚蓝、天蓝、埃及蓝、海蓝、蓝灰、水蓝、蓝紫、蓝绿、石蓝、深蓝、紫罗兰、墨水蓝、蓝黑等变幻多姿的色彩。蓝色是典型的脱俗颜色,它给人最强烈的感觉之一就是安宁。当蓝色渐趋暗沉,接近黑色,便可唤起一种近乎神圣的感伤,成为一种笼罩在庄严肃穆气氛中的无限专注。蓝色越浅,则越显冷艳,令人感觉有如蓝天般高不可攀。蓝色越浅,其回音越轻微,直至变成白色,完全静止[1]。

(一)蓝色的表情

作为冷色调中的代表颜色,蓝色在冷静中带有细腻的情感元素。正蓝色的英文名字 blue 还有一个含义,指代忧郁。蓝色的运动一方面规避观者,另一方面内敛自身的中心。任何蓝色几何形状,均能以这种规避和内敛的方式,从精神上影响观者,蓝色调越深,效果越明显。深邃的蓝色,让我们感到无限的憧憬,对纯净和超脱的渴求[2]。

天蓝色具有冷清的意味,使人精神得放松,在喧嚣中小憩片刻。宝石蓝是晶莹剔透的蓝色,是高贵的象征,代表着冷静、希望与智慧。湖蓝色是深邃的,正如湖水的色彩一样,安静沉稳,湖蓝色在浪漫中微微带着一丝压抑的情绪,好像在娓娓道来一个动人的爱情故事。在大面积湖蓝色的影响之下,观者受到蓝色的视觉影响,变得一时寡欲慎言。孔雀蓝相对于湖蓝偏暖一点,在湖蓝的色调上铺上薄薄一层白色或黄色,就形成了孔雀蓝。深蓝色代表着些许压抑,会给人以心理上的压迫。夜晚郊外,天空的颜色是深蓝的,那种深邃而自然的颜色是迷人浪漫的。蓝紫色是蓝色和紫色的结合,浅绿色的纸上呈现多个小圆点儿,让人想到树林中蓝莓果实的酸酸甜甜。蓝紫色是高贵而神秘的颜色。花青色是国画颜料中重要的颜色之一,它的颜色和普蓝有点儿相似,具有与生俱来的高贵与沉稳。

喜欢蓝色系的人们,认为无论是哪种蓝色,都有着迷人的魅力。排斥蓝色的人们会感觉到深蓝色中带有阴暗之感,随着颜色越来越深,视觉心理走向越是恐惧与毁灭。

(二)蓝色的象征意义

蓝色是色彩中最冷的颜色,能够使人产生寒冷的心理效果。房间中运用一些蓝色软装饰可以使炎炎夏日多一分清凉,它的扩展感使人感到封闭的空间面积更大。然而,这样的室内装饰用在冬季则会使人感觉到寒意,甚

[1] 〔俄〕康定斯基:《艺术中的精神》,余敏玲译,重庆:重庆大学出版社,2011年,第94页。
[2] 〔俄〕康定斯基:《艺术中的精神》,余敏玲译,重庆:重庆大学出版社,2011年,第94页。

至失去封闭的安全感。歌德在《色彩规则》一书中说："裱糊成纯粹蓝色的屋子,看起来会有一定程度的宽大,但实际上显得空旷和寒冷。"

蓝色象征着豁达,看到蓝色可以使人心舒畅。因为蓝色天空空阔高远,蓝色海洋一望无际,在形容人性之开朗豁达时,蓝色是最有说服力的颜色。

大多数西方人眼中的蓝色是忠诚的。在德国曾经有这样的一个传说,一个少女为了等待她心爱的人,变成长有细小天蓝色花瓣的菊苣,开放在她与爱人分别的路边。中世纪宫廷文学作品中有一位忠诚化身的女子"丝苔特",这位忠贞之神身着蓝色的裙子。蓝色宝石是象征着忠诚的宝石,传说如果不忠诚的人带有蓝宝石戒指,蓝宝石不会有属于自己的光彩。英国的旧式婚礼要求 "something old, something new, something borrowed, something blue.","一些是旧的,一些是新的,一些借来的,一些蓝色的——即忠诚"。然而在荷兰,蓝色有与忠诚相反的消极意义。荷兰人皮特·布鲁格斯作品《谚语》中,年轻女子为老人披上蓝色大衣,戴上风帽。蓝色大衣"de blauwe huyck",象征对婚姻的背叛与不忠。

基督教艺术作品中,圣母玛利亚服饰的代表颜色之一是蓝色。教堂中、信徒家的玛利亚圣母像,经常穿着蓝色的大披风,蓝色披风指代圣母好像天神一样,护卫着信徒不受伤害。当圣母身的衣服是蓝色和红色为主时,象征着"痛苦的母亲",身着蓝色和白色时候,代表天神"峨眉月玛利亚"。

图 3-8　尼德兰·戴维《逃往埃及途中的歇息》

蓝色还被赋予宁静和放松的意义。"blue hour"是指美国和英国下班后的时间，代表着工作结束，可以轻松自由享有这段美好时光，进入放松状态中。纯洁的蓝色可以起到安定情绪的作用，很多医院病房中挂在蓝色的窗帘，手术医生穿着蓝色的大褂，使得病人情绪稳定。

蓝色在英文中象征着"低级""淫秽"，中文中的"色情电影"是"blue films"而不是"yellow films"。

蓝色有时候代表着希望和渴望。德国浪漫主义诗人诺瓦利斯在1802年发表了小说《海茵里希·冯·奥夫特丁恩》，他用蓝花作为象征，表现他心中理想的爱情，蓝色之花是浪漫文学的化身，这部小说也因此被称为德国早期浪漫主义最具代表性的小说之一。

(三)蓝色的色彩搭配和透视关系

蓝色是典型的天空色。它给人最强烈的感觉就是宁静。在音乐中，淡蓝色像是一支长笛，蓝色犹如一把大提琴，深蓝色好似倍大提琴，最深的蓝色可谓是一架教堂里的风琴。

色彩的艺术表现，在同一色系的透视关系中表现出特有的魅力。在由深至浅的蓝色系中可以看出，浅色在视觉的位置靠后，深色在视觉位置中靠前。

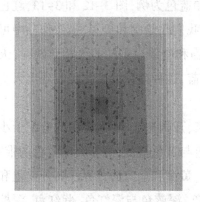

图3-9 深色中心部分在视觉上位置靠前，中心的黑蓝色显得近些，随着颜色变浅，视觉上距离我们越远(通过色彩产生的视觉效果，深颜色比浅颜色显得近一些)

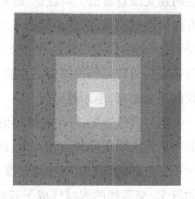

图3-10 浅色的中心位置在视觉上位置靠后，外框的深蓝色逐渐变成中心的白色，能感觉到色彩视觉位置变化。

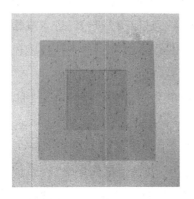

图 3-11 红色的中心部分看见了位置靠前,绿色色框稍微远些,外侧的蓝色框最远(暖色比冷色显得近一些)

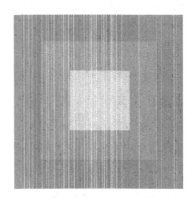

图 3-12 蓝色的中心部分看起来靠后,绿色色框稍微近些,外侧的红色框最近①

　　这种由深浅不一的蓝色系组成的透视效果图叫作"空气透视",被广泛运用于绘画、平面设计、摄影等艺术行业中。第一张空气透视图中,中间的蓝黑色显得距离眼球最近,随着蓝色逐渐的变浅,感觉到离我们越来越远。第二张则相反,感觉中心的白色部分是距离眼球最远的部位。

　　此外,蓝色和其他颜色相比,视觉位置也不相同。暖色调颜色比冷色调颜色的视觉位置靠前。以红色、绿色和蓝色为例,图 3-12 和 3-13,红色部分看起来离我们最近,蓝色部分最远。我们在绘画和摄影、摄像作品中可以感受到,画面中位于中线以下的建筑物和中线以上的蓝天相互映衬,天空的色彩变化通常是越往画面上方的越蓝,这种蓝色的变化能表现出天空距离我们越来越高,越来越远。

　　蓝色与白色搭配,可使人感到清凉、开阔与洁净,大面积的蓝配上小部分的白色使人联想到天空和海洋;蓝色与黄色搭配,能够突出黄色的稚嫩;大面积蓝色和绿色相配时会相互渗入,黄海和渤海的分界线隔开蓝色和绿色的海水,交界线的水域变成了蓝绿色;深蓝色与深红色、紫红色、深棕色与黑色相配会给人以混乱的感觉。

　　20 世纪现代艺术家代表人物,西班牙国籍画家毕加索曾经受到朋友

---

① 〔德〕爱娃·海勒:《色彩的性格》,吴彤译,北京:中央编译出版社,2013 年,第 5 页。

卡洛斯·卡萨吉马斯自杀的影响，对蓝色产生了心理阴郁，进而形成了1901—1904 年之间著名的毕加索蓝色绘画时期。这一时期毕加索的所有绘画的作品以蓝与蓝绿的色调为主，极少使用温暖的颜色。

四、绿色

绿色光波长约 550nm，是三间色之一。绿色系有芽绿、淡绿、草绿、粉绿、中绿、翠绿、深绿、橄榄绿、墨绿、铜绿、黄绿、孔雀石绿、苹果绿、翡翠绿、海绿等。绿色是象征自然的颜色，表现万物生长的颜色，绿色是希望、是青春、是健康。歌德曾经这样评价绿色："人们不可能也不愿意自己所处的空间过于宽大，因为对于那些自己需要长时间逗留的房间，人们选择绿色的壁纸。绿色有时也会成为毒药和魔鬼的形容词，或者成为政治或宗教的颜色。"

(一)绿色的表情

树木、森林、自然。绿色是植物的颜色，也是自然的颜色。浅绿色是春天的代言，介于鹅黄色和浅绿色之间的朦胧春色表现出自然的生机，是自然给予的希望之色。草绿色是青草的颜色，生命力顽强的青草组成一望无际的草原，草绿色带着泥土的芬芳，在那些不起眼的小野花儿点缀之下，呈现出辽阔又豁达的情怀。苹果绿是青色苹果的颜色，那是刚刚结出的果实，是不谙世事的青涩少年，是酸酸涩涩的味道。军绿色是军营的色彩，军人的灵魂颜色，它带有刚毅的意念和沉稳的性格，少了一丝绿色的浪漫，多了几分信任之感。石绿和铜绿是在敦煌壁画中用到的色彩，随颜色搭配需要而调制出来，衣饰和背景中的绿色经久不衰，至今仍然可以一睹敦煌壁画色彩的魅力。

(二)绿色的象征意义

在视觉传播中，绿色系是摄影和摄像作品中的常见颜色，广告作品中用来形容"绿色""天然""自然"。绿色象征生命，在高度工业化文明的城市中，绿色无疑是清新可人的颜色。城市的发展与建设使得自然界的绿色越来越少，一抹绿色可以使人眼前一亮。

　　绿色有时候还会和政治连接在一起。在欧洲西部的小国爱尔兰,绿色是天主教的颜色。德国于 1980 年左右建立"绿党","绿党"以环境保护作为主要议题。

　　交通信号中,绿色是自由通行的标志,在一些公共场合墙壁上标明绿色、白色的紧急出口图案。

　　绿色作为贬义词出现,主要是用来形容魔鬼、毒药、剧毒的绿色蝮蛇竹叶青、绿色的恐龙、野兽或恶魔绿色的眼睛。绿色有时候代表着健康,有时候则是剧毒的象征。古人绘画用的法国绿颜料,是将有毒绿铜碎屑浸泡在剧毒的砷溶液中产生的,这种绿色颜料的毒性可想而知。

(三)绿色的色彩搭配

　　在调配绿色调颜色时能感觉到, 随着纯绿色中加入的黑色越来越多,纯绿色变成了深绿和墨绿,随着颜色逐渐加深,其厚重之感也油然而生,接近黑色的墨绿色古朴大方。在纯绿色中加入白色会得到浅绿色,加入黄色得到黄绿色,加入蓝色系颜料形成蓝绿色。油画《秋千》中,背景的绿色灌木丛搭配秋千少女粉色的裙子显得很和谐。

图 3-13　让·奥诺雷·弗拉戈纳尔《秋千》布面油画

五、黄色

黄色是波长适中的颜色,是能够发光的颜色。在冷色调中,黄色是暖色调颜色,而在暖色调之中,它又被看成冷色。黄色系包括米黄色、淡黄色、金黄色、香蕉黄、中国黄、纯黄色、藤黄色、灰黄色、蜂蜜黄、玉米黄、黄橙色、黄绿色、鲜黄色、柠檬黄等多种色彩。黄色是秋天的颜色,代表着五谷丰收、万物成熟。在秋高气爽的蓝天之下。树叶黄了,谷子黄了,麦穗黄了。

(一)黄色的表情

黄色是典型的大地色。它从来没有多大深度。它刺激、骚扰人们,显露出急躁粗鲁的本性,随着黄色浓度的增大,它的色调也愈加尖锐,犹如刺耳的喇叭声。如果我们用黄色来比拟人类心境,那么它所表现的还不是精神病的抑郁苦闷,而是其狂躁状态[1]。康定斯基对黄色的表情是贬低多于褒赞的。

纯净和鲜亮的黄色能够令人赏心悦目,并充分显出明快、高贵的特点,但这种颜色又极端敏感,当它稍微玷污或不那么明亮的时候,又会给人极不愉快的感觉。一点微细的变动就足以使火焰和黄金给人的美好印象变成令人憎恶的感觉,欢乐和高贵的颜色就会变成耻辱、嫌恶和不满的颜色[2]。

以黄色为主要色调的绘画作品中,我们最熟悉的是荷兰后印象派画家梵·高的作品《向日葵》。1888 年来到法国南部的梵·高在给埃米尔·伯纳的信中写道:"那里的河是翠绿的,落日像熔金的炼炉,太阳是金黄色的,在我眼里,此地的乡间,气氛宁静,色彩绚丽与人们在日本版画中见到的景象一模一样。"于是画家构思出花瓶中黄色的向日葵。

(二)黄色的象征意义

黄色对于中国来说,承载着重要的文化内涵和色彩符号。在公元前5000 年左右,我们的始祖黄帝成为统治者,是以中国人也称"炎黄子孙"。黄色的皮肤,文化发源地"黄土高坡",母亲河"黄河",无一不是带有"黄"

① 〔俄〕康定斯基:《论艺术的精神》,北京:中国社会科学出版社,1987 年,第 49 页。
② 〔俄〕爱森斯坦:《蒙太奇论》,北京:中国电影出版社,1999 年,第 365 页。

的色彩。古人将五种色彩配以阴阳五行,"黄"颜色搭配着五行中的"土"。

星象学家结合五行学说与占星术的五方,认为黄色为土,象征中央;青色为木,象征东方;红色为火,象征南方;白色为金,象征西方;黑色为水,象征北方。五行之"土"位于中央,黄色是五种颜色中最为贵重的色彩。是以,天子以黄色为服饰,丞相手中象征权力的"金印紫绶"成为统治阶级的专有颜色。这样的色彩理念随着漫长的封建王朝而延续着,没有哪一位君王不把黄色看成尊贵的帝王之色。宋代开国皇帝赵匡胤"黄袍加身"称帝;明清两朝黄色成为皇家专用色彩,平民百姓不得以黄色为衣;皇帝的龙袍以黄色为底色称为"黄袍";皇帝御用车辆叫"黄屋";皇帝走的路叫"黄道",出巡打"黄旗";皇亲国戚居住宫殿的琉璃瓦均为黄色。

黄色还广泛应用于佛教物品。中国佛教寺院建筑因用黄色而被称作"金刹";寺院佛像的"金身";僧侣衣袍有时也用黄色布料裁剪制作;佛教居士或出家人抄写经文的纸张通常选用明黄色。东方佛教的袈裟本是一种颜色的名称,佛教僧人必须穿染色的衣服,而且要避用青、黄、赤、白、黑、五种颜色,最后形成的杂色即袈裟色。据赵朴初先生说,我国旧译袈裟色是赤色,南方佛教典籍则说是一种橙黄色,可能是一种赤黄混合色。根据我国佛典记载,佛教在印度分了部派后,各部派衣色便有了区别,有的是赤色,有的是黄色,有的是青黑木兰色。但据六世纪印度来华高僧真谛法师说,各部派衣色实际都是赤色,所谓青黑木兰,仅是些微小的差别。现在缅甸、斯里兰卡、泰国、柬埔寨、老挝、印度、尼泊尔诸国的僧服都是黄色,仅有深浅的不同。我国汉族僧人的袈裟,祖衣是赤色,五衣七衣一般都是黄色。蒙藏僧人的袈裟,大衣是黄色,平时所披的中衣近赤色。北方气候寒冷,僧众三衣不够,所以我国僧众在袈裟里面另穿一种常服,这种常服是就古代俗人的服装略加改变的。常服的颜色,明代皇帝曾作过规定,修禅僧人常服为茶褐色,讲经僧人蓝色,律宗僧人黑色。清代以后,没有什么官方规定,但律宗寺院自清初见月律师重兴后,一般僧人常服均为黄色。

在中国古代艺术史中,黄色被广泛运用到雕刻、绘画、建筑等各个方面。位于甘肃省敦煌市的敦煌莫高窟,存有大约490多个石窟,主要是北朝、隋唐、五代、宋代、西夏和元代建筑的。莫高窟的壁画早期以土红色为底色,再以青、绿、褚、白等颜色敷彩,色调热烈浓重,具有西域地区佛教的特色。西魏以后,莫高窟雕塑的底色以白色为主,色调雅致,具有中原艺术特点。唐代开始开凿雕刻绘制的壁画开始使用黄色,场面宏伟、色彩瑰丽,美术技巧达到空前的水平,内容主要有佛像、经变、佛教史迹、佛教故事和供养人等。

黄色是太阳的颜色,在古代希腊神话中,共有三位太阳神。第一位太阳神许配利翁,是乌拉诺斯与盖亚之子。许配利翁是十二泰坦神之一,司掌警戒、智慧与光明,是太阳的化身。第二位太阳神是赫利乌斯。他是第一位太阳神许配利翁与司宝物、光亮和视力女神提亚的儿子,月女神塞勒涅与曙光女神厄俄斯之兄。赫利乌斯驾着太阳车,形象高大魁伟,英俊无比,头戴光芒万丈的金冠,驾驶着四匹火马拉的太阳车划过天空,给世界带来光明。第三位阿波罗是光明之神。阿波罗是天神宙斯与第六位妻子暗夜女神勒托所生之子。阿波罗视为司掌文艺之神、人类的保护神、光明神、预言之神、医药之神、迁徙和航海者的保护神、医神以及消灾弥难之神。

西方对于黄色的部分象征意义是消极的,黄色代表背叛和自私。中世纪时期,处决异教徒时要在他们的身上挂黄色的十字,犯错的人需要在自己的衣服上缝贴黄色的布。《巴黎辞典·巴黎隐语特殊词汇汇编》中对黄色一词的解释:黄色代表受骗的丈夫,例如,"妻子把他从头到脚涂成黄色",意思就是妻子对他不忠。又如"黄色舞会"就是受骗丈夫们的舞会……在《英国俚语与非常规词典》里,"穿黄裤子"或"穿黄袜子"的意思是醋意大发。在《伦敦俚语与新词》中,黄色有赝品的意思,yellow stuff 就是假黄金。而在美国俚语中,黄色也是怯懦、害怕、胆怯、不可靠等意思①。

歌德曾经说:"当黄颜色被不精致、不高贵如普通的布片、毡子这一类材质所分享时,它外观会显得无精打采,效果非常令人不适。原本对于火及金子的美好印象,只由于一丝微小、让人不易察觉的变动,竟颠倒为污秽的感觉,代表荣誉和幸福的色彩成为耻辱、令人厌恶的色彩。"歌德眼中的黄色原本是高贵的颜色,但是如果将其运用在不适当的地方,色彩的高贵象

① 〔俄〕爱森斯坦:《蒙太奇论》,北京:中国电影出版社,1999 年,第 361—363 页。

征意义就变了。

(三)黄色的色彩搭配

黄色和橙色、红色在一起,代表着明朗欢快的暖色系组合。黄色和蓝色、绿色在一起,具有和谐友好的意义。黄色和棕色、黑色搭配也能产生很好的视觉效果。通过对一帧海边风景照片的颜色后期进行处理,可以看出做旧的棕黄色给人以复古的惆怅之美,而原照片中大面积蓝色的海域和绿色的山,表现的是积极的青春之美。图 3-15 中,整幅画面都是以黄色为主,使画面显得特别亲切温和。

图 3-14 苏克哈德牌巧克力广告[1]

黄色中加入些许绿色形成草绿色,是表现早春的象征颜色。柠檬黄中加入玫瑰红变成藤黄色,是用来表现初秋的颜色。藤黄色中加入一点儿纯黑色变成土黄色,可以是大片黄土地的色彩。

---

① 天津人民美术出版社编:《欧洲老广告 2》,天津:天津人民美术出版社,2004 年,第 20 页。

六、橙色

橙色也称为橘色,是红色和黄色的混合颜色,因为和水果橙子的颜色相仿,而被人称为"橙色"。橙色的穿透力很强,在诸多颜色中排位第二,居红色之后。橙色系的各种颜色均属于暖色系,其产生的温暖效果甚至高于红色。常见的橙色系色彩有甜橙色、杏色、浅橙色、血橙色、纯橙色、红橙色、杏黄色、橙灰色、柚黄色、深橙色、胡萝卜色、朱砂橙色、浅赭色、赭红色、赭黄色等。

歌德认为:"橙色积极的一面为最高能量的表示, 它特别受到精力旺盛、健康、茹毛饮血的原始人的喜爱,也就不足为奇了。我们发现野蛮民族对此颜色也非常偏好。如果将孩子放任不管,从一开始就让他们接触五颜六色,则他们不会喜欢朱砂和红丹。""我认识一些有知识的人,他们认为在平常灰蒙蒙的日子里遇见穿猩红色衣服的人是令人不能忍受的事情。"

(一)橙色的表情

橙色是欢快明朗的颜色,是温馨甜美的颜色,它可以引发人们对秋天金色的延续性思考。橙色有时候介于黄色和金色之中,表现秋天里丰硕的向日葵、土地、庄园等。在现代艺术作品中,橙色有时候还拟代金色,表现太阳的光辉和炽热的能量。画家奥伊根那·德拉科罗伊斯科说:"每个人都知道,黄色、橙色和红色引发和体现了人们关于喜悦及财富的观念。"现代画家也将橙色用作象征生命乐趣的色彩。

(二)橙色的象征意义

城市环境中,橙色象征着注意和禁止,是醒目的标志性颜色。环卫工人工作时身着橙色背心,橙色超强的穿透力给过往的车辆以警示,需要减速慢行,避让环卫工人。救生衣一般也是橙色的,便于营救者更快地发现遇难人员。一些工地中的"高空作业"标注牌用的多为黄橙色。

印度的艺术家很重视橙色,在很多艺术作品中,橙色作为底色或衣服的颜色出现,印度图画中神灵的皮肤一般都被画成橙色。在现代艺术中,橙色表现出的积极层面更多,喜悦、开心、光与热的组合,都是橙色物体的象征。

(三)橙色的色彩搭配

橙色中加入些许白色,会把原有的橙色改变成温暖的色彩,加入大量的白色使橙色变成倾慕甜美的色彩;橙色中加入少许黑色的话,颜色变成稳重而坚实的颜色;多混合一些黑色,会变成被烧制过的橙色;橙色和浅蓝色或浅绿色一起会组成彩虹一般的色彩;与紫色和深蓝色搭配会使人感觉不舒服;与浅黄色在一起可以形成很好的过渡。

七、紫色

紫色是光谱中最短的能见光,介于红色和蓝色的颜色。歌德在《色彩规则》中将胭脂红描述为"普紫红";《旧约全书》中普紫色已被称为最珍贵的色彩,例如上帝授命摩西如何建造神庙:"你应用细纺亚麻布做帷幕,并将其染为偏蓝色与偏红色的普紫色及猩红色,你应用高超的工艺编织天使。"① 紫色系包括有淡紫色、蓝紫色、蓝红色、品红、紫罗兰、紫红色、紫褐色、灰紫色、群青色、深紫色、薰衣草色、纯紫色等。

(一)紫色的表情

紫色能够让人感觉到浪漫与时尚、高贵与深沉,同时也具有暧昧、缺乏自信、自负、哀伤等负面表情。紫色系中的诸多色彩表情不尽相同,淡淡的紫色是由蓝色、红色和白色调制而成的,表达着青纯洁、活泼、温柔等情绪;反之,接近黑色的深紫色代表着神秘、哀伤和忧郁。

(二)紫色的象征意义

紫色在基督教中有忏悔的象征意义,是基督降临节和复活节斋期的常用色彩;在教会中,紫色被解释为永恒与公正,成为神学的传统色彩;紫色在基督教中还表示谦逊,教会面对教众的语言和行为既谦逊又庄重。

---

① 〔德〕爱娃·海勒:《色彩的性格》,吴彤译,北京:中央编译出版社,2013年,第237页。

孔子在《论语·阳货》中说:"恶紫之夺朱也。"这是中国古代对紫色的最早记载,紫色的地位显然很低下。据《韩非子·外储说上》记载:"齐桓公好衣紫,国人皆好服之,致五素不得一紫。"至秦代始皇统一天下,统一规定了服饰颜色。《秦会要·舆服》中云:"三品以上,绿袍深衣,庶人白袍,皆以绢为之。""皇帝佩黄赤绶,诸侯王佩赤绶,诸国贵人、相国佩绿绶,将军佩紫绶。"魏晋南北朝时期公服颜色又发生变化,《资治通鉴·齐武帝永明四年》:"公服,朝廷之服,五等,朱、紫、绯、绿、青。"沈从文先生认为:"百官公服自南北朝以来以紫为贵。"《旧唐书·舆服志》记载了隋唐时期官员服饰颜色:"始令五品以上,通服朱紫……六年,五品以上,通著紫袍,六品以下,兼用绯绿,胥吏以青,庶人以白,屠商以皂,士卒以黄。""唐贞观四年又制,三品以上服紫,五品以下服绯,六品七品服绿,八品九品服以青。"后又于上元元年八月下令补充:"文武三品以上服紫,四品服深绯,五品浅绯,六品服深绿,七品服浅绿,八品服深青,九品服浅青。"至此,紫色成为黄色之下的尊贵颜色。

汉刘向《列仙传》中记载:"老子西游,关令尹喜望见有紫气浮关,而老子果乘青牛而过也。"关令尹喜看见东方出现紫气,预示圣人将至,果然见老子骑着青牛过函谷关,后人用"紫气东来"形容祥瑞之兆。清代洪昇在《长生殿》中有句"紫气东来,瑶池西望,翩翩青鸟庭前降"。

紫色在当代世俗生活中的完全突破了西方宗教世界和中国儒学传统的意义,它象征着时尚与浪漫,是当代中西方艺术设计师常用的颜色。更多人喜欢原野上成片开放的薰衣草、紫色的窗帘、衣饰、家具,以紫色为主要色调的广告、商品包装……

八、褐色

褐色是介于红色和黄色之间的,介入不同深浅的灰色而形成的颜色。旧黄色、卡其色、琥珀色、深褐色、褐灰色、褐红色、浅褐色、深褐色、黑褐色、棕色、赭色、茶色、咖啡色等多种色彩组成了褐色大家庭。29%的女性和24%的男性将褐色定位为"最不喜欢的色彩",仅仅 2%女性和 1%男性"最喜欢褐色"。我们经常使用褐色系列的挎包,穿着带有褐色的衣服,甚至于家用器具中的地板、房梁、橱柜、床等物品。

(一)褐色的表情

褐色是土地的颜色,以褐色作为室内空间中的主要色彩象征着安稳与舒适,同时也会有狭窄感和些许温暖感。褐色的地板、木质家具能够彰显出房屋主人尊贵与典雅的气质。房间高阔是褐色或棕色为主色调的室内装饰有一个必要的前提基础,反之则显得的室内憋闷窄小。

图 3-15　戒烟甜食广告①

褐色是咖啡和巧克力的颜色,是黑面包的颜色,是黑啤酒的颜色,巧克力蛋糕的颜色, 是烹饪好的牛排的颜色……褐色能够给人以味觉上的刺激, 美味中略带一丝苦涩。图 3-16 中的戒烟甜食广告, 用褐色为主要色调,给人以味蕾上的视觉刺激。

(二)褐色的象征意义

中世纪时期,西方国家人民把褐色定位丑陋的颜色,不加染色而成的褐色布料是生活在底层的人们常用的,农民、工人、佣工通常穿褐色布料的

---

① 天津人民美术出版社编:《欧洲老广告 2》,天津:天津人民美术出版社,2004 年,第 26 页。

衣服。有一首民歌中,记载了参加葬礼的雇工的话:"啊上帝,离别使人多么痛苦,你应该知道,我只是个穷雇工,褐色是我将穿的衣裳。"

早期的基督教修道士穿着未经过染色的衣服,灰色和褐色是重要的服装色彩。弗朗西斯化募修道士被人们称为"褐色修道士"。在现代服饰中,褐色经常运用于服装和背包设计中,无论是作为主色调还是搭配颜色都能起到很好的视觉效果。

歌德曾刻画了他所处时代人们的色彩口味:"有文化的人们对色彩有一些反感。""人们在使用这些完全色彩时确实非常受限制;相反那些所谓的不干净或毁人的时尚色彩则具有明暗和层次不一的无穷变化,其中大多数并非没有美感。"20世纪初,中世纪贵族流行的色彩艳丽的衣饰不再流行,德国人开始崇尚褐色,二战时期褐色成为纳粹的颜色。

九、白色、灰色和黑色

从物理学角度解释,绝对的黑色是不发光的物体颜色,它吸收了所有的光线。物理学家眼中的白色不是一种颜色,而是所有光谱的总和。康定斯基认为:"对于仿效光的色彩的印象派艺术家而言,白色是非色彩的。"当白色和黑色相融合,白色的纯洁和黑色的力量被打乱,形成深浅不同的灰色。灰色是忧郁暗淡的色彩,无论是蓝灰色、黄灰色还是其他颜色与灰色的混合体,都不能产生亮丽光彩的颜色。黑、白、灰三种颜色运用于中国水墨画、铅笔素描、水粉画、装饰画、宣传画、年画、连环画、杂志插图、摄影画面、电视画面、各类创意设计等不同艺术领域。无论是中国画的墨色浓淡,还是西方油画、水粉画的色彩明度,任何一个画种中,黑白灰之间存在着必然的关系。优秀的艺术作品往往需在黑白灰三种颜色的处理上下足功夫,摄影、摄像以及后期的制作过程中,不能忽视黑白灰的作用。

(一)绘画艺术中的黑白灰

素描是来自西方的古老绘画方式,最早出现于德国的民间宗教版画中。直到15世纪文艺复兴时期,意大利画家达·芬奇、米开朗基罗等人运用透视、解剖原理,完善了素描这一绘画形式。美国画家大卫·罗桑德在《色秒精义:图形的表现与表达》一书中写道:"素描是最基本的绘画活动,在一个平面上留下一个笔迹,或是画一条线段,都会立即改变那个平面,给中性的表面注入活力。图形的介入将平面变成了虚拟的空间,将物质的现实变成了想象力构成的虚构情景。纸面上的笔迹破坏了纸面的空虚,使平面活了起来,从一无所有中展现出潜在的维度。笔迹和平面共同参与对话,相互交换正与反,切换对象和基础的关系。线条切割纸面的空间,也释放出了平面上隐含的或生产性的能量。对于纸的生成性能量,中国古代书法家亦有深刻的认识。绘画的所有可能性就源自这种图画物理性。"①

中国画中的白描技法是运用线条和墨的深浅来描绘物体,可以不着颜色, 亦可以用灰色淡墨局部渲染。纯以笔勾勒线条而不设色或渲染水墨来描绘景物或形象的一种中国绘画形式。国画大师潘天寿说:"吾国绘画,以笔线为间架,故以线为骨。骨需有骨气;骨气者,骨之质也,以此为表达对象内在生活力之基础。"在众多国画形式中,白描画最能表达出这一种特点②。

图3-16 《白山黑水》(张诗扬 画)

---

① 〔美〕大卫·罗桑德:《色秒精义:图形的表现与表达》,王军、吴林、徐彬译,济南:山东画报出版社,2007年。
② 潘天寿:《潘天寿画论》,台北:台北书局,1986年,第11—12页。

白描作品一般选择在白色的宣纸上或画绢上作画，其技巧在于笔法和墨色的运用。在花卉白描作品中，花瓣的颜色是较淡的，纤细的，表现出花的娇柔；而花根部和粗枝着墨要厚重，线条也要适当加粗，以表现出枝干的硬朗。

中国水墨画把墨色由深至浅分为五种，焦墨、浓墨、重墨、淡墨、清墨。焦墨、浓墨和重墨属于黑色，淡墨和清墨属于灰色的。焦墨即时把研成的墨汁，在砚池内经过半日的蒸发，再用来画极其深重而又突出的部分。它是在整幅画中特别黝黑的部分，黑而有光亮。浓墨墨色的黑度，仅次于焦墨。焦墨可能有光泽，浓墨因为加入水分，虽黑而无亮光。重墨是相对淡墨而说的，它比浓墨水分更多些，比淡墨则又显得黑一些。淡墨水分加多，成了灰色的叫淡墨。清墨这在墨彩上则是仅仅有一些淡灰色的影子，用这影子去表现朝雾夕烟似的模糊形象[1]。

(二)黑白灰的象征意义

康定斯基在《艺术中的精神》一书中这样描述黑色和白色的象征意义："白色其实象征着一个世界，只不过在这世界中，所有作为物象属性的色彩都消失了而已。这个纯白的世界，因为过于高远，所以它的谐和也难为一般心灵领会"，"黑色的基调则是不含任何可能性的死寂。在音乐中，黑色代表彻底的终止，在其之后的任何旋律听起来都是另一首曲子的开端，因为前面的乐章已画上了句号。黑色犹如燃烧后的灰烬，葬火的柴灰。黑色的寂静是死亡的寂静。黑色表面看来是最无调式的色彩，可做中性的底子，清晰反衬出其他任何微妙的色调"。

在基督教的色彩象征意义中，代表死亡的颜色发生着变化；黑色是为尘世间死亡而悲哀的颜色，灰色代表上帝最后的审判，白色是复活的颜色。因此丧服是黑色的，而死者的衣服是白色的，因为要让他们复活[2]。在不同国度、不同民族和不同信仰的影响下，黑色和白色在葬礼中的运用也不尽相同。总的来说，黑色和白色都是哀悼的颜色。

黑色还具有不幸、不吉祥的象征意义。"黑色星期五"是指美国黄金市

① 于非闇:《中国画颜色的研究》,北京:北京联合出版公司,2014年,第60页。
② 〔德〕爱娃·海勒:《色彩的性格》,吴彤译,北京:中央编译出版社,2013年,第112页。

场和股票市场大崩溃的日子都发生在星期五。民间流传着黑色动物不吉利的传说,没有一根杂毛的黑猫是不吉利的;黑色的母牛代表着灾难即将来临;黑色乌鸦代表着倒霉的事情要发生……黑色是西方宗教中神职人员穿着服饰的主要颜色。约在公元 1000 年左右,基督教教徒服装的色彩被确定为黑色、灰色、褐色,象征着基督徒的谦虚和恭敬之意。16 世纪的宗教改革运动中脱离罗马天主教会的教会和基督徒形成的一系列新宗派的统称新教。16 世纪 20 年代,马丁·路德在德国发起的宗教改革运动,迅即在整个德国形成燎原之势。新教徒生活简朴,他们的服饰为无装饰的黑色。

　　黑色是优雅的颜色。男士的西装、燕尾服、晚礼服等都是黑色的,女士的黑色服装适用于各种正规场合。法国时装设计师克里斯汀·迪奥认为:"优雅是高贵、自然、细致与简单构成的混合体。"黑色长裙和红色长裙相比,红色代表着喜庆,而黑色则体现出优雅。

图 3-17　音乐会广告①

---

① 天津人民美术出版社编:《欧洲老广告 1》,天津:天津人民美术出版社,2004 年,第 7 页。

黑色对于非洲国家来说具有特殊意义,很多非洲国家的国旗国徽中有黑色的部分。位于加勒比海小安的列斯群岛北部的非洲小国安提瓜,国旗由五色三角形组成。靠旗杆一边和旗飞角一边为两个红色三角形的直角边。红色三角形另两条直条边构成旗地下方的长边。两个红色三角形的斜边和旗地上方平行长边构成大三角形,由黑、蓝、白三色组成,黑色部分中间是半轮金黄色的太阳。中部非洲的内陆国家赞比亚国旗呈长方形,旗面为绿色,右下方的竖长方形由红、黑、橙三个平行相等的竖长条相连而成,其上方为一只展翅的雄鹰。绿色象征国家的自然资源,红色象征为自由而斗争,黑色代表赞比亚人,橙色象征国家的矿藏。飞翔的雄鹰象征赞比亚的独立、自由。

(三)黑白灰的艺术处理与透视

在一个平面上进行黑、白、灰的色彩处理时,首先要确定画面需要表现的情感意识。根据情感来运用黑、白、灰三种色彩能够产生视觉心理效果。面对着黑色、白色和灰色的情感色彩,我们能够引起很多物体联想。黑色的夜、黑西装、黑熊、漆黑的走廊、墨汁、铅笔等;白色则让人想到白花、棉花、哀悼、白云、白雪、白玉、皮鞋、医院里的白色床单;灰色的雾霾、灰色的猫咪、房屋外墙、衣服、水泥、石阶。

在影视画面中通过呈现出的黑色、白色和灰色,可以进一步对画面意义深入渗透。黑色和深灰色过多的画面会使人产生恐惧和绝望;白色和浅灰色为主会产生明快和愉悦的心情;黑色和白色多,灰色少,画面整体表现了刚硬和强势;黑白两色少,灰色多,表现的是柔美的情绪。在黑、白、灰三色的画面上,三种颜色交替、对比,形成明快、平和、暗淡、单调、慌乱等情绪节奏。大面积纯黑色中有一点儿的白色,会使这块白色显得如玉一般珍贵;当大面积纯白色中有一小块不规则的纯黑色,那这块黑色就像黑宝石一样闪着光。黑白灰三色在一个画面中可以产生多种变化。在一部作品中,黑白灰的和谐运用很重要。它必须和整体艺术手法一致,无论是"点""线""面"的配合,还是整体的细致刻画与粗犷写意,都需要注意黑白灰效果产生的影响。

图 3-18 《折枝牡丹》（张诗扬 画）

表 3-1 200 种特性和情感的色彩调查结果①

特性和情感	色彩调查结果							
1 拒绝	黑色 20%	灰色 18%	褐色 15%	紫色 8%	橙色 8%	银色 7%	绿色 6%	黄色 5%
2 进攻性	红色 50%	黄色 10%	黑色 10%	橙色 9%	绿色 7%			
3 活力	红色 28%	橙色 18%	黄色 15%	蓝色 15%	绿色 12%			
4 年老	灰色 57%	褐色 31%	黑色 6%					
5 年龄	灰色 32%	黑色 22%	褐色 2%	银色 7%	紫色 5%			
6 过时	褐色 39%	灰色 21%	紫色 9%	黑色 9%	金色 8%			
7 初始	白色 46%	绿色 18%	蓝色 8%	黑色 7%	灰色 7%			
8 吹牛	金色 31%	橙色 18%	黄色 10%	紫色 9%	红色 9%	褐色 7%		
9 令人愉快	绿色 23%	粉红 18%	蓝色 15%	白色 8%	橙色 8%	黄色 8%	红色 7%	

---

① 〔德〕爱娃·海勒：《色彩的性格》，吴彤译，北京：中央编译出版社，2013 年，第 398 页。

续表

特性和情感	色彩调查结果							
10 合适	灰色 33%	褐色 25%	白色 7%	绿色 5%	蓝色 5%	红色 5%		
11 芳香	褐色 27%	橙色 20%	绿色 16%	红色 13%				
12 吸引力	红色 25%	蓝色 12%	白色 10%	金色 9%	粉红 7%	紫色 7%	银色 6%	黑色 5%
13 醒目	橙色 22%	黄色 16%	紫色 13%	粉红 11%	红色 10%	金色 8%	绿色 5%	
14 兴奋	红色 33%	橙色 20%	黄色 13%	绿色 12%	紫色 10%			
15 坚持	绿色 20%	蓝色 12%	红色 11%	黄色 9%	白色 9%	褐色 9%	灰色 8%	紫色 7%	橙色 6%
16 不寻常	紫色 30%	金色 21%	银色 15%	黑色 11%	橙色 7%			
17 困窘	黑色 35%	灰色 18%	褐色 14%	橙色 7%	红色 6%	蓝色 6%		
18 威胁	黑色 51%	红色 14%	褐色 11%	灰色 10%	紫色 6%			
19 欲望	红色 34%	橙色 13%	黄色 11%	黑色 11%	金色 10%	紫色 10%		
20 镇静	绿色 40%	蓝色 15%	粉红 9%	白色 7%				
21 谦虚	灰色 22%	白色 17%	粉红 14%	褐色 10%	绿色 10%	银色 7%	黑色 5%	
22 平庸	褐色 34%	灰色 32%	白色 9%	银色 7%	蓝色 5%			
23 廉价	橙色 19%	褐色 15%	灰色 15%	白色 10%	金色 9%	粉红 9%	绿色 8%	紫色 7%
24 苦味	绿色 27%	褐色 17%	黄色 17%	灰色 9%	黑色 8%	紫色 7%	蓝色 5%	
25 邪恶	黑色 62%	褐色 12%	红色 6%	紫色 5%	灰色 5%			
26 残忍	黑色 41%	红色 24%	褐色 18%	橙色 5%				
27 妩媚	粉红 19%	白色 16%	紫色 10%	红色 9%	蓝色 9%	银色 8%	橙色 7%	金色 7%	黄色 6%
28 愚蠢	褐色 25%	灰色 20%	黑色 14%	黄色 9%	紫色 7%	绿色 7%		
29 动力	红色 25%	蓝色 20%	橙色 13%	银色 10%	黄色 9%	黑色 6%	绿色 5%	白色 5%

续表

特性和情感	色彩调查结果							
30 有棱角	黑色 18%	灰色 18%	银色 15%	蓝色 15%	白色 12%	黄色 8%	绿色 7%	
31 自私	黑色 22%	黄色 17%	金色 9%	绿色 8%	红色 8%	紫色 7%	蓝色 7%	褐色 6% 灰色 6%
32 诚实	白色 37%	蓝色 23%	绿色 17%	金色 6%				
33 猜忌	黄色 43%	绿色 23%	黑色 8%	紫色 6%				
34 明确	白色 34%	黑色 24%	蓝色 12%	红色 8%	金色 5%			
35 简单	白色 52%	灰色 27%	褐色 8%					
36 孤独	灰色 33%	黑色 20%	白色 16%	紫色 6%	蓝色 6%	褐色 5%		
37 虚荣	紫色 22%	粉红 20%	金色 18%	黄色 13%	橙色 10%	蓝色 8%		
38 优雅	黑色 22%	银色 19%	白色 15%	金色 12%	紫色 9%	灰色 7%	蓝色 6%	
39 敏感 多愁善感	粉红 36%	紫色 14%	白色 12%	蓝色 12%	黄色 11%	绿色 8%	红色 7%	
40 结束	黑色 59%	灰色 9%	褐色 7%	白色 7%				
41 能量	红色 38%	橙色 18%	黄色 16%	金色 7%	蓝色 7%			
42 狭窄	黑色 48%	褐色 17%	紫色 8%	灰色 6%				
43 松弛	蓝色 29%	绿色 22%	白色 10%	粉红 9%	褐色 8%	黄色 5%		
44 清新	蓝色 25%	黄色 22%	绿色 15%	白色 12%	橙色 11%	红色 6%	粉红 5%	
45 休养	绿色 57%	蓝色 16%	白色 9%	黄色 8%				
46 性爱	红色 63%	粉红 12%	黑色 9%	紫色 8%				
47 永恒	白色 36%	蓝色 23%	黑色 18%	金色 7%	紫色 6%	灰色 5%		
48 外向	橙色 19%	黄色 17%	红色 14%	金色 7%	粉红 7%	白色 7%	绿色 6% 蓝色 6%	
49 懒惰	褐色 42%	灰色 22%	黑色 10%	蓝色 8%	紫色 6%			

特性和情感	色彩调查结果							
50 遥远	蓝色 54%	灰色 13%	白色 10%	黑色 6%				
51 欢庆	金色 26%	白色 23%	银色 15%	黑色 15%	蓝色 8%			
52 友好	蓝色 20%	粉红 13%	黄色 11%	白色 11%	橙色 10%	绿色 10%	金色 8%	红色 8%
53 友谊	蓝色 28%	金色 17%	红色 15%	绿色 12%	粉红 8%	橙色 6%	白色 6%	
54 新鲜	绿色 34%	蓝色 27%	白色 20%	黄色 11%	粉红 5%			
55 虔诚	白色 34%	黑色 19%	紫色 9%	灰色 8%	蓝色 8%	银色 6%	褐色 6%	
56 春天	绿色 64%	黄色 12%	粉红 11%	白色 8%				
57 功能性	白色 29%	灰色 21%	黑色 19%	银色 10%	蓝色 5%			
58 安全	褐色 24%	红色 18%	粉红 15%	蓝色 10%	绿色 10%	橙色 8%		
59 危险	红色 43%	黑色 24%	橙色 12%	黄色 11%				
60 无情	灰色 26%	黑色 18%	黄色 11%	蓝色 11%	褐色 7%	银色 6%	紫色 6%	白色 6%
61 吝啬	黄色 31%	绿色 26%	灰色 19%	黑色 8%	褐色 7%			
62 舒适	褐色 39%	粉红 10%	绿色 10%	黄色 8%	蓝色 8%	橙色 7%	红色 7%	
63 精确	白色 23%	蓝色 20%	黑色 17%	银色 8%	金色 5%	灰色 5%	绿色 5%	红色 5%
64 享受	金色 18%	紫色 15%	橙色 13%	粉红 11%	绿色 11%	蓝色 7%	褐色 7%	红色 6%
65 合群	橙色 22%	黄色 17%	红色 13%	绿色 10%	粉红 9%	蓝色 9%	褐色 7%	
66 健康	绿色 30%	红色 21%	粉红 12%	蓝色 12%	橙色 7%	白色 6%	黄色 5%	
67 有毒	绿色 56%	黄色 21%	紫色 5%					
68 信仰	白色 37%	蓝色 15%	紫色 12%	黑色 10%	绿色 9%	金色 6%		
69 无所谓	灰色 52%	褐色 13%	黑色 7%	白色 7%	紫色 6%			

续表

特性和情感	色彩调查结果						
70 幸运	金色 20%	红色 20%	绿色 14%	黄色 11%	粉红 10%	蓝色 10%	白色 7% 橙色 5%
71 大	黑色 23%	蓝色 18%	白色 13%	红色 10%	灰色 10%	金色 6%	黄色 6%
72 好	白色 42%	蓝色 12%	金色 11%	绿色 7%	红色 7%	橙色 6%	黄色 5%
73 和谐	蓝色 28%	粉红 14%	白色 12%	绿色 10	紫色 7%	红色 7%	金色 6%
74 坚硬	黑色 43%	蓝色 15%	银色 12%	灰色 9%	红色 6%		
75 仇恨	红色 47%	黑色 23%	绿色 7%	灰色 6%	橙色 5%		
76 秘密	灰色 29%	黑色 19%	紫色 14%	褐色 8%	黄色 8%	白色 7%	
77 兴奋	红色 23%	橙色 14%	黑色 12%	灰色 11%	黄色 11%	紫色 10%	绿色 9%
78 酸涩	绿色 34%	褐色 17%	灰色 10%	黑色 9%	银色 7%	黄色 5%	
79 秋天	褐色 55%	金色 16%	橙色 10%	灰色 7%	黄色 5%		
80 助人	绿色 20%	蓝色 16%	白色 4%	红色 11%	金色 11%	黄色 9%	橙色 5%
81 炽热	红色 46%	黄色 23%	橙色 21%				
82 礼貌	粉红 17%	银色 15%	白色 14%	灰色 11%	蓝色 10%	绿色 9%	金色 6% 黄色 6%
83 希望	绿色 52%	蓝色 23%	白色 7%	黄色 6%			
84 理想	白色 23%	蓝色 17%	金色 13%	银色 11%	黄色 8%	绿色 7%	粉红 6% 红色 6%
85 冲动	红色 36%	黄色 21%	橙色 13%	紫色 9%	蓝色 7%		
86 内心	黑色 19%	灰色 17%	紫色 16%	褐色 12%	白色 7%	蓝色 7%	黄色 6% 粉红 5%
87 青春	绿色 28%	粉红 20%	黄色 13%	蓝色 13%	白色 12%		
88 冷	蓝色 47%	白色 23%	灰色 14%	银色 11%			
89 童年	粉红 34%	绿色 13%	黄色 9%	蓝色 8%	金色 7%	橙色 6%	白色 5%

续表

特性和情感	色彩调查结果							
90 小	粉红 27%	黄色 14%	白色 12%	银色 9%	褐色 7%	灰色 7%	黑色 6%	金色 5%
91 聪明	白色 26%	蓝色 22%	银色 11%	金色 11%	黄色 8%	灰色 7%	紫色 5%	
92 保守	黑色 40%	褐色 28%	金色 9%	灰色 8%	蓝色 7%			
93 专注	蓝色 19%	白色 19%	黑色 13%	灰色 9%	红色 8%	黄色 6%	绿色 5%	银色 5%
94 力量	红色 33%	黑色 21%	蓝色 13%	褐色 7%	金色 6%	橙色 5%	白色 5%	
95 凉	蓝色 46%	银色 14%	白色 13%	灰色 11%	绿色 6%			
96 人造	紫色 23%	银色 18%	粉红 15%	金色 15%	橙色 10%	白色 5%		
97 喧闹	黑色 28%	红色 18%	橙色 12%	灰色 12%	黄色 10%	褐色 7%		
98 无聊	灰色 45%	褐色 24%	黑色 9%	粉红 7%				
99 大声	红色 28%	橙色 21%	黄色 19%	紫色 13%	黑色 9%			
100 活泼	绿色 38%	红色 16%	橙色 10%	黄色 10%	白色 9%	蓝色 8%		
101 生命的欢乐喜悦	红色 27%	黄色 16%	橙色 12%	绿色 11%	蓝色 11%	粉红 9%	白色 6%	
102 空洞	黑色 37%	灰色 21%	白色 21%	蓝色 5%				
103 轻	白色 37%	黄色 18%	粉红 17%	蓝色 10%	银色 5%			
104 激情	红色 54%	紫色 12%	橙色 7%	黄色 6%	金色 5%	粉红 5%		
105 轻声	白色 27%	粉红 20%	灰色 18%	银色 10%	绿色 5%	黑色 5%		
106 成绩	蓝色 20%	金色 18%	红色 15%	橙色 9%	银色 7%	黄色 7%		
107 爱情	红色 70%	粉红 8%						
108 可爱	粉红 58%	白色 10%	红色 8%	蓝色 6%	橙色 5%			
109 谎言	黑色 21%	黄色 16%	灰色 15%	褐色 11%	金色 8%	紫色 7%	橙色 6%	绿色 5%

续表

特性和情感	色彩调查结果						
110 乐趣	红色 46%	粉红 10%	黑色 9%	蓝色 7%	紫色 7%	金色 5%	
111 有趣	橙色 25%	黄色 23%	红色 19%	粉红 11%	绿色 8%	紫色 6%	蓝色 5%
112 奢侈 过度	金色 40%	黄色 12%	紫色 11%	银色 9%	黑色 9%	红色 7%	
113 权力	黑色 48%	金色 14%	红色 12%	褐色 12%			
114 男性	蓝色 35%	黑色 20%	褐色 13%	红色 7%	灰色 6%		
115 魔力	黑色 54%	紫色 25%	金色 8%				
116 柔和	粉红 26%	白色 26%	蓝色 12%	橙色 8%	褐色 7%	绿色 6%	黄色 6%
117 中等	灰色 29%	褐色 27%	绿色 10%	黄色 9%	橙色 8%	蓝色 5%	
118 现代	白色 19%	黑色 14%	红色 13%	橙色 11%	紫色 10%	蓝色 10%	银色 8% 粉红 7%
119 时尚	紫色 20%	橙色 17%	粉红 14%	黄色 12%	红色 12%	黑色 8%	白色 6%
120 勇气	蓝色 25%	红色 19%	黑色 14%	金色 7%	黄色 7%	绿色 7%	银色 5%
121 深思熟虑	灰色 21%	蓝色 17%	黑色 15%	白色 9%	褐色 9%	紫色 7%	银色 7% 绿色 7%
122 临近	红色 29%	橙色 15%	粉红 12%	绿色 10%	褐色 8%	黄色 8%	白色 6%
123 天真	粉红 27%	绿色 13%	黄色 13%	紫色 10%	灰色 7%	褐色 6%	
124 天然	绿色 48%	白色 14%	蓝色 13%	褐色 10%	黄色 5%		
125 嫉妒	黄色 44%	绿色 24%	灰色 8%	黑色 6%			
126 崭新	白色 30%	黄色 13%	蓝色 11%	粉红 9%	绿色 9%	银色 8%	金色 6%
127 中性	白色 52%	灰色 31%					
128 乐观	黄色 19%	绿色 17%	蓝色 15%	白色 11%	红色 10%	橙色 9%	粉红 8%
129 奇特	紫色 22%	橙色 17%	银色 11%	金色 8%	黄色 8%	红色 7%	黑色 7% 粉红 6%

续表

特性和情感	色彩调查结果								
130 幻想	紫色 18%	蓝色 18%	黄色 13%	粉红 9%	绿色 9%	橙色 8%	红色 8%	白色 7%	银色 5%
131 华丽	金色 50%	红色 16%	紫色 10%	银色 10%					
132 准时	灰色 20%	蓝色 17%	白色 10%	褐色 10%	绿色 8%	金色 7%	银色 7%	橙色 6%	
133 财富	金色 53%	银色 16%	黄色 8%	黑色 8%					
134 浪漫	粉红 36%	红色 14%	紫色 12%	蓝色 9%	绿色 9%	橙色 7%	白色 7%		
135 安宁	绿色 30%	蓝色 21%	白色 15%	褐色 10%	黑色 9%	灰色 8%			
136 圆	红色 24%	金色 15%	橙色 14%	粉红 11%	黄色 9%	紫色 7%	褐色 6%	白色 5%	
137 客观性	白色 27%	灰色 22%	蓝色 20%	黑色 15%					
138 咸味	白色 36%	灰色 12%	绿色 12%	蓝色 12%	银色 8%	黄色 7%			
139 温和	粉红 41%	白色 17%	蓝色 10%	紫色 7%	褐色 6%	黄色 5%	绿色 5%		
140 清洁 纯洁	白色 82%	蓝色 11%							
141 酸味	黄色 38%	绿色 38%							
142 坏	黑色 43%	褐色 22%	灰色 13%	紫色 8%					
143 迅速	银色 35%	红色 18%	黄色 12%	白色 11%	黑色 8%	蓝色 8%			
144 过失	黑色 22%	黄色 9%	褐色 15%	紫色 12%	绿色 9%	红色 8%	灰色 6%		
145 醉心	粉红 38%	红色 14%	紫色 10%	橙色 10%	蓝色 9%	黄色 7%	银色 5%		
146 沉重	黑色 45%	褐色 24%	灰色 10%	金色 6%					
147 渴望	蓝色 27%	绿色 13%	紫色 10%	白色 9%	红色 9%	灰色 7%	粉红 5%	金色 5%	黄色 5%
148 独立自主	蓝色 27%	黑色 10%	银色 9%	金色 9%	绿色 9%	红色 85%	橙色 7%	黄色 5%	白色 5%
149 性	红色 48%	紫色 14%	粉红 11%	黑色 6%	黄色 6%	橙色 5%			

续表

特性和情感	色彩调查结果							
150 保障	绿色 23%	白色 15%	蓝色 14%	银色 10%	褐色 10%	金色 6%	黄色 6%	
151 夏天	黄色 31%	绿色 24%	红色 10%	蓝色 9%	橙色 8%	金色 6%		
152 庸俗	褐色 32%	灰色 18%	金色 14%	绿色 9%	银色 7%	黑色 7%		
153 运动型	蓝色 34%	红色 17%	白色 12%	银色 9%	绿色 7%	黄色 7%		
154 强大	黑色 29%	红色 22%	蓝色 20%	金色 8%	褐色 8%			
155 寂静	蓝色 22%	白色 15%	绿色 15%	黑色 13%	银色 11%	灰色 11%		
156 傲慢	金色 21%	紫色 12%	蓝色 12%	白色 12%	红色 10%	银色 9%	黑色 7%	褐色 5%
157 甜蜜	粉红 35%	橙色 18%	红色 17%	黄色 12%				
158 好感	蓝色 28%	红色 17%	绿色 16%	粉红 9%	白色 9%	紫色 8%		
159 昂贵	金色 61%	银色 15%	黑色 10%	蓝色 6%				
160 宽容	绿色 21%	蓝色 20%	白色 20%	紫色 8%	橙色 7%	黄色 7%		
161 梦幻	粉红 34%	蓝色 27%	紫色 9%	白色 8%	绿色 6%			
162 悲哀	黑色 88%	灰色 10%						
163 忠诚	蓝色 28%	绿色 17%	金色 10%	红色 8%	白色 7%	褐色 6%	银色 5%	紫色 5% 黄色 5%
164 无边无际	蓝色 35%	黑色 22%	白色 16%	紫色 6%	灰色 6%			
165 不合法	黑色 32%	红色 22%	紫色 9%	橙色 9%	黄色 8%	灰色 5%		
166 非色情	褐色 31%	灰色 16%	绿色 14%	黄色 8%	橙色 7%	白色 6%	蓝色 5%	
167 不友好	灰色 30%	黑色 22%	褐色 18%	黄色 8%	绿色 6%	橙色 5%		
168 不可食用	绿色 23%	褐色 19%	灰色 15%	黄色 11%	紫色 11%	黑色 9%		
169 非常规	紫色 28%	银色 14%	橙色 10%	黑色 10%	黄色 9%	红色 8%		

续表

特性和情感	色彩调查结果							
170 不道德	黑色 24%	红色 24%	紫色 19%	黄色 8%	粉红 7%	褐色 6%		
171 非自然	紫色 24%	银色 17%	粉红 15%	金色 15%	橙色 11%	灰色 5%		
172 不客观	粉红 20%	紫色 20%	橙色 14%	褐色 11%	金色 10%	红色 7%	灰色 5%	
173 无辜	白色 72%	粉红 12%						
174 不自信	灰色 22%	黄色 14%	粉红 12%	紫色 12%	褐色 11%	白色 8%	橙色 6%	
175 不讨人喜欢	褐色 27%	紫色 12%	橙色 11%	黄色 11%	绿色 7%	灰色 7%	黑色 7%	粉红 5%
176 不忠实	黑色 20%	紫色 17%	黄色 15%	褐色 12%	灰色 12%	橙色 8%		
177 禁止	红色 33%	黑色 27%	紫色 14%	褐色 6%	黄色 6%			
178 腐烂	褐色 26%	黑色 22%	紫色 14%	灰色 11%	绿色 7%	黄色 7%		
179 诱惑	红色 31%	粉红 19%	紫色 14%	黑色 12%				
180 愉快	橙色 20%	红色 17%	黄色 13%	粉红 11%	紫色 11%	蓝色 9%	绿色 6%	金色 5%
181 引诱	红色 26%	金色 16%	蓝色 16%	紫色 13%	绿色 7%	银色 5%		
182 虚伪	黄色 26%	黑色 19%	绿色 14%	紫色 11%	褐色 9%	灰色 6%		
183 信任	蓝色 35%	绿色 13%	褐色 10%	金色 8%	灰色 8%	黑色 8%	红色 6%	白色 6%
184 贪食无节制	褐色 22%	橙色 14%	紫色 13%	粉红 12%	绿色 8%	黄色 7%		
185 完美	白色 30%	金色 26%	蓝色 16%	银色 5%				
186 温暖	红色 42%	橙色 23%	褐色 12%	黄色 8%	金色 5%			
187 真理	白色 40%	蓝色 27%	金色 16%					
188 女性	粉红 34%	红色 16%	白色 13%	紫色 12%	黄色 5%			
189 柔软	粉红 47%	白色 15%	黄色 8%	橙色 5%	绿色 5%			

注:183 信任行第9列为银色 5%

续表

特性和情感	色彩调查结果								
190 广阔	蓝色 42%	白色 18%	绿色 15%	灰色 6%					
191 冬季	白色 65%	灰色 15%	蓝色 10%						
192 知识	白色 34%	蓝色 24%	黑色 8%	灰色 8%	绿色 6%	银色 5%	黄色 5%		
193 肉欲	红色 31%	紫色 22%	粉红 17%	橙色 14%	褐色 7%	黑色 6%			
194 愤怒 生气	红色 55%	黑色 15%	橙色 8%	紫色 8%	绿色 6%				
195 温柔	粉红 53%	红色 14%	蓝色 9%	紫色 8%	白色 7%				
196 娇嫩	粉红 46%	白色 20%	黄色 12%						
197 可靠	蓝色 27%	绿色 13%	褐色 10%	金色 8%	灰色 8%	黑色 8%	红色 6%	白色 6%	银色 5%
198 信心	绿色 26%	蓝色 17%	黄色 9%	橙色 8%	白色 8%	紫色 8%	银色 6%	粉红 6%	红色 5%	金色 5%
199 暧昧	紫色 22%	橙色 14%	粉红 13%	灰色 12%	绿色 11%	黄色 8%	金色 7%		
200 介于近与远之间	绿色 20%	灰色 20%	蓝色 12%	紫色 10%	银色 9%	黄色 8%	白色 6%	褐色 5%	

第四节 镜框中的色彩

一、影视作品中的色彩基调

色彩基调,也称为色彩色调。是指能够形成画面主体思想的颜色。在摄影艺术中,主要指色彩基调的空间因素,在摄像艺术中还要考虑到它的时间因素。一部作品中的色彩基调如此重要,在确立之前必须经过缜密的思考,周详考虑主要的创作意图。堆积各种颜色胡乱搭配很难获得良好视觉效果,需要强调某种色彩基调以及构成的特点。划分色彩基调有几种基本方法。

(一)根据色相分类

色相,也就是色别,是色的基本属性之一。色相包括红色基调、绿色基调、蓝色基调、黄色基调、橙色基调等。张艺谋于1988年执导的电影《红高粱》是由诺贝尔文学奖获得者莫言的同名小说《红高粱》改编的,影片中的某些片段采用红色基调,用浓厚而热烈的红色来表现主题。连续不断的红色从视觉上刺激着观众,让人感到热血沸腾。红色的太阳、红色的高粱酒、红色的鲜血、红色的喜轿、红色的盖头、尤其是影片快结束时日全食的那一片红色天地。导演用红色基调铺开艺术思维,夸张的刻画出红色的故事。电影《黄土地》是1984年陈凯歌导演的作品,影片中的黄色基调源自于黄土高原。故事发生在陕北黄土高原上,黄色土地的荒凉和贫瘠带来的视觉冲击是显而易见的,那种苍凉、沉重、压抑的感觉伴随着黄色基调贯穿整个电影。《红白蓝》三部曲中的第一部作品《蓝》是克日什托夫·基耶斯洛夫斯基1993年拍摄的,影片名称取自于法国国旗上的三种颜色,象征着自由、平等和博爱。电影《蓝》剧中的蓝色基调是法国女音乐家朱莉一生追求的艺术境界。导演乌兰塔娜拍摄的电影《暖春》片段中运用早春田野的黄绿色为基调,这些都属于视觉的基本基调。英国导演德里克贾曼1993拍摄的电影《蓝色》是记录导演患上艾滋病后生命的最后时刻。蓝色贯穿着整个影片,大海、天空、飞燕草、裹尸布,这些蓝色代表了导演的心声"蓝色是宇宙之爱,人们沐浴其中,它是人间的天堂","我献给你们这宇宙的蓝色,蓝色是通往灵魂的一扇门,无尽的可能将变为现实"。

(二)按照明度区分

明度是人类眼睛对色的明暗感知,白色明度最大,黑色明度最小,白黑两色之间是灰色和各种颜色。按照明度可以把色彩基调分为高调子(亮调子)、中间调、低调子(暗调子)三个类型。受过素描训练的同学一定清楚明暗调子对塑造物体形象的重要性。在素描教学中,了解三大面、五调子是绘画的基础,这五种调子是物体受光后在表面不同区域体现的明暗变化,分别是高光、亮灰部、明暗交界线、反光、投影。高光是物体直接反射光源的部分,是该物体受光后的最亮点;亮灰部是高光和明暗交界线中间的部分;

明暗交界线是物体明暗之间的转折处,用以区别亮部和暗部,它不一定能形成一条线,随着物体和光线的结构而发生变化;反光是背光部分受到反射光影响的部分;投影是指物体本身在照射光线后产生的暗影。三大面是指物体在光线照射下形成的亮面、灰面和暗面,也就是我们常说的"黑、白、灰"。在素描基础学习中明确的表现物体的三大面和五调子,有助于表现物体的质感,提高画面的空间感、层次感。

在黑白影片可以明显区分明、暗调子和居中的灰调子。彩色影片中可以分为亮调和暗调。亮调表现出欢乐、轻松、幸福、美好的情绪;暗调表现出的情感是压抑、深沉、苦痛、伤感等。

香港电影《杀破狼》由叶伟信导演,任达华、甄子丹、洪金宝、吴京主演,该电影拍摄中运用了大量的暗调子。詹姆斯·卡梅隆撰写剧本并导演,萨姆·沃辛顿、佐伊·索尔达娜等主演的美国科幻电影《阿凡达》运用的是暗调。徐静蕾导演的《一个陌生女人的来信》讲述了一个悲伤的故事,影片中大部分片段都选择使用暗调子,唯独在女主人公和自己深爱的男人在一起的时候运用了柔和的亮调子。陈逸飞导演的电影《理发师》中,日军侵略中国时运用了暗调子,男女主人公在一起相爱的片段运用明亮的金黄色亮调子。

(三)按色彩性质区分

按照色彩性质可以分为暖色调和冷色调。被摄对象的色相主要为暖色系的颜色,在镜头画面内部变化和外部转换中始终得到保持,并得到准确显现,构成色彩的主要倾向,即为之暖调。被摄对象的色相主要为冷色系类的颜色,其镜头画面内部变化和外部转换中,始终构成主要色彩倾向,即称冷调①。

(四)按照色彩饱和度划分

按照色彩饱和度可以划分为浓调子和淡调子。主导色彩饱和度高,色彩反差大的影片即是"浓彩主调画面",主导色彩饱和度低,色彩反差小的

---

① 郑恩国:《影视摄影艺术赏析》,北京:中国电影出版社,2005年,第65页。

影片是"淡彩主调画面"。

(五)按照心理因素划分

按照心理因素可以划分成客观色调和主观色调。《电影艺术词典》这样解释主观色调:"主观色调是一个具有多种含义的概念,第一,指艺术家本人的色彩素质、趣味、色彩和谐感在作品中的独特表现。第二,创作者为了影片中突出情绪含义与理性象征意义,使作品的色彩效果脱离色彩形成的客观可能性,或将客观色调朝某一方向夸张变形,通过隐喻、象征等手法,获得异乎寻常的色彩效果。第三,指人物在特定情境下色彩视觉的畸变,即剧中人在特殊心理状态喜爱,在梦境或幻想世界中所看到了异常色彩。"

电影《大红灯笼高高挂》改编自苏童的小说《妻妾成群》,小说中故事发生在江南,笔者的叙事是优雅而从容的,隐隐带有《红楼梦》《家》《春》《秋》的风格。按照小说中的描述,故事色彩是湿润的青色、江南民居的粉墙碧瓦、带有淡淡忧伤的灰白色等等。而在拍摄电影时,故事的发生地点变成晋商府邸,表现的色彩也随之改变,主要出现土黄色、蓝色、白色三种色彩基调。三种色彩共同塑造出乔家大院的压抑气氛、封建的罪恶、灵魂的邪恶。三种色彩基调表现出导演的主观思维。

主观色调在电影叙事、造型、和画面中的运用,是一个很复杂的过程,有着较多的寓意。有时是导演根据影片主题,以独特的、抽象的、与众不同的、超越现实与思想的方式,运用他所钟情的一切色彩;有时是将客观色调朝某一方向进行极度夸张;有时集中采用夸张、变形等手法来处理画面色彩。主观色彩的运用所形成的画面主观色调效果,带有强烈的个人意志和主观意念。在画面效果与客观现实相比较上,有很大的不合理性。正是这种主观色彩超越了自然物质的原有形式,上升为一种有个性的倾向、有意味的造型效果。也正是这种不合理性,与影片叙事紧密结合在一起,唤起人们的某种情绪和情感,进而表达创作作者的深刻思想,建立强烈的个人风格①。

在拍摄摄影作品或影视作品时,有时候需要考虑配色的问题。首先要

---

① 梁明、李力:《电影色彩学》,北京:北京大学出版社,2013 年,第 221 页。

确定自己需要的画面主体颜色，进而选择主体颜色的搭配色和背景色，利用光源来调整明度，使其达到最佳效果。

二、影视色彩艺术的处理手法

　　影视作品的色彩基调处理比较灵活，有时候一部影片中并非都像《黄土地》《红高粱》那样是一个统一的基调。色彩的基调可能是某个情节中的主要色调，构成色彩的整体因素也体现在这一色调上。在拍摄纪录片、微电影等视听作品的时候，色彩基调不能脱离实际生活，不能杂乱无章主次不分，要提前考虑作品内容，色彩基调是文本内容的情感联想和灵魂的延伸。表现喜庆色彩要选择暖色调为色彩基调，表现大海要以冷色为基调，拍摄草原需要以绿色为基调，拍摄北方的雪景要以白色为主要基调；表现内心忧郁的情感一般选择灰暗或灰蓝色的色彩为基调，表现心情愉悦的妙龄少女可以用积极鲜艳的色彩基调，表现暮年老人可以斟酌选择棕色等色调比较暗的基调。

　　在进行摄影创作的时候，为了形成最佳的色彩基调，首先要在布光的时候开始下功夫，尤其是在室内人工光下进行创作的时候，需要根据表现内容来调整色彩基调，色彩基调使画面具有强烈的艺术感染力。拍摄时如果使用全部的均匀平衡色温光照明，被摄物体色彩是真实再现的，但整个画面的色彩会很平淡，失去了色彩表现魅力。彩色摄影，尤其是艺术摄影的色彩效果主要依靠这色彩基调的色光来表达，镜框主体和客体的色彩应该与主要色彩基调和谐搭配，这样构成的画面色彩才能形成一个有机的整体。其次要观察镜框中物体色彩，需要形成一定的色彩间隔，利用色彩的层次和距离变化。在布光、安排被摄物体颜色和背景颜色上下足功夫，是拍摄彩色摄影作品的基础。

　　北京电影学院周登富教授将电影拍摄过程中色彩处理的分工安排整理如下：

　　导演：负责基调色与语言色。

　　基调色：场景色调、人物色彩、全片基调、主题色。

　　语言色：节奏色、主观色、客观色、主客融合色。

摄影师负责光色、画色和片色。

光色：人物色、空间氛围、自然光线色、心理色、情调色、主题色、民族色、地域色、时代历史色、主客色、色光。

画色：画面中心色、画面色调、色基调、色语言、色节奏、场调度色、主客色、光影构图、镜头色、主题色。

片色：洗印配光调色、负像色彩转换、色调调度。

美术师负责形色、光色和语境色。

形色：建筑色、环境色、道具色、装饰色、服装色、化装色、民族色、地域色、国家色、主题色。

光色：场景气氛色、人物色、时代色、历史色、画面色、色情调、色语言、民族色、地域色、主客色、主题色、全片基调、场景色调。

语境色：色彩谱、画面图色、色基调、色语言、色节奏、心理色、民族色、地域色、时代历史色、场调度色、主题色、主客色①。

在电视作品和电影作品的拍摄过程中，构成作品整体或片段的色彩基调具有一定心理倾向性，画面色彩基调是根据所要表达的内容和受众心理感受而决定的。确立拍摄主题和色彩基调后再进行艺术加工，使这一色彩基调在动态视觉表现时占据重要位置。

三、色彩情绪与影视设计

色彩和情绪之间存在的密切关系可以延伸到艺术设计的各个门类，传媒工作中的摄影、摄像创作，需要注意色彩情绪对作品的影响。创作构思时要考虑到，所拍摄的景物色彩是否与要传达信息的意义相关联。尤其是在新闻摄影和广告摄影作品中，颜色是整个作品中的一种重要艺术标识，给观看者以直接的视觉冲击。观看者在第一时间形成的评价与画面颜色基调和搭配有直接关联。在精通色彩艺术的传媒工作者眼中，所有的色彩都是具有情调和情绪的，拍摄前的设计过程中需要多斟酌考虑色彩安排，使作品获得最大限度的成功。

① 周登富：《电影美术概论》，北京：中国电影出版社，1996年，第254页。

（一）色调、明暗度、饱和度的协调

美国艺术家阿尔伯特·亨利·门塞尔认为色调、明暗度、饱和度可以表现色彩的品质，利用色调、明暗度和饱和度来调整画面色彩的协调性。拍摄主体，或是需要突出的人或物，与其周边的颜色不能太过接近，否则容易造成视觉盲点，我们称视网膜上没有感光细胞的部位为视觉盲点。向天空放飞气球，五颜六色的彩色气球颜色搭配得相得益彰，当气球上升到一定高度使，淡蓝色的气球变得不显眼了，而红色的气球是最后消失在视线中的。所以说，在画面中要想突出的部分需要有突出的色彩表现。

色轮中的每种色彩都带有自己独特的性质，这就是色调。色调的色彩在不同的明暗度和不同的饱和度对照下产生的色彩，所表达的心理感受完全不同。请再次回顾明度和饱和度的基本概念。

明度是指色彩的明亮程度。色彩的明度有两种情况：一是色相不变明度不同。相同的颜色在不同的光线照射下表现出不同的明度。二是各种颜色不同明度。每一种纯色都有与其相应的明度。黄色明度最高，蓝紫色明度最低，红、绿色为中间明度。深黄、中黄、淡黄、柠檬黄等黄颜色的明度不一样，紫红、深红、玫瑰红、大红、朱红、橘红等红颜色的明度逐渐增加。饱和度，也叫彩度或纯度。是指色彩的纯净程度，它表示颜色中所含有色成分的比例。含有色彩成分的比例愈大，色彩的纯度愈高，含有色成分的比例愈小，则色彩纯度也愈低。色彩的明度变化往往会影响到纯度，如红色加入黑色以后明度降低了，同时纯度也降低了；如果红色加白则明度提高了，纯度却降低了。

首先，高饱和度、中明度的色彩，通常用于表现生动活泼的节日场景、积极的屋外景致、令人兴奋的事情等，同时也可以表现出繁杂的不安情绪、危险情调和需要警惕的环境。第二，色彩的饱和度降低，明暗度不变。低纯度的色彩变得暗淡，传达冷静的、消极的、颓废的、无精打采的色彩情绪。第三，提高色彩明度，使色彩更具亲和力，可以表现明净、轻快的情绪，拍摄安静的校园、午后的下午茶很合适。第四，降低色彩明度，使色彩具有厚重感，可以表现沉稳、雄伟、积淀、窒息、深沉等情绪。特别适合拍摄人物纪录片和带有人文、历史相关内容的片子。

在拍摄影片或照片时，色彩饱和度与明度的变化可以从以下三点体现。同一颜色在强光照射下显得明亮，弱光照射下显得较灰暗模糊。第二，颜色加黑或加白掺和以后能产生各种不同的明暗层次。第三，有色物体色彩的饱和度与物体的表面结构有关。物体表面粗糙，反射作用使色彩的纯度降低；相反，物体表面光滑，反射作用将使其色彩变得鲜艳。

(二)三原色和三间色的协调

最原始的色彩红色、黄色、蓝色是三原色(颜料三原色中的大红、柠檬黄和湖蓝)。两种原色之间相互调配而成的，明度和纯度仅次于三原色的色彩绿色、橙色、紫色，是三间色。这六种色彩合在一起被称为基础色，除了黑色和白色之外的色彩都可以用几种基础色调配出来。

我们在运用红色的时候需要注意，红色有着强烈的画面感染力，通常需要搭配其他颜色一起使用。我们常说的"绿叶配红花"即是很好的例子，画面中大部分基色是绿色的叶片，仅仅一点儿是红色花朵，就是这片甲之地能为观众带来情绪的拨动。反之，如果为了突出红色花卉而将整个画面铺满红色背景基调，反而不能突出红色花卉的生命活力和热情。拍摄少年儿童义务劳动的画面，无需在背景中大面积凸显红色的少先队旗，仅仅用孩子们佩戴的红领巾就可以表现出整体意义。红色或猩红色会带给人以恐怖的情感体验，在恐怖片的镜头中经常出现，阴森的背景配上几许猩红，可以引起观众的心理恐怖联想。黄色能让人联想到太阳的色彩，灿烂而辉煌；也能代表金秋的大地，丰收的喜悦。黄色在中国古代占据着重要的位置，天地玄黄，黄色皮肤和黄土地代表着华夏文明。黄色也是赵匡胤之后的中国皇帝专属颜色，用于皇宫、社稷等位置，代表王者之尊，是至高无上的权利象征。此外，黄色还有禁止、危险警告等多种意义。黄色的明度非常高，与黑色搭配显得很显眼，与绿色搭配彰显出青春、活泼、活力、朝气，与蓝色搭配显得清新，静雅。蓝色，这里指湖蓝色。这是三原色中唯一的冷色，容易让人联想起海洋和天空。海洋的浩瀚和天空的无际都是宽广而宁静的，使蓝色具有博大的包容性格。绿色，象征着生命的颜色，让人感到亲切、自然、和平、健康、积极。绿色可以作为背景颜色大面积使用，大片的绿可以舒缓视觉疲劳，使人清新而舒服。黄色中夹杂绿色，容易让人联想起鹅黄嫩柳,是春天到来的前奏曲。深绿色和浅绿色也可以搭配使用,两色之间比较和谐安稳。橙色是活泼的暖色,是深受小朋友喜欢的颜色之一,表现青春、甜美、阳光、热情。紫色经常带有神秘的气息,"紫气东来"的祥和高贵给人以浪漫而神秘的心理感受。

多次获得奥斯卡提名奖的电影摄像师罗杰·迪金斯谈及《肖申克的救赎》的拍摄时说:"我们选择的色彩将会面临不同的灯光效果,所以我们事先多次测试了不同的颜色在胶片上显示的效果后,才确定了整部电影的最终色调。我本来打算在夜戏中使用的暖棕色调,对我们为日戏所选用的灰色背景有非常不同的影响。这是因为当色温偏暖的夜间光线打在略微偏蓝的灰色墙壁上时,会得到一种类似于棕色的调子;而色温偏冷的日光灯在同样一面墙上却会让墙壁中的蓝色更加明显,在胶片上显得非常刺眼。胶片常常会增加环境中蓝色的强度,所以如果你想为你的电影寻求某种特定的色调,那么事先试拍色彩和服装就非常重要。"[1]

---

[1] 〔美〕帕蒂·贝兰托尼:《不懂色彩不看电影:视觉化叙事中色彩的力量》,吴泽源译,视觉图书出版公司,2014年,第11页。

第四章　透视与画面

　　摄影和影视画面透视,源自于绘画中的透视技巧,在摄影摄像镜头中,运用焦距和不同镜头拍摄的作品,将绘画透视理论转变成影视透视理论。我们审视任何一件平面艺术作品,都会从"平"中找到多维度画面的存在。在前期取景之前,最为重要的是仔细观察被摄物。了解观察物体本身的起源、类型、造型、光线、色彩等预制相关的情况,对一般造型和结构素描进行初步构思。

　　"透视学"是视觉艺术中的一门学科。英文透视一词"perspective"翻译成中文的意思是"透而视之"。希腊哲学家阿纳萨格罗斯曾解释:"在图中,线条应该依照自然的比例,使其相当于从眼睛,即固定视点引向物体各点的光线穿过中间假想平面所描绘的图像。"直白地解释,我们生活的现实空间是三维立体的,要把这个三维空间呈现在一个二维的视觉平面上,就是"透视"。形成透视需要三个自然条件。条件一:视点,也就是人类的眼睛,这是形成透视的主观条件。条件二:媒介,是构成透视图形的载体,如画面、电视荧屏等。条件三:物体,是形成透视的客观条件。在中西方绘画艺术的不断演变发展中,形成了两种不同的艺术"透视"理论。西方多采用"焦点透视",透视主体固定在一个点上中,像拍摄照片一样把物体绘制出来。中国绘画采用的不是单一试点透视,而是注重数层视点的"散点透视",中国画家将透视视点放在不同的区域,几个视点上能够观察到的物体通过画面组织而绘制在一幅作品中。采用"散点透视"原理,历代中国艺术家创作出很多百米长卷。

　　如果留意观察身边的景物,会发现"近大远小"的空间透视现象无处不在。一条小路两边种着一般大小的树,尝试站在不同的角度看同一棵树,它的大小是不是发生变化了呢?在路上行走,是否觉得小路越来越窄了,路边的树也越来越小? 我们可以站在室内,透过方形的小窗看见不远处的河流和田野,河流和原野的面积比小窗的面积大很多倍,之所以能够看见它们,是因为距离,近大远小的原理再次体现出来。在图 4-1 国画《村居》中,我们能看到近处石头围起的石墙,越往远处,房屋显得越小。

图 4-1 《村居》(张诗扬 画)

第一节 中国画理论中的透视

战国时期荀子在《荀子·解蔽》一书中写道:"凡观物有疑,中心不定,则外物不清;吾虑不清,则未可定然否也。冥冥而行者,见寝石以为伏虎也,见植林以为后人也,冥冥蔽其明也。醉者越百步之沟,以为跬步之浍也;俯而出城门,以为小之闺也,酒乱其神也。厌目而视者,视一以为两;掩耳而听者,听漠漠而以为恟恟,势乱其官也。故从山上望牛者若羊,而求羊者不下牵也,远蔽其大也。从山下望木者,十仞之木若箸,而求箸者不上折也,高蔽其长也。"这是对于透视关系"远大近小"的最早记载。

南北朝宗炳的《画山水序》中说:"去之稍阔,则其见弥小。今张绡素以远映,则昆阆(昆仑山)之形,可围千方寸之内;竖画三寸,当千切之高;横墨数尺,体百里之迥。"这是宗炳对山水画的透视原理运用的阐述。

晋代著名画家顾恺之在《画云台山记》中记载了对绘画作品中阴影和水中倒影处理技法的描写:"山有面则背向有影。可令庆云西而吐於东方。清天中,凡天及水色尽用空青,竟素上下以映日西去。山别详其逐近,发迹东基,转上未半,作紫石如坚云者五六枚,夹冈乘其间而上,使势蜿蟺如龙,因抱峯直顿而上。下作积冈,使望之蓬蓬然凝而上。次复一峯,是石。东邻向者,峙峭峯。西连西向之丹崖,下据绝礀。画丹崖临涧上,当使赫巘隆崇,画险绝之势。天师坐其上,合所坐石及廊。宜礀中桃傍生石间。画天师瘦形而神气遥,据礀指桃,回面谓弟子。弟子中有二人临下到身大怖,流汗失色。作王良穆然坐答问,而超升神爽精诣,俯盼桃树。又别作王、赵趋,一人隐西壁倾巘,馀见衣裾;一人全见室中,使轻妙泠然。凡画人,坐时可七分,衣服彩色殊鲜微,此正盖山高而人遥耳。"

唐代王维所撰《山水论》中,提出处理山水画中透视关系的要诀是:"丈山尺树,寸马分人,远人无目,远树无枝,远山无石,隐隐如眉(黛色),远水无波,高与云齐。"至宋代,中国山水画透视法已形成了完整的体系。

北宋著名画家郭熙在《林泉高致·山水训》中有过一段精彩论述:山水,大物也。人之看者,须远而观之,方见得一障山川之形势气象。若士女人物,小小之笔,即掌中几上,一展便见,一览便尽,此皆画之法也。……学画花者,以一株花置深坑中,临其上而瞰之,则花之四面得矣。学画竹者,取一枝竹,因月夜照其影于素壁之上,则竹之真形出矣。学画山水者何以异此?盖身即山川而取之,则山水之意度见矣。真山水之川谷远望之以取其势,近看之以取其质。……山近看如此,远数里看又如此,远十数里看又如此,每远每异,所谓"山形步步移"也。山正面如此,侧面又如此,背面又如此,每看每异,所谓"山形面面看"也。如此是一山而兼数十百山之形状,可得不悉乎!山春夏看如此,秋冬看又如此,所谓"四时之景不同"也。山朝看如此,暮看又如此,阴晴看又如此,所谓"朝暮之变态不同"也。如此是一山而兼数十百山之意态,可得不究乎!春山烟云连绵人欣欣,夏山嘉木繁阴人坦坦,秋山明净摇落人肃肃,冬山昏霾翳塞人寂寂。看此画令人生此意,如真在此山中,此画之景外意也。见青烟白道而思行,见平川落照而思望,见幽人山而思居,见岩肩泉石而思游。看此画令人起此心,如将真即其处,此画之意外妙也。……山有三远:自山下而仰山巅,谓之高远;自山前而窥山后,谓之深远;自近山而望远山,谓之平远。高远之色清明,深远之色重晦;平远之色有明有晦;高远之势突兀,深远之意重叠,平远之意冲融而缥缥缈缈。其人物之在三远也,高远者明了,深远者细碎,平远者冲淡。明了者不短,细碎者不长,冲淡者不大,此三远也。……山有三大,山大于木,木大于人。山不数十里如木之大,则山不大;木不数十百如人之大,则木不大。木之所以比夫人者,先自其叶,而人之所以比大木者,先自其头。木叶若干可以敌人之头,人之头自若干叶而成之,则人之大小,木之大小,山之大小,自此而皆中程度,此三大也。

图 4-2　国画《归处》局部　(张诗扬　画)

元代的黄公望、明代的沈周等画家遗留下来的书画评论作品中皆论及透视问题。至清代,西洋艺术传至中国,出现了宫廷画家郎世宁等优秀油画大师。郎世宁(Giuseppe Castiglione,1688-1766)原名朱塞佩·伽斯底里奥内,意大利人,清康熙帝五十四年(1715)作为天主教耶稣会的修道士来中国传教。郎世宁将欧洲的绘画技术带入宫中,使很多清代宫廷画家重视写实和透视关系。随着中西方艺术交流的推进,近现代中国绘画技法中糅杂了更多的西方元素,透视技法越来越受到重视。

第二节　西方艺术中的透视

一、西方绘画艺术中透视

从原始时期的岩洞壁画、洞穴壁画开始,人类开始本能地运用平面绘制图画,随着绘画技法的日趋成熟,透视学理论在西方诸多画家的艺术实践中得到印证。

古代埃及绘画主要采用平面法和重叠法形成空间背景。古代希腊时期,雅典画家阿嘎塔尔库斯在戏剧背景布上的绘画,突出了景物之间的远近距离。公元前1世纪的古代罗马,建筑师维特鲁威茨在《建筑十书》中写道:"由物体聚向人眼的射线束与假象的透明平面相交,从而形成透视图形。"中世纪的艺术家通常运用古希腊时期的灭点透视法进行创作。

透视学作为独立的学科出现,其历史可以追溯至文艺复兴时期。14世纪意大利画家乔托的作品《安娜与雅克布在花园门口相逢》运用重叠、明暗等技法突出了画面的空间深度。佛罗伦萨画家马萨乔继承了乔托等人的绘画技法,创作出壁画《圣三位一体》,形成很好的三度空间效果。

西方艺术家对透视学的文字论述出现在文艺复兴时期,意大利画家、建主家、雕塑家阿贝尔蒂认为,大自然是艺术创作中的源泉,数学是认识自然的钥匙。他在《绘画论》中第一个提出了绘画的数学基础是透视学,论述了"线性透视"问题,并创造了透视网格画法。同世纪意大利画家弗兰西斯卡写的《绘画透视学》一书,是一本具有创见性的透视学教科书,把透视的技术方法作了数学上的详细阐述,为透视学奠定了严格的科学基础。阿尔贝蒂和弗兰西斯卡的绘画透视理论是早期文艺复兴绘画创作的经验总结,其突出成就是使绘画在二维平面上达到了对三维空间的征服[1]。

---

① 刘广滨:《透视学》,南宁:广西美术出版社,2013年,第8页。

15世纪晚期,意大利画家达·芬奇写出代表著作《画论》。把解剖、透视、构图、光线、色彩等知识形成系统概念,并将理论与实践结合,创作了《最后的晚餐》等一批优秀的作品。16世纪德国画家阿尔布莱切特·丢勒著有《圆规直尺测量法》,对透视学基本原理进行了直观描述。

公元17世纪,绘画透视形成了完整的理论体系。

图4-3　委拉斯凯兹《宫娥》布面油画

17世纪巴洛克时期西班牙画家委拉斯凯兹的作品《宫娥》,运用平行透视、反影透视和隐没透视法,通过远近、明暗之间的对比,充分表现出空间层次。英国风景画家约翰·康斯坦勃尔《干草车》是一幅田园风景画法,运用线性透视、色彩透视和隐没透视,表现出空间纵深感。

图4-4　约翰·康斯坦勃尔油画《干草车》

关于透视的学术论著有法国数学家沙葛的《透视学》、荷兰人格拉维尚德著《透视学简论》、英国数学家泰勒的《线性透视学》、法国学者盖斯珀尔·蒙诺的《画法几何学》。在17至19世纪的西方艺术史中，无论是绘画作品中的透视学还是学术论著，都进入了成熟期。

二、透视基本原理

(一)平行透视

日常生活中的物体，不管它们的形状结构多么复杂，均可归纳为一个或数个正平行六面体。以立方体为例，只要存在着与画面平行的面，其他与画面垂直的平行线必然只有一个主向灭点：主点，在这种情形下的作图称为平行透视。因为平行透视只有一个灭点，所以又称"一点透视"①。

在拍摄时，注意平行透视出现的三种不同画面。一是视中线与地面平

---

① 刘广滨：《透视学》，南宁：广西美术出版社，2013年，第18页。

行,视平线与视中线相重合,在画面高度的中间;二是仰视;三是俯视。在仰视或俯视时,视平线分别根据俯仰角度向下或向上移动①。平时透视表现的画面肃穆而庄重,具有良好的对称感和纵深感。

(二)成角透视

成角透视也叫"两点透视",距离镜头最近的被摄物体呈现出立方体的一个角,这个立方体的左侧面和右侧面与画面形成两个角度,两角相加为90°。构成成角透视的画面具有强烈的动感和立体感,表现出生动活泼的主观情绪,对称和纵深感觉不如平行透视。

(三)倾斜透视

倾斜透视中有三个消失点,故而被称为"三点透视"。倾斜透视又分为平视、仰视和俯视三种类型。平视倾斜透视是因所拍摄物体本身的倾斜而形成的透视,也叫"斜面透视";仰视和俯视倾斜透视是由于中视线对基面倾斜而导致方形物与画面倾斜的透视,方向物本身并不倾斜,由于视觉观察是的俯、仰,造成视线与地平面的倾斜度。

(四)阴影透视

阴影透视形成的前提是,必须有光的照射。光线照射下的物体表面形成阴面(背光面)和阳面(受光面),物体表面或周围出现的阴暗部分称为"影","影"与"阴面"称为"阴影"。阴面和阳面的分界线称为"阴线","阴影"的轮廓线叫作"影线"。

我们常见的光有"平行光"和"放射光"两种,分别是由阳光和灯光形成的光线。在拍摄摄影或摄像作品前,需要了解光源的种类,分析所拍物体受光的情况,静物的形状、大小、高低、放置角度等都需及时调整。

(五)反影透视

反影透视,指拍摄物体通过镜子、水平面等反射形成的影像。凡通过水

---

① 宋鸿荣:《电影画面透视学》,北京:中国电影出版社,2010年,第33页。

面形成的反影称为之"倒影";镜子中的影像属于"反影"。反影透视具有方向相反,距离和角度相同的视觉特点。

透视学常用术语:

☆ 视点 E(Eye Point):也叫目点,是指视者眼睛的位置,摄像机或相机镜头光学中心位置。

☆ 停点 S(Standing Point):也叫站点或立点,指视点在基面上的垂直落点。

☆ 视平面(Horizon Plane):视平线所在的水平面。

☆ 地平线、视平线 HL(Horizon Line):过视心所做的水平线,或者说地面尽头与天空交界的水平线。平视时,视平线与地平线重叠,即视平线等于地平线;仰视、俯视时,视平线与地平线分离。

☆ 画面 PP(Picture Plane):作画时假设树立在物体前的透明平面,平行于画者的颜面,垂直于视中线。

☆ 画幅 P(Picture):60°视角的视圈线范围以内选取的一块作画面积。

☆ 主点 CV(Center of Vision):也叫视心,指中视线与画面的垂直交点。

☆ 中视线 CVR(Central Visual Ray):也称为中心视,是线视点到画面的垂直连线,视域圆锥的中轴线。

☆ 视垂线 CL (Central Line):过视心所做的视平线的垂线,又叫中心线。

☆ 水平视心 CV°:过视心位置的垂直线与地平线相交的点,称水平视心。水平视心在仰视或俯视时出现。有视点至水平视心的视线与中视线的夹角为仰视或俯视角。

☆ 视高 H(Height):视点到停点的垂直距离。

☆ 视距 VD(VisualDistance):视点到视心的垂直距离。

☆ 视线 SL(Sight Line):视点到物体上各点的连线。

☆ 视角 SA(Sight Angle):任意两条视线与视点构成的夹角,采用的视角不超过60°。

☆ 视域 VT(Visual Threshold):视点看出去的60°空间范围,在此范围内的视域称为正常视域。

☆ 视向 VD(V1sion Direction):作画时所看的方向分为平视、仰视、俯视三种。

☆ 基面 GP(Ground Plane):物体所在的平面,也是停点所在的面。

☆ 基线 GL(Ground Line)：画面与基面的交接线。

☆ 灭点 V(Vanishing Point)：不平行于画面的直线的投影点。又叫消失点、消点。

☆ 量点 M(Heasuring Point)：也叫测点，以灭点为圆心，以灭点到视点的距离为半径所做的圆与视平线的交点。

☆ 距点 D(Distance Point)：在视平线上，距视心和视距相等的点。

☆ 天点 AH(Above Horizontal Point)：在地平线以上的灭点。

☆ 地点 BH(Below Horizontal Point)：在地平线以下的灭点。

☆ 余点 R(Rest Point)：成角透视在视平线上，除距点和视心点以外的其他灭点都叫余点。

☆ 真高线：在透视图中能反映物体或空间真实高度的尺寸线。

☆ 原线：与画面平行的线。在透视中无消失。

☆ 变线：与画面不平行的线。在透视图中有消失。

第五章　视觉的艺术

第一节　视觉平衡状态

绘画、雕塑、建筑、摄影、摄像……任何一件艺术作品创作过程中,艺术家都会考虑作品视觉上的平衡状态,组成艺术作品的所有要素分布一定是处于平衡或均衡状态的。然而一件不平衡的构图就不同了,它看上去是偶然的和短暂的,因而也是病弱的;它的所有组成成分都显示出一种极力想改变自己所处的位置或形状、以便达到一种更合适于整体结构状态的趋势。很显然,如果这种不平衡的构图为艺术品所有,这件艺术品所要传达的含义就变得十分不可理解了。原因很简单,由于式样结构本身是模糊的,所以就会给人一种不知所云的感觉①。

视知觉的平衡与物理平衡是有区别的,前者受到大小、色彩、方向、位置等因素影响,而对于后者来说,作用于一个物体上的各种力达到互相抵消的程度,就能形成物理平衡状态。确定视知觉平衡的主要因素是重力和方向。

平衡在艺术中传达的意义有两个方面:"第一,所有平衡的艺术构图,都反映了宇宙中一切活动所具有的平衡趋势。但是,艺术品所达到的平衡,是构成人类生活的那些反复出现和重复产生的动机所永远无法到达的。然而艺术中的平衡,又远不仅仅是一种平衡的幻觉。第二,如果我们把艺术定义为某种追求和获取平衡、和谐、秩序和统一的活动,那么我们的定义也就同动机心理学家们为人类动机找到的那个静止的概念一样,其实是一个歪曲事实真相的片面结论。"②

---

① 〔美〕鲁道夫·阿恩海姆:《艺术与视知觉》,滕守尧、朱疆源译,成都:四川人民出版社,1998年,第17页。
② 〔美〕鲁道夫·阿恩海姆:《艺术与视知觉》,滕守尧、朱疆源译,成都:四川人民出版社,1998年,第39页。

一、重力对构图平衡的影响

重力是由构图位置决定的。画面中的组成部分位于构图中心或中心垂直线上的时候,其结构重力比远离构图中心主轴线时所具有的重力小;位于构图上方的物体,比位于构图下方的物体重力大一些;越是远离构图中心,其重力就越大,也就是说,绘画空间中,事物离观察者越远,其重力就越大,画面中的远景具有巨大的平衡抵消能力;物体越大,重力越大;明亮色彩比灰暗色彩的重力大些(红色比蓝色重)比较规则的形状比不规则形状的物体重力大;垂直走向比斜行走向的物体重力大。视觉艺术作品构图,需要掌握好画面中的物体位置、大小、方向、色彩,均衡考虑诸多因素,合理调整构图平衡。

此外,观看者"内在的兴趣"也能影响到画面构图重力。图 4-5 国画中,芭蕉叶子所占据的面积大于小鸡,但是观者的视觉注意力依然停留在三只小鸡身上。

图 4-5 《芭蕉小鸡》(张诗扬 画)

还有些宗教题材的作品,吸引眼球的首先是圣像以及其周围的物体。观看者的心理意愿和心理恐惧也对绘画平衡产生影响。在图 4-6 中,吸引观者的首先是玛尔巴大译师自身,包括他的面部表情、头饰与服饰、双手的姿势、整体的姿势等,随后才将视线移至画面的背景环境上。

图4-6　玛尔巴译师　布本设色唐卡(清代)[①]

　　人们在视觉欣赏的时候,往往先看到"自我关注"的事物。以图4-7动画片《猫和老鼠》为例,猫和老鼠所占据的视觉画面面积和主体颜色不同,更多时候观者通过自身内在的兴趣,使得那只可怜的猫咪汤姆沦为了小老鼠杰瑞的陪衬。

图4-7　《猫和老鼠》

---

① 诺布旺典:《唐卡》,北京:紫禁城出版社,2009年,第52页。

　　"孤立独处"也能够影响画面重力。亚历山大·迪恩在《戏剧导演基础》一书中提出:"在舞台表演中,孤立独处被当作是突出某个人物的手段之一。在那些重要的场合中,明星演员总是注意不使自己与其他的人离得过于近。"一位歌手在舞台上演唱时,通常会有很多舞蹈演员伴舞。而舞蹈演员华丽的服饰和优美的肢体动作都不能取代独唱演员的主体地位。

　　晋·戴逵《竹林七贤论》:嵇绍入洛,或谓王戎曰:"昨于稠人中始见嵇绍,昂昂然若野鹤之在鸡群。"

　　南朝·宋·刘义庆《世说新语·容止》:有人语王戎曰:"嵇延祖卓卓如野鹤之在鸡群。"

　　在视觉艺术中,"孤立独处",使画面主体"鹤立鸡群",达到突出的视觉效果。

二、方向对画面平衡的影响

　　方向也是影响平衡的重要因素。比较两图(选自托罗斯·劳特雷斯的绘画作品《在马戏场上·一前一后的两匹马》)可以看出,第一幅作品中的马匹受到骑士的影响,变得向后倾斜。第二幅作品中的马匹受到前面小马的影响,具有向前运动的趋势。

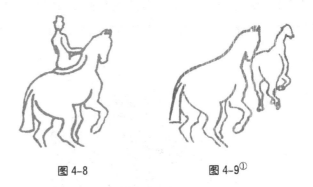

图 4-8　　　　　　　　　图 4-9[1]

　　以此看出,形成在画面上的任何事物,都具有自己的轴线,这些轴线产生不同方向的力,调剂着画面整体构图的平衡。圆形类形状的轴线运行会

---

[1] 〔美〕鲁道夫·阿恩海姆:《艺术与视知觉》,滕守尧、朱疆源译,成都:四川人民出版社,1998年,第24页。

形成上下两个彼此相反的方向力,在拍摄摩天轮的时候,圆形形成向上向下两个力,观看作品的人可能根据自身的偏好选择一种自己喜爱的。有时候创作作品的题材也能产生具有方向的力,画面中的人或动物、物体提示出力的方向。例如拉雪橇的狗,狗的身体向前微倾斜,形成向前的方向力;动物或人物眼神视线观看的方向也可以告诉观看者力的方向。

在戏剧、舞蹈、电影和电视作品中,运作的动作暗示出方向,这些艺术中也寻求着平衡的美感。比如舞蹈演员群舞演出时动作编排的平衡;影视剪辑过程中,通常先剪一个向左的动作,接着剪一个向右的动作,以此来平衡受众的视觉习惯。失衡的画面使观者感到不稳定、甚至失去安全感。

三、画面顶部和底部之间的平衡

把影视片段拆分为若干个画面,仔细观察这些画面的顶部和底部之间的平衡关系,会发现如果得到视觉的平衡稳定,则画面的底部要比顶部厚重一些。朗费尔德研究得出:"如果让一个人在不用尺子的情况下把一条垂直线截为对等的两半,他总是将切割的地方标得太高,当他切割完毕之后,仍然会觉得上半部好像比下半部长一些。"霍瑞蒂俄·格林诺夫则认为:"建筑物那刚刚露出地面的部分,即建筑物的底层,其构造是简单的和宽大的,随着建筑物的逐层上升,它就变得越来越轻盈精巧。这不仅在事实上是如此,在人们的心目中也觉得理应如此。这已经变成一条确定的规则了。这一规则能够成立的基础是重力的作用规律。螺旋是按照这一规律造成的,方尖塔的造型同样也是这一规律的体现。"

虽然朗费尔德和霍瑞蒂俄·格林诺夫两位艺术家的观点有所不同,但是我们可以从中看出,画面结构中,如果底部厚重一些,就会显得稳重平衡,这是由人类的生活经验和生理判断同时作用而形成的。

将这些理论运用在摄影、电影和电视作品中,我们可以这样理解。当需要构建一个现实主义的话题时,可以采用降低重心的方式,使作品空间上达到对称、平衡和一致。比如:拍摄内蒙古草原风景时,蓝天和草原的比例结构,应该是草原的画面面积占据的较大。拍摄古代宫殿、庙宇等建筑亦是如此。当需要构建一个虚幻的话题时,可以运用重心偏上的方式来体现作品的思想内涵,物体看上去好像悬浮在空中,与任何中心部分都没有联系,完全从物质和现实中解脱出来,削弱了现实生活的重要性。

四、左右两边的视觉平衡

格芙伦研究认为,观赏者在按习惯的方式欣赏印制出来的画时,往往只能面对着作品的左半部,往往都沉溺在左半部,凡是在左半部出现的事物,在观者看来都显得十分重要。当观看者意识到自己是首先面对画面的左半部时,意味着在画面左半部已经产生了画面的第二个中心。第二中心和画面中心一样,是观者主观经验的中心,在其心中的位置更加重要,影响着整个画面的构图。

格芙伦和迪恩对所谓的"戏剧的舞台区域"观点是一致的。迪恩认为,当幕布从舞台刚刚升起的时候,观众的眼睛总是先盯着靠近左边的舞台。这说明舞台的左半部在观众心中占据非常重要的位置。在戏剧演出时,一组两个演员或三个演员组成的组合中,位于左边的演员必定是主要角色。

乌尔富林曾说:"很明显,这种现象的发生具有很深的根源,这一根源处于我们审美感觉天性的最深层。"因为西方人阅读的时候是由左向右读,在这里要提出两种特殊情况,一是我国古代阅读书籍和西方阅读方式不同,它是逆向的,由上至下,由右至左,而现代阅读方式和西方是一样的。二是常用左手书写和常用右手书写是有差别的。右手书写使人的大脑左半球负责语言、书写、阅读等高级神经中枢,常用左手的人则相反。

第二节 拍摄内容的结构安排

内容是一幅作品中重要的研究步骤,它不同于题材,题材仅仅是作为一种形式来服务于内容。通过对绘画、建筑、摄影、摄像等艺术作品的视觉分析得知,艺术家创作的每一个艺术作品的视觉式样都不是因自身的存在而存在的,它必须体现出一种感官和心理上的内容再现,这种再现用以超越画面自身的某种意义和境界。

　　在镜框中取景或者绘画创作中,所选取的所有物体,哪怕是个发簪,都具有一定的定向,这是相对的而非绝对的。在设计安排画面形式时,定向是相对于框架而存在的。鲁道夫·阿恩海姆认为人类的视觉受到三个类似因素的影响:第一,物体周围视觉世界的结构骨架。第二,物体在大脑区域投射的形象。第三,由肌肉感觉以及内耳的平衡器官通过动觉所感知的观察者本人的身体结构。在每件作品中,每个细微的组成物体的定向都是重要的,他们的方向产生的细微变化由很多外在影响所决定。艺术家需要合理布置,让这些物体的影响平衡。当一种物体影响超越另一种物体影响,需要几种物体影响互相补偿,不能使其混乱。

一、倾斜、倒置和对称

　　拍摄物体处于倾斜的位置,会使画面产生运动感,有的摄影师为了加强画面的生机活力,会将拍摄物体和镜框形成一定的倾斜关系,会使观者体会到灵动的艺术之美。

　　微电影、纪录片的场景布置过程中,可以利用背景物体的倾斜或倒置来表现一定的心理情绪暗示。例如:倒置和正置的吉他代表的心理暗示不同;正常摆放的玩偶娃娃和倾斜、倒置的玩偶娃娃意义不同;某些超现实主义动画片中,人脸会倒置出现,给人以惊悚恐怖的视觉效果;建筑物和自然风光拍摄时,运用物体本身或物体倒影形成倾斜状,突出了动感型和立体感。

　　拍摄物体的倒置,使受众的视觉受到反向的冲击。由于视觉中心组织长期地遭受到一个具有固定方向的因素的刺激,这个因素对于视觉中心之内进行的特殊活动的本质起着决定性作用。这与那些特定的刺激物对视网膜本身性质的形成所起的作用是一样的[1]。我们在阅读倒置的文字时会觉得很陌生;五线谱倒置会给阅读带来不便。

　　对称是常用的一种构图方式,尤其是在摄影作品或宗教绘画作品中。例如拍摄水中倒影时,实物和倒影形成上下对称。绘制宗教人物,尤其是唐

---

[1] 〔美〕鲁道夫·阿恩海姆:《艺术与视知觉》,滕守尧、朱疆源译,成都:四川人民出版社,1998年,第1227页。

卡,很多时候讲求画面上下、左右的对称。在拍摄时可以考虑主体的正反形态,投影形态形成的对称。有时候对称构图可以形成心理上的感应。对称模式可以在整体构图中运用,即是前文中所介绍的"对称构图"。对称模式在画面局部使用,可以突出画面效果,形成视觉美感。

二、重叠的效果

画面中物体的重叠是一种拍摄的小技巧,可以造成基本视觉概念偏离。当物体的一部分遮挡住后面的另一物体时,就形成了重叠现象。重叠的现象可以是在一个物体之内,或者是在多个物体之内发生。重叠造型对摄影和摄像的艺术创作大有裨益。形态的重叠是指两个或两个以上不同元素轮廓的重叠。重叠的主体轮廓可以相同,也可以不同,可以是整体与局部的关系,也可以是整体与整体的关系。融入嵌入式、融合式、并列式、对比式,通过对不同原色轮廓的重新排列整合,形成新的空间关系。

同一个形状或质地的物体元素在一幅画面中有秩序的重复或重叠出现,画面上物体形式的重复能够产生节奏感和韵律感,形式的重叠能够产生艺术感。图4-10、4-11这种形式在广告摄影作品中经常出现,可以利用镜子反射来形成重复,利用构思前的物体元素摆放构成重叠,或是用多次曝光和后期制作来完成。形态或形状的重复和重叠可以刺激受众的视觉神经,对该广告商品形成深刻记忆。

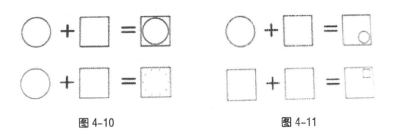

图4-10 图4-11

我们通过下面的画面实验来感受重叠的艺术效果。

实验一:相同静物的重叠。第一次拍摄,两个相同的静物(水果)呈现非重叠状态。第二次拍摄,两个相同静物水果处于重叠状态。

实验二：不同静物的重叠。第一次拍摄的乐谱和长笛是非重叠的。第二次拍摄的乐谱和长笛呈现重叠状态。

实验三：相同动物的重叠。第一幅拍摄，两只小鸭子分开时的画面，第二幅拍摄两只小鸭子重叠时候的画面。

实验四：不同动物重叠。第一幅画出小猫和老鼠不重叠时候的画面，第二幅画出小猫和老鼠重叠的样子。

实验五：人物之间重叠。

实验六：人物与静物重叠。

如果把几个音乐放在同一个和音中，就比这些乐音以先后顺序排列时，展示出更为强烈的和谐与非和谐对照。重叠法的好处是，它可以通过使各种形式关系在一个更加统一的式样之内集中，而使这些关系得到控制和加强①。

重叠法需要掩盖住某一部分物体，而这部分物体可以通过画面整体被暗示出来。各种物体之间的重叠，将需要的显露出来，不需要的遮掩掉，形成新颖的画面布局。很多艺术家可以称得上是妙想家，他们灵活运用画面构图中的重叠技术。乌尔福林对米开朗基罗创作的西斯庭教堂天顶画的"奴隶"作过如下评论："对正常人体结构作的这些改变，大大逊色于米开朗基罗处置身体结构时采用的方式。米开朗基罗的处理方式发现了一种更为有效的新关系：他时而把一只胳膊和两条腿平行排列，进而又让下垂的胳膊横过大腿，构成一个直角。在另一个地方，他一笔就勾画出了一个人从头到脚的全部轮廓，而这显然不是他为练习而使用的数学变量，即使他采取的那些最反常的画法，也产生出令人信服的艺术效果②。

三、夸张的对比

在同一个画面中，如果需要突出表现主体，可以运用夸张对比的方式来完成。在摄影和摄像构思是，观察镜框中是否包含两个以上的物体元素（其中一个是主体），考虑怎样利用主体和其他元素之间的夸张对比来突出

① 〔美〕鲁道夫·阿恩海姆：《艺术与视知觉》，滕守尧、朱疆源译，成都：四川人民出版社，1998年，第144页。
② 〔瑞士〕海因里希·沃尔夫林：《古典艺术》，潘耀昌、陈平译，北京：中国人民大学出版社，2001年，第63页。

作品意义。被夸张后的主体元素与画面其他元素形成强烈的大小的反差效应。非正常的比例概念会颠覆受众的视觉经验，从而达到主体突出的效果。可以运用广角镜头的透视效果、拍摄角度、道具运用等方式完成夸张对比的效果。

四、形态切断

形态切断是绘画和艺术摄影、摄像中用到的手法，它将画面中的主体分割成截断后重新构图。这种手法对艺术家的艺术造诣要求很高，因为被切断的主体元素不是下意识堆积成新的画面，而是按照艺术家主观意识，有组织的配合构成的。可以利用不同物体元素之间的重叠、利用物体元素质感的差别、色彩的变化、明暗的光线等多种手段完成。

五、隐性意义

隐性意义是拍摄前构图造型的艺术手法之一。(图 4-12)隐性意义和"夸张对比"相反，它运用委婉温和的手段，不直接表现主体，而是利用画面中的投影、边框、客体等其他元素来隐晦地暗示主体的存在。这种表现方式在广告摄影中不常用，在新闻摄影和摄像中可以尝试学习。物体元素的隐藏形态与超越现实的想象是表现隐性意义的重要手段。

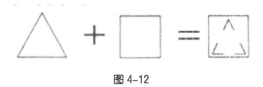

图 4-12

六、视觉渐变

视觉渐变是视觉推移的过程，是画面上主体的渐变和过渡。视觉渐变常用于广告摄影中，可以用在不同物体之间的过渡，也可以是一种物体元素的形态过渡。视觉渐变的手法对拍摄者要求较高,需要摄影家在一个空间中完成视觉的变化。

七、投影

投影在广告摄影和新闻摄影作品中显得尤其重要,对投影变化的细致处理可以突出作品所要表达的意境。在拍摄前需要仔细观察,怎样的光线能够形成合适的投影效果,合适的投影可以作为一个物体元素出现在镜框中。观察元素的空间维度、元素组合、光照角度等可以变化的形态元素,使投影得到正确利用,完成了画面视觉和心理的双重效果。

第三节　艺术与美

艺术学和美学之间有着千丝万缕的联系,按照徐复观先生的说法:"西方自康德起,是美学家走在艺术家的先头。我国三百年来,因过分重视笔墨趣味,而忽视作品中所表现的人生意境,以致两者皆堕退,尤以画论方面的堕退为甚。"纵观我国古代、近现代的许多绘画评论,皆是零散于浩瀚的历史文献记载中。在画面中感悟美,在美中创造作品是亘古不变的艺术真理。

一、空白与美

画面中的留白是画家表现构思和创意的地方,是中国古代绘画美学中至关重要的一点。在传媒影视作品中,给画面留出空白,是一种艺术性处理手法。在中国画,尤其是中国山水画中,画面上的"空白"叫作"留白",它突出了中国画特有的文化内涵,通过艺术手段展现出文人绘画中更深层次的情感韵味。

老子《道德经·第二十八章》:知其雄,守其雌,为天下溪;为天下溪,常德不离,复归於婴儿知其白,守其黑,为天下式;为天下式,常德不忒,复归於无极知其荣,其辱,为天下谷,为天下谷,常德乃足,复归於朴。朴散则为器,圣人用之,则为官长,故大制不割。中国画在讲求"虚实"与"留白"的同时,追求一种水中看花、镜中取影、有迹无形、超乎象外的境界,较之直接地照相式地反映客观物象更为含蓄幽深,超旷和空灵①。

图 4-13   牡丹   (张诗扬   画)

绘画中的留白是艺术构思与呈现,是表现黑、白、虚、实关系的方式,是建立美学立意的根基。扬州八怪之一李方膺有题画《梅花》曰:"写梅未必合时宜,莫怪花前落墨迟。触目横斜千万朵,赏心独有三两枝。"画家画梅之前经过缜密思考,如何取舍,如何处理虚实关系?取者,即是实,是梅;舍,即是虚,是留白。笪重光于《画筌》中有语:"空本难图,实景清而空景现;神无可绘,真境逼而神境生。位置相戾,有画处多属赘疣;虚实相生,无画处皆成妙境。"(吴思雷注:"凡理路不明,随笔填凑,满幅布置,处处皆病。至点出无画处,更进一层,尤当寻味而得之。人但知有画处是画,不知无画处皆画。画之空处,全局所关,即虚实相生法。人多不著眼空处,妙在通幅皆灵,故云妙境也。")②

郭熙在他的画论《林泉高致》中说:"山欲高,尽出则不高,烟霞锁其腰则高矣。水欲远,尽出则不远,掩映断其派则远矣。"用"留白"表现山的

① 傅强:浅谈中国画的"留白"艺术,《福建论坛(社科教育版)》,2008 年第 10 期。
② 笪重光:《画筌》,摘自潘运告《请人论画》,长沙:湖北美术出版社,2004 年,第 271 页。

"高"与"远",可以给观者妙想山水景致的空间。花鸟和人物画的留白亦然。图4-13中画面有留白,4-14中则缺少留白,虽然牡丹的绘画技法相同,但视觉效果不同。

图4-14　牡丹　(张诗扬　画)

回到摄影与影视制作的视觉范围,纪录片、新闻报道、微电影、广告……在所有的影像之中,主题、情节和情感三者是并存的。"空白"在拍摄中能够强化主题内容、突出主体的运动感,使受众产生合理的想象,为影片增强艺术性和审美趣味。摄影、摄像作品的留白,并不像国画一样完全的空白,而是对画面背景的艺术化处理手法。正如前章中对"背景"的叙述,杂乱无章的背景会淹没重点的主体和客体。人类的视觉感官在看到一帧照片或者一个影视片段时,自觉地把看见的事物分成一部分,有重要的、非重要的,有漠不关心的、有急切关注的。空白的空间背景给受众创造了安静的审美空间,对原作品加深理解。

二、写意与想象

写意,是中国画的绘画方法,自古与"工笔"技法并重。"磊磊几块石,馥馥数枝兰,写得其中意,幽情在笔端。"写意画中,更注重的是画中之"意",即画中的"精神"所在。清代画家石涛在《苦瓜和尚话语录》中写道:"吾写此纸时,心入春江水。江花随我开,江水随我起。把卷问江楼,高呼曰子美。一笑水云低,开图幻神髓。"① 在写意的绘画中,映射着艺术家的内心世界。

图 4-15 《芦苇白鹭》（张诗扬 画）

当然,摄影和摄像作品不同于写意画的笔墨,没有墨的渲染和线条的勾勒,剩下的唯有不同时代艺术家的"精神"。一幅没有"精神"的摄影摄像作品,就如同行尸走肉一样,缺乏艺术灵魂。

除了"写意"之外,想象也是艺术家不可缺少的思维创作模式。"想象"也可以说成是"创意"的一部分,它可以让旧的东西组合成新的形式,在面对陈旧的话题或是极为普通的场景时,考验着艺术家的想象力。一个成功的艺术形象是这样感人,以至于使人感到要表现这个题材就非得使用这样的形象不可。只有对一个题材的各种不同的形象进行比较时,我们才能体会出想象力的作用②。

① 潘运告主编:《诸人论画》,武汉:湖北美术出版社,2004 年,第 40 页。
② 〔美〕鲁道夫·阿恩海姆:《艺术与视知觉》,滕守尧、朱疆源译,成都:四川人民出版社,1998 年,第 199 页。

中　篇
艺术的融合

国画《秋意》　（张诗扬画）

何为艺术？从字源学角度考证，"艺"在中国古代文字中的写法是"藝"或者"埶"，甲骨文字像人持植物种植于土上之形。左上是"木"，表植物；右边是人用双手操作。又写成"埶"，从坴(lù)，土块；从丮(jí)，拿。后繁化为"艺"。"艺"从"艸"，乙声。《殷契类纂》中记载的甲骨文"艺"字尾象征着一个跪着的人，双手扶着一株植物状的物体。东汉许慎《说文解字》中说："埶，种也"；清代学者段玉裁在《说文解字注》中解释："艺尤树也，树种同义"。"艺"字本意为"种植"之意，可见自古以来，艺术和人类劳动是不可分开的。从"艺"字的甲骨文可以看出，人类培育植物名曰艺。在西方文明的起源地古希腊，柏拉图把具有"技术"含量的人类活动统称为艺术，英文"Art"，源自于拉丁文，又出自希腊文，含有"技术""技巧"的涵义。

一直以来，艺术学、美学、哲学等各领域专家学者对艺术的起源问题关注研究，通过对史前文化艺术遗迹的考古研究和对世界各地原始部落文化的考证，长期以来形成几种影响较大的代表性学说，主要有模仿说、游戏说、巫术说、表现说、劳动说等。迄今为止，关于艺术起源的问题尚无统一的看法。原始社会人类的生产劳动、巫术宗教、原始艺术之间是很难被区分开来的，艺术是具有多重性质的，具有审美意识形态的特殊精神文化现象。"艺术不是一种孤立的文化现象。它是生活文化、社会文化的有机体的一部分。民众的艺术，不仅是人类的或国别的艺术史及艺术学、美学等重要的对象，同时也是人类的或国别的文化史、社会史，以及文化学和社会学等重要的资料。"①

绘画与音乐是艺术中的双子星座，当我们走近视觉艺术和听觉艺术，会发现两者之间存在着密切的联系。时间与空间像纵横交错的两条线，把音乐和画面系在一起，一者描情，一者观物，两者碰撞后形成艺术家对于客观事物的主观感受。文学作品往往会和音乐、绘画一同出现。中国画中的题画诗、以诗词为歌词的词调歌曲和艺术歌曲、艺术家受到文学作

---

① 钟敬文主编：《民俗学概论》，上海：上海文艺出版社，1998年，第237页。

品启示而创作的音乐和绘画作品……音乐、绘画和文学拥有自己独特的艺术符号、创作技法和展示方式,但是在艺术家的眼中,三者之间早已融会贯通,形成具有个人艺术风格的作品。

　　拍摄优秀的影视作品,音乐、绘画和文学的功底缺一不可,拍摄人需要有一双发现美的眼睛和一颗鉴赏美的心灵,才能将美传递给受众。

第六章　音乐·绘画·文学

音乐是人类文明中起源最早的艺术种类之一。在欧洲,音乐出现在公元前5世纪到公元前3世纪的古希腊时期。而在我国,它的起源可以追溯到公元前17世纪至公元前11世纪的奴隶制王朝商朝。到了西周(约前11世纪—前770年)时期,音乐艺术已经达到更高的水平。远古时代的人们发明了更多种类的乐器,明确了音高和半音的概念,并且创立出多种音阶调式以及十二律。几千年来,音乐艺术在历史长河中不断创新和发展。在其科学性、理论性和实践性等方方面面,形成一个完整的艺术体系。

音乐与绘画从理论上来说似乎是两种不相关的艺术,前者通过音响诉诸人们的听觉感官,后者通过线条和色彩诉诸人们的视觉感官。但在现实的艺术活动中,所谓音乐中的画面和绘画中的音乐感,又往往是艺术家们经常谈论的问题。比如:绘画中的术语"色彩"一词经常作为音乐用语,出现在音乐理论文章中;音乐中的术语"节奏"一词也往往作为绘画用语出现在绘画的评论文章中。人们在谈论作品时,也常常会说,这首乐曲简直像一幅美丽的风景画,或者说,这幅画简直像音乐一样迷人。我们认为这些术语或用语并不单纯是一种文学性的描述或比喻,而是出自一种艺术经验,是人们在长期的艺术实践和艺术感受中形成的一种感性的经验。这种经验不仅表明了音乐与绘画的某种联系,而且也表明了音乐中可以表现绘画性的内容[1]。

美术和音乐一样,是表现人类情感的艺术门类之一。绘画艺术是美术的一种,它属于空间艺术的范畴,艺术家通过线条和色彩,展示出直观的艺术形象。在影视媒体传播中,画面是非常重要的可视性表意符号,音乐是影响受众情感的重要符号。

---

[1] 张前、王次炤:《音乐美学基础音乐的内容》,北京:人民音乐出版社,1992年,第29—12页。

《乐府解题》中载伯牙学琴三年,至于精神寂寞,情之专一,尚未能学成。至蓬莱山中,"闻海水洞滑崩澌之声,山林窅寞,群鸟悲号"遂援琴而歌,有感而成也。伯牙学琴的故事说明自然是激起音乐创作灵感的巨大动力,同时也表现出视觉冲击对音乐情感的表现和提升。这样的艺术感觉被称为"联觉"。在《大百科全书·心理学卷》中这样记载:"'联觉'是指各种感觉之间的相互联系和沟通。"钱钟书先生曾将"联觉"称为"感觉挪移"。林华教授认为:"欧洲人似乎只认视听'挪移',其中又以听觉向视觉的转移为多,反之少见,例如抽象派画家康定斯基提出的'内在声音',就有联觉或通感的涵义在内。"①

音乐和文学作品都具有表情的作用,两者通过各自的符号体系,传递给受众以信息。音乐的表现是含蓄的、充满了想象的空间;文学作品通过语言的细腻阐述,表现出具象的内容和情感。当音乐和文学相融合,在作曲家的巧妙构思中,文字符号变得灵动起来,而音乐也更能具有丰富情感。

第一节　音乐与绘画的交融

音乐响起,流淌的是涌动的艺术情感;绘画状物,展现的是心灵气韵。

王原祁在《麓台题画稿》中这样说:"声音一道,未尝不与画通:音之清浊,犹画之气韵;音之品节,犹画之间架也;音之出落,犹画之笔墨也。"②音乐与绘画之间有着割舍不开的联系。尤其是中国水墨画中的写意画、运笔之节奏、线条之粗细、用墨之浓淡和音乐之节奏、速度、旋律、和声等具有某些共性,音乐的旋律与中国画的线条是相通的。

画家以流盼的眼光绸缪于身所盘桓的形形色色。所看的不是一个透视的焦点,所采的不是一个固定的立场,所画出来的是带有音乐的旋律的和谐境界。

---

① 林华:《音乐审美心理学教程》,上海:上海音乐学院出版社,2005 年,第 102 页。
② 王原祁:《麓台题画稿·仿设色倪黄》,《续修四库全书》第 1066 册,上海:上海古籍出版社,2002 年,第第 223 页。

节奏化了的自然,可以由中国书法艺术表达出来,就同音乐舞蹈一样。而中国画家所画的自然也就是这音乐境界①。

海涅曾经这样说:"语言之尽,音乐之始。"尼采认为:"任何抒情的口才都不能把音乐及深的内容加以披露。"音乐是比语言更具有表现力的艺术形式,当这样一种声音艺术邂逅了色彩、线条、构图等视觉元素,会碰撞出怎样的艺术火花?

一、西方音乐与绘画

(一)绘画中的音乐意义,音乐中的绘画意象

有的音乐作品取材自文学,有的音乐作品灵感来自于绘画。《朴次茅斯的一角》《死亡岛》《图画展览会》等作品都是直接受到绘画的影响。《图画展览会》是俄国作曲家穆捷斯特·彼得洛维奇·穆索尔斯基(1839—1881)的代表性器乐作品,是 19 世纪俄国最有独创性的乐曲之一,也是音乐家和画家之间的心灵碰撞。

穆捷斯特·彼得洛维奇·穆索尔斯基在参观俄罗斯画家哈特曼遗作展览时创作了钢琴套曲《图画展览会》。圣彼得堡的美术学校正在举行哈尔德曼的绘画遗作展览,穆索尔斯基面对挚友留下的绘画作品,情感一触而发。这是一部将视觉艺术改写为听觉艺术的作品,用音乐语言符号再现了画面构思和表现,音之画,画之音,《图画展览会》无疑是音画的巧妙互换与结合②。作曲家在这部作品中倾注了对好友的哀思,曲谱在短时间内一挥而就,成为世界音乐绘画史上最著名的音画作品,受到很多音乐家的关注,《图画展览会》中的五首作品被改编成弦乐作品。

《图画展览会》分别是:《侏儒》《古堡》《杜衣勒里宫的花园》《牛车》《未孵化的鸟雏的舞蹈》《两个犹太人》《李莫日市场》《墓穴》《鸡脚上的小屋》《基辅大门》。每一段乐曲描绘一个特定的景物,而整个作品则用一个叫作"漫步"的主题贯串和统一起来。它很容易使人联想到好像是穆索尔斯基自

---

① 宗白华:《美学散步–中国诗画中所表现的空间意识》,上海:上海人民出版社,1981 年,第 98—99 页。
② 图片选自《音乐教材教科书八年级上册》,上海:人民音乐出版社,2013 年 7 月。

己,可能还有斯塔索夫,以及哈特曼的朋友们,在展览会的观众面前走来走去。这个主题在乐曲中起着很大的作用,成为整套乐曲的基础。这个主题不论在音调、节奏、和弦连接以及整个表达方式上,都可以看出它同俄罗斯民间歌曲之间保持有直接的密切联系。音乐通过很多手段来表现的视觉形象。

此外,音画交响乐《荒山之夜》《大海》《中亚细亚草原》,视觉形象有关的标题交响乐《田园交响乐》《动物狂欢节》,都是力求用音乐表现绘画。

图 6-1　《图画展览会》中的绘画作品

贝多芬在《田园交响乐》中模拟自然的声音,通过对气氛的渲染来突出某种视觉形象;格里格的作品《朝景》,表现旭日东升的视觉风景;李斯特作曲的《帕格尼尼大练习曲》之三《钟》,稳定而感性的节奏感描绘出座钟的样子;斯美塔娜的音乐作品《富尔塔瓦河》是通过运动的状态来象征视觉形象;海顿作品《时钟》,一直运用时钟运行的速度,给人以时间悄悄流逝的感觉;肖邦的降 B 大调协奏曲《雨滴》是运用音符来表现出"雨打房檐"的运动画面;拉威尔音乐作品的声音色彩的使用方法上,继承了德彪西的手法,他的代表作有《水之嬉戏》、由五首小曲组成的《镜子》、由三首小曲组成的《加斯帕尔之夜》和组曲《库普兰的坟墓》等钢琴曲,通过音乐音响的色彩来象征或暗示某种意象。

(二)音画双绝的西方艺术家

西方的很多艺术家,既通晓绘画,又是知名的音乐家。德国犹太裔作曲家,德国浪漫乐派最具代表性的人物之一雅各布·路德维希·费利克斯·门德尔松·巴托尔迪 (Jakob Ludwig Felix Mendelssohn Bartholdy)(1809－1847)是世人公认的画家。门德尔松的画风如同其音乐作品,如诗般细腻而富有情感,在游历过意大利、苏格兰、瑞士等国家之后,门德尔松留下三百余幅风景画。

图 6-2　门德尔松油画作品

意大利文艺复兴时期著名画家莱奥纳多·达·芬奇留下大量的绘画作品。《蒙娜丽莎》的神秘微笑至今引得各国艺术家的关注。也许很多人还不知道,达·芬奇多才多艺,不仅在绘画上表现出色,同时还具有深厚的音乐造诣。著名画家瓦萨利在他的传记中称道:"达·芬奇拥有极优美的歌喉,自弹自唱水平高超,他已经把自己整个身心都献给了音乐。"达芬奇是游吟歌手,还是里拉琴演奏家。他将音乐中的音符带入绘画中,使作品生动而具有神韵。

德裔瑞士艺术家保罗·克利是著名画家、音乐家、诗人、哲学家、理论家。美国画家利奥尼·费宁格曾说:"画家克利和音乐家克利是两位一体的。"音乐对保罗·克利的影响不仅表现在他的音乐主题作品里,更重要的是他的绘画创作真正充满音乐精神:内心化、流动感和抽象性。作品中明显的音乐特征是上升或下降的韵律、简洁或宽阔的拱形旋律、轻柔或欢快的调子、复调或和谐的断句、成调与不成调的旋律配合等。

瓦西里·康定斯基1866年12月出生于俄罗斯莫斯科,是著名的画家,美术理论家,音乐家,抽象绘画的先驱者,还曾在莫斯科大学读法律和经济学。1912年出版的《论艺术的精神》一书中,康定斯基屡次提出音乐和绘画、色彩之间的共性,他写道:"色彩和形式的和谐,从严格意义上说必须以触及人类灵魂的原则为唯一基础。"

二、中国画与音乐之间的关系

中国历史文化中,琴棋书画被称为"文人四友",音乐和绘画是古代文人必修的两个专业。正是由于书画作品中贯通有一种"笔走龙蛇"的乐舞精神,华夏艺术才以其至诚本真的生命性、广博深邃的时空性、气象万千的历史性和辩证演进的涵融性将书画艺术带入了一个新的天地,进而达到了"代表着中国人的宇宙意识"这一高度……从中国书画艺术中渗透的"乐舞"精神看,对其间的关系简要做一表述(即由内层而往外层的层次依次)为:乐—舞—字—书—画,是由"乐"带动了"舞"、融进了"字"、拉动了"书"、启明了"画"①。

自古以来,中国绘画和音乐艺术在历史轨迹中各自发展,两者偶尔交集,即会碰撞出火花。蔡仲德在《中国音乐美学史》中这样说:"墨法两家音乐美学思想出现于先秦,对后世并无显著影响。佛教音乐美学思想在魏晋以后曾长期存在,但它受儒道两家影响,而对儒、道两家音乐美学思想并无

---

① 易存国:《中国古琴艺术》,北京:人民音乐出版社,2003年,第185页。

重大影响。阴阳家的音乐美学思想曾在汉代泛滥一时,此后虽也长期存在,却已被儒道两家所吸收、融化,而失去独立存在的价值。儒道两家的音乐美学思想则产生于先秦,影响于后世,贯穿两千多年的历史,其重要性远在其他各家之上。"①

儒家的思想影响绘画艺术的主体,道家思想影响绘画艺术的本体。也可以说,孔子的艺术思想犹如铁轨,规定了绘画艺术发展的方向;庄子的艺术思想犹如车轮,正好卡在这个车轨上,奔驰的方向都是一致的。中国古代文人受到儒道思想的影响最重,两家思想又那么合拍,把中国绘画艺术的发展规划的十分清楚②。

《韩熙载夜宴图》是中国古代绘画史中的一粒明珠。画卷描绘了南唐韩熙载家庭夜宴的歌舞场面。《韩熙载夜宴图》不仅在美术史上有着重要的地位,在中国古代音乐史中,同样具有研究价值。作品中详细刻画了夜宴听琵琶、击鼓观舞、王屋山六么舞、清吹合奏几个场景。听琵琶演奏时,画面上每一个听者的视线都集中在弹琵琶人的手上,七男五女无不被这美妙的琵琶音乐所吸引。据有关考证,弹琵琶者为教坊副使李佳明之妹,李佳明离她最近并侧头向着她,穿红袍者为状元郎粲,韩熙载门生舒雅、宠妓弱兰和王屋山等。画中还有部分乐伎们的吹奏场面,韩熙载身着便服盘膝坐在椅子,女伎们穿着鲜艳,婀娜多姿做成一排,吹奏组合演奏者清澈悦耳的音乐。

图 6-3 《韩熙载夜宴图》节选 1

① 蔡仲德:《中国音乐美学史》,北京:人民音乐出版社,2003 年,第 4 页。
② 陈传席:《中国绘画史》,北京:人民美术出版社,1988 年,第 4 页。

图 6-4　《韩熙载夜宴图》节选 2

　　绘画艺术选择音乐场景,音乐创作同样可以借鉴绘画艺术。我国著名作曲家贾国平为古筝、笙和交响乐团而作的《万壑松风》,创作灵感来自于南宋著名画家李唐的山水画作《万壑松风图》。画面中"奇峰耸峙""飞瀑鸣泉""清岚浮动""水流奔涌"和"松林高密"五个主要意象既是贯穿该作品中的核心音响元素,同时也是构成该作品五个段落的音乐表现内容。

图 6-5　李唐《万壑松风图》

德国《曼海姆晨报》刊登施特凡·德特灵格的音乐评论文章《自然万象之音》(王蕾译),其中这样写道:"音乐这样走到尾声:大手笔的泼彩和涂抹;外在的爆发与内在的坍塌;缭绕的云雾和湍急的水流;松林的私语和嚎叫;弥漫的香气和盘踞山顶的乌云……这一切用色彩斑斓的乐音来陈述,浑然天成。"

第二节 文学与音乐

一、音乐中的文学形象

音乐可以依靠受众的想象,从而产生它的文学形象。表现文学形象的音乐作品主要包括四种类型。第一类是歌剧和歌曲,歌词本身是一种可以唱的诗,是文学作品的一种,是以这类带有歌词的音乐是最能表现文学形象的。当语言符号进入音乐之中,它就不再是诗歌、散文或是任何一种独立的文学作品,而是音乐作品中的一个元素。在中国文学史上,大量的文学作品被演唱出来,成为中国文学与音乐融合的典范。第二类是以文学作品为题材创作的交响乐。第三类是非文学题材的标题音乐。第四类是无词歌和叙事曲。

运用音乐元素可以来表现文学形象。通过象征性的音乐主题,能够暗示情节发展的过程。里姆斯基·科萨科夫的《天方夜谭》通过音乐描述文学素材中的四个故事及其人物。每段开始之前,都用小提琴独奏来象征主人公的聪慧与善良。此外,还可以通过具有特定含义的音调象征特定的事物。柴可夫斯基的《1812序曲》中,用马赛曲象征着法国军队,从雄壮到支离破碎,音乐象征着法军的精壮和衰退。柴可夫斯基的作品《罗密欧与朱丽叶》,通过音乐性的冲突象征文学性的戏剧内容。最后,可以通过情绪气氛的渲染效果来暗示或象征的情节发展。以罗西尼的《威廉·退尔》序曲为例,在此之前,早期的歌剧序曲,是为了在正式演出之前,先为暖场而演奏的。罗西尼通过对这首序曲,向观众介绍了主要剧情。

二、中国古代诗词与音乐的交融

上古时代诗歌、音乐与舞蹈是结合为一体的,随着社会经济发展,诗、歌、舞三者之间逐渐分明,部分诗词以纯文学的独立形式出现,另一部分则作为配乐的歌词传唱。诗人与音乐家、诗歌与音乐之间的相互关系不断发展变化,经历了"以乐从诗""以诗入乐""倚声填词"三个阶段。汤显祖曰:"自《三百篇》降而骚、赋,骚、赋不便入乐;降而古乐府,古乐府不入俗;降而以绝句为乐府,绝句少宛转;则又降而为词。"①王灼《碧鸡漫志》中详细记载了音乐与诗词关系的变化:"古人初不定声律,因所感发为歌,而声律从之,唐、虞禅代以来是也,馀波至西汉末始绝。西汉时,今之所为古乐府者渐兴,晋、魏为盛。隋氏取汉以来乐器、歌章、古调,併入清乐,馀波至李唐始绝。唐中叶虽有古乐府,而播在声律,则鲜矣。士大夫作者,不过以诗一体自名耳。盖隋以来,今之所谓曲子者渐兴,至唐稍盛。今则繁声淫奏,殆不可数。古歌变为古乐府,古乐府变为今曲子,其本一也。后世风俗益不及古,故相悬耳。而世之士大夫,亦多不知歌词之变。"

(一)音乐与诗词之以乐入诗

春秋战国时期是奴隶制社会到封建制社会的转折点,诸侯称霸,礼崩乐坏。周代宫廷乐官掌管诗歌音乐约三千余篇,孔子以"礼乐"教化为本,"以诗为先、而后入乐"的宗旨对其整理编撰而成《诗经》。《诗经》是我国古代第一部入乐的歌词总集,毛苌《诗序》曰:"诗者,志之所之也。在心为志,发言为诗。情动于中而形于言,言之不足,故嗟叹之;嗟叹之不足,故永歌之;永歌之不足,不知手之舞之、足之蹈之也。"墨子言:"诵诗三百,弦诗三百,歌诗三百,舞诗三百。"毛诗《郑风·子衿》传中记载:"所谓古者教以诗乐,诵之歌之,弦之舞之。"顾炎武《日知录》第五卷中记载:"古人以乐从诗,今人以诗从乐。"从上述史料文献中可以看出《诗经》是以诗歌为创作主体,音乐、舞蹈从之的综合艺术表现形式。歌曲调式是由诗歌所抒发的情

---

① 明万历汤评本《花间集》,北京:人民文学出版社,2006年。

感来决定的,以乐从诗是"古歌曲"重要的艺术特征。《战国策》所载荆轲刺杀秦王之前,于易水河畔与燕太子作别时,高渐离击筑,荆轲为徵声和而歌,继而变为羽声高歌"风萧萧兮易水寒,壮士一去兮不复返",可见当时的歌曲曲调对歌词具有一定服从性。

(二)音乐与诗词之采诗入乐

汉代乐府的设立为音乐与诗歌之间的关系带来转折,古代诗歌转变为古乐府,标志着"采诗入乐"时期的到来。汉乐府设立之始,"采诗入乐"和"以乐从诗"的情况并存。汉高祖刘邦所创作的《大风歌》、汉孝惠帝《安世乐》、晋代《陇上歌》依旧是以诗歌所表达的情感为主,而汉乐府歌辞中西汉时期的十八首"铙歌"几乎都是有乐无词的民间音乐,歌词由后人填制,汉乐府诗以及后来的乐府诗创作都是为了和乐演唱。

设立于元鼎五年的汉代乐府,主要从事三部分工作。其一,"采歌谣,被声乐",即搜集民间歌谣曲调以备宴乐群臣。其二,为君主制定乐曲曲谱,并为乐谱填词。其三,为训练音乐人才为组织宫廷演出服务。东汉虽不设乐府,统治阶级为了满足自己对音乐的需要,依旧大量采集民间歌舞、音乐入宫。汉代俗乐与诗词结合而成的歌曲曲式对后世音乐家、音乐作品和文学作品的影响是巨大的。总体看来,汉代至六朝时期诗歌与音乐之间的关系以"采诗入乐"为主。诗歌或乐府必须依据曲谱、通过协律方可入唱。

(三)音乐与诗词之倚声填词

隋唐时期国家政权统一,各民族文化进一步融合,为音乐文化交流提供了必要条件。隋唐时期诗词和乐,进入"倚声填词"阶段,是诗歌与音乐长期磨合后更高层次的结合。

倚声填词之初,以诗为歌词的情况很普遍,宫廷乐工常以五言、七言绝句诗直接入乐演唱。薛用弱《集异记》所记载的"旗亭画壁赌唱"故事中,诗人与音乐家惺惺相惜,互为知音,正是开元盛世宫廷乐师以诗为歌的写照。乐史《李翰林别集序》中记载开元中玄宗、杨贵妃赏牡丹事:"上曰:赏名花,对妃子,焉用旧乐辞焉?遽命龟年持金花笺宣赐翰林供奉李白,立进《清平调词》三章,白欣然承诏旨。……龟年以歌辞进,上命梨园弟子略约调抚丝竹,遂促龟年以歌之。太真妃持颇梨七宝杯,酌西凉州葡萄酒,笑领歌辞,意甚厚。上因调玉笛以倚曲,每曲遍将换,则迟其声以媚之。"

唐代大曲中也有直接纳诗入乐的情况。郭茂倩录唐代开、天间流行的大曲《水调歌》歌词十一段,第七段即是杜甫七绝《赠花卿》"锦城丝管日纷纷,半入江风半入云。此曲只应天上有,人间能得几回闻"。《乐府诗集》卷七十九记载,《明皇杂录》中所录大曲《水调歌》中有一段歌词是节录李峤《汾阳行》诗末四句"山川满目泪沾衣,荣华富贵能几时。不见只今汾水上,惟有年年秋雁飞"。

无论四言、五言还是七言,用诗作为歌词演唱都具有一定局限性,有一定之句,必要在中间添上"和声""泛声"或"散声"方可入歌。更有取诗中部分词相叠而歌,方成培《香研居词麈》中载:"唐人所歌,所五七言绝句,必杂以散声,如何可比之管弦,如《阳关》诗,必至三叠而后成音,此自然之理。"可见"以诗入乐"转型为"以词入乐"具有诗词与音乐发展的必然性,长短句为歌词是唐五代燕乐歌辞的重要发展方向。

文学史上"词体"的出现是在漫长的历史进程中完成的,唐五代时期的长短句入乐为宋代倚声填词奠定了基础。宋代"新声"竟繁的城市音乐环境促进了词的发展。《东京梦华录序》中记载的:"新声巧笑于柳陌花衢,按管调弦于茶坊酒肆"真实再现了东京城市音乐的繁荣之境。"新声"不断更新,需要大量新词配合演唱,促进音乐与词并行发展。南宋姜夔、张炎既通晓音律,又擅文学创作,文人音乐家们在"倚声填词"的发展进程中起到重要作用。

三、西方音乐与文学

西方文明起源于古希腊。在爱琴海的温暖波浪中,孕育着古代希腊哲人的探索精神和理性思维。在古代希腊,民主法治得到实施、哲学思想博大精深、史诗的伟大辉宏、神话的丰富想象,这些都是西方艺术和文明的起源。古希腊神话时代是自由的和充满人性的时代,在那里,"古希腊人没有一种规范的神学：每个人都有权创造和信仰他愿意创造和信仰的任何东西。"①《荷马史诗》中记载的古希腊神话构成了西方文化的基因。以神话为题材的古希腊戏剧艺术作品所体现的丰富艺术精神,连同那些神话本身所展现的自由精神和创造精神已经成为西方人宝贵的文化和精神遗产。

没有一种艺术能够独立于其他艺术而存在,因此,古代希腊人把各种艺术都看作是缪斯姊妹家庭中的成员。建筑必须借助雕刻和绘画的装饰才能达到完善,雕刻和绘画必须寻求与其相宜的建筑环境,戏剧在剧院的背景下能够同诗歌、音乐和舞蹈融为一体。当柏拉图和亚里士多德在审视艺术时,他们总是从不同艺术中寻找其共同点,如同他们从各方面的人类经验中寻找统一性一样,去寻找各种艺术之间的统一性②。在哲学思辨的影响之下,古代希腊形成了人本主义、理想主义和理性主义三种主要思想。

宗教文化对西方艺术世界的影响是巨大的。基督教和古代希腊文明是构建西方文化的两大主体。此外,技艺是西方文化不可缺少的一部分。在西方,技艺同艺术关系密切相关。技艺在古希腊被认为是理智获得确定性的五种方式之一。技艺是同制作相关的,"如果没有与制作相关的品质,就没有技艺"③。技艺从一开始就在本质上构成了艺术本身,从遥远的历史深处我们会发现西方艺术中所蕴含的技艺内涵。对于纯艺术,技术的进步同样也产生了巨大的积极作用,能够让艺术更具有表现力。例如在文艺复兴时期,艺术兴盛的一个重大因素是透视技法的应用。透视技法是"艺术发展的决定性因素",因为"它能使艺术家运用形象逼真的素描展现艺术家构思的作品在完成时可能是什么样子"④。

(一)古希腊的音乐与文学

西方文化的发源地可以追溯到爱琴海岸的古希腊。古代希腊的音乐主要是同文学结合在一起的。《理想国》中写道:"音乐是由三种东西构成:词语、和声和节奏。"在柏拉图看来,和声和节奏必须根据词语的需要而构

---

① 〔德〕尼采:《哲学与真理》,田立年译,上海:上海社会科学院出版社,1993年版,第44页。
② 〔美〕威廉·弗莱名、玛丽·马里安:《艺术与观念》,宋协立译,北京:北京大学出版社,2008年,第57页。
③ 〔希〕亚里士多德:《尼各马可伦理学》,廖申白译注,北京:商务印书馆,2003年,第171页。
④ 〔意〕弗拉维奥·孔蒂:《文艺复兴艺术奖赏》,李宗慧译,北京:北京大学出版社,1988年,第3页。

成,也就是说,音乐和文学是合二为一的。古代希腊人的抒情诗,是在七弦琴的伴奏下歌咏的诗。

(二)游吟诗人

马赛游吟诗人福尔凯说:"没有音乐的诗歌是没有水的磨。"的确,在西方艺术历史中,游吟诗人是占据一席之地的。对这些游吟诗人的记载可以追溯至很早的年代,据说,他们曾于公元 1000 年云集诺曼底的费康。这种集会在大斋期的闲淡季节里定期举行,因为在这一期间教会禁止他们吟唱表演①。蔡顿在《普罗旺斯武功歌》中这样形容:"然后游人诗人们站了起来,每个人都急于让人们听到他们的歌声。你可以听到各种音调的器乐的演奏。……有人演奏忍冬民歌、有人演奏廷特治尔民歌,有人演奏歌颂忠诚爱侣的民歌,也有人演奏伊万创作的民歌。……每个人都使出自己的真本领。乐声和歌声响彻大厅。"

11 世纪的游吟诗人受到教堂和城堡的欢迎,12—13 世纪发展成完全独立的音乐艺术。有史料记载,一些女性也加入了不同游吟诗人的行列。我们对于一位法国作曲家孔泰萨·德·迪亚的情况了解甚少,但遗存至今的一首表现相思主题的恋歌词和曲在当时的宫廷里十分流行,而且咏唱这一情歌的不仅限于男性②。

(三)德奥艺术歌曲

德奥歌曲起源于 13 世纪欧洲"恋歌诗人"时代,经过夏莱特、采尔特、海顿、莫扎特、贝多芬等音乐大师的完善和创作,至 19 世纪达到黄金时代。舒伯特、舒曼、沃尔夫、勃拉姆斯、马勒等音乐家的艺术歌曲流传至今。

艺术歌曲中最常采用的主题是爱情、期待、大自然的美和人生中短暂易逝的幸福等。德奥艺术歌曲的主要特点之一是把诗词与音乐结合起来,构成一个完美的艺术整体……浪漫主义的要旨是突出表达个人的感情,戏剧自身作为一种严谨的结构形式,已经无法适应整个社会的发展,人们强烈的主观情感抒发需要寻求新的突破口,需要更加灵活和自由的表现形

① 〔美〕威廉·弗莱名、玛丽·马里安:《艺术与观念》,宋协立译,北京:北京大学出版社,2008 年,第 187 页。
② 〔美〕威廉·弗莱名、玛丽·马里安:《艺术与观念》,宋协立译,北京:北京大学出版社,2008 年,第 187 页。

式,而诗歌就是一种最灵活自由的、最抒情的文学体裁。浪漫主义诗歌从德国发起,经过英国的拜伦和雪莱、法国的济慈和雨果,再回到德国的缪勒、早期的歌德和海涅。浪漫主义诗歌在这一时期,无论是从数量还是艺术性上都达到了顶峰。浪漫主义艺术歌曲的创造者发挥自己的想象力,将音乐与歌词完美地结合在一起,以至于每个字都能在一个乐音中找到对应的、相互依存的关系。其中的音乐不是给诗句增加了多少新的表现手段,而是引起了用文字只能部分表达的情绪。给诗意的表达赋予一种新的特征①。

(四)作曲家对文学作品的关注

维也纳古典主义时期的作曲家弗朗茨·约瑟夫·海顿一生,创作过许多经典的音乐作品。其清唱剧《创世纪》中,将英国诗人弥尔顿根据旧约圣经写的《失乐园》词句翻译成德语。清唱剧《四季》根据英国作家汤普森同名长诗而作。

著名浪漫主义作曲家门德尔松作曲的交响序曲《仲夏夜之梦》,受到莎士比亚同名名著的启发而创作。意大利作曲家维瓦尔第在小提琴协奏曲《四季》中,用诗句来阐释音乐的意义。

浪漫主义时期音乐家柏辽兹创作的《幻想交响曲》,每个乐章开始都用具体的文字作为标题和乐曲解释。柏辽兹的音乐作品限制了标题性和文学性,这种音乐与戏剧、音乐与文学的结合的模式,对欧洲音乐发展产生深远的影响。美国著名音乐评论家勋伯格称赞柏辽兹为"法国浪漫主义音乐的第一人","《幻想交响曲》是标题音乐的第一部伟大的作品","他狂放不羁,非常情绪化、机智、雄辩而富有诗情画意,对于自己的'浪漫主义'深有体会。他爱浪漫主义这个概念的本身:自我表现的强烈欲望,以及与古典理想中的那种秩序和压抑正好相反的怪异和放浪"。

19 世纪浪漫主义音乐家李斯特钢琴作品《旅游岁月》之《在瑞士》中,用钢琴音乐演绎瑞士的风景。《在瑞士》收纳了 1835—1839 年间的 9 首钢琴曲,在每首乐曲前面加上标题,并引用歌德、拜伦等诗人的诗句来提示音乐的情绪与情感表达。《在瓦伦斯坦湖上》一曲,附注拜伦诗句:"在纷繁骚

---

① 靳超英、陶维加:《大学音乐鉴赏教程》,上海:上海音乐出版社,2008 年,第 113 页。

乱的世界上,我找到了这里的世外桃源。宁静的湖水向我启示,离开肮脏浑浊的尘世,这里有纯洁的清泉。"

四、音乐与文学创作的共性

宋代郑樵《乐府总序》中说:"乐以诗为本,诗以乐为用。"古人在摸索探讨艺术的创作模式时,证明音乐与文学之间存在诸多联系,具有相似的共性。在诗乐之间还没有严格界限的春秋战国时代,音乐研究和诗歌研究是并行互通的,当时的文人学士普遍认为诗可言志,音乐亦可言志。荀子曾在《乐论》中道:"君子以钟鼓道志,以琴瑟乐心。"诗歌中的"志"是运用语言来描写的,音乐中的"志"是音符、曲调、节奏等综合而成的,两者将内心世界通过艺术形式呈现出来,即道家美学中所指的自然流露。

在浩如烟海的古代文学艺术理论文献中,论述"心"与"境"之间主体客体关系的资料颇多。创作于西汉初期的音乐美学作品《乐记》,在荀子《乐论》基础上,进一步阐述了音乐和文学创作中"心"与"物"两者主客结合的共性。"乐者,心之动也;声者,乐之象也,文采节奏,声之饰也。"张少康先生认为,《乐记》中音乐形象的"本、象、饰",即是文学作品形象中的"意、象、言",两者表现出音乐和文学创作中运用的描绘手段。《乐论》中所阐述的观点是音乐产生于人心感物,文学创作中亦是如此。刘勰《文心雕龙·物色》云:"是以诗人感物,联类不穷;流连万象之际,沈吟视听之区;写气图貌,既随物以宛转;属采附声,亦与心而徘徊。"刘勰所言"心"和"物"的关系,是在《乐论》基础上引发的更深层次的论述,是《乐论》思想在文学审美创意中的重要发展。

中国古代文学家的诗情中弥漫着浓厚的音乐情感,唐代的司空表圣在《二十四诗品》中,"典雅""洗炼""绮丽""委曲""实境""旷达"六品提及琴与歌。诗歌与音乐,两种艺术形式彼此交融发展,从而形成丰富而具内涵的美学思潮。

中国的汉语和汉字是中华传统文化艺术的一个标志,也是迄今世界上使用人数最多、最发达、最丰富的语言之一。语言文字艺术的表述赋予人物和事物鲜活的形象感,通过修辞等技巧的运用,会使其读者感受到艺术之美,并且在很大程度上拓展了艺术想象空间。如果说文学语言是表达人类情感的坦途大路,那么音乐,就是幽深的山间小径,曲曲折折,一路伴随着青草野花和潺潺溪流。走进音乐的世界,你可以触摸到缥缈的云雾,犹如神仙的福地洞天;可以感受到花香鸟语或是千山飘絮,那是自然界给予人类的最好馈赠;亦可以穿越古今,纵横中西,体会经轮下流转的时空。语言文学是唯一的仅仅运用语言符号来创造艺术意象体系、形成艺术作品的艺术。它具有形象创造与形象感受的想象性;叙事与抒情的兼长性;语言结构与话语情景的多样性。从审美角度来讲,语言艺术具有广阔的思想性;非直观的想象性;结构性与音乐性。

音乐与文学是相互性的两种艺术形式。在影视作品中,这样的交互和共融尤为明显。影视剧本是文学艺术的一种,而影视音乐则隶属于音乐艺术。与单纯的音乐艺术一样,影视也是以表演为前提的。但是影视音乐在表演的同时更需要关注作品内容,理解其文学情感,进而更深层次地突出表现音乐。比如:电视剧《三国演义》片头歌曲《滚滚长江东逝水》,由明代杨慎填词。观看电视剧,三国时代的烽烟战火和群雄争霸完美展现,历史人物艺术化塑造。"滚滚长江东逝水,浪花淘尽英雄。是非成败转头空,青山依旧在,几度夕阳红。白发渔樵江渚上,惯看秋月春风。一壶浊酒喜相逢,古今多少事,都付笑谈中。"主题曲中,用音符和旋律来堆砌出深沉厚重的意境,流淌出历史的悲壮与苍凉。用我们今天的目光再次审视"三国"那一特殊历史时期,颇能感悟到"千古英雄皆黄土"。

第七章 艺术的形式与精神

    影像作品可以归纳到视觉和听觉艺术形式之中。摄影技术自问世以来发展至今,结合技术性、纪实性、艺术性,成为视觉审美的重要组成部分。影视作品综合多重艺术形式,使受众的视觉感官和听觉感官接收艺术信息,形成了 21 世纪最具影响力的艺术形式。

    从艺术的角度来说,更注重的是技巧之外的精神,艺术的精神即是作品的灵魂。摄影、摄像作品亦然,创造性的精神贯穿在每一个影像之中,作品精神凌驾于其艺术价值之上。

第一节 真正的艺术形式

    真正的艺术形式是什么?康定斯基认为:"最重要的不是形式(物质),而是内涵(精神)。所以形式可以是舒服的、不舒服的,美丽的、丑陋的,和谐的、不和谐的,熟巧的、不熟巧的,精致的、粗糙的等等。但绝对不能因为它有正面的特征而接收它,或因为反面的感觉而否定它,因为这些观念都是相对的……形式是否个人的、国家的、有风格的,是否符合潮流的,是否与其他形式相关或者孤立都不重要;重要的是,这个形式的产生,是否基于内在的需要。"[①]传媒艺术作品,大到电视连续剧,小至广告作品,在制作过程中都包含着技术之外的艺术。技术可以通过学习和实践变得娴熟,而艺术思维和艺术审美是通过大量的美学积累而形成的。

---

① 〔俄〕康定斯基:《艺术与艺术家论》,吴玛悧译,成都:重庆大学出版社,2011 年,第 10 页。

第二节 中国文人艺术之精神

徐复观先生在《中国艺术精神》自序中这样写道:"我在探索的过程中,突破了许多古人,尤其是现代人们,在文献上、在观念上的误解。尤其是现在的中国知识分子,偶尔着手到自己的文化时,常不敢堂堂正正地面对自己所处理的对象,深入到自己所处理的对象;而总是想在西方文化的屋檐下,找一膝容身之地。"①回忆历史记载中清代末年国家的衰败,清政府的无能,帝国的侵略。八国联军在北京的暴行、圆明园的残迹、甲午海战的壮烈、割地求荣的屈辱……当中国陷入前所未有的混乱之时,爱国的知识分子开始苦思、探求,西学东渐,不同的文化开始进入中国。

进入21世纪,国家更加重视"文化强国"的理念,国人的"文化自觉"逐渐觉醒。中国古代文人艺术的精神,是延续了华夏千年文化命脉的精神,也是当代部分中国文人需要重视的精神。我们有着博大精深的文化和艺术遗产,这些无形的、有形的、无声的、有声的艺术中,蕴含着前辈们毕生心血,纵使时光老去,艺术灵魂依然绽放溢彩。

有人质疑:以庄学、玄学为根基的艺术精神,玄远淡泊,只适合于山林之士。现实社会中的竞争和变化非常激烈,现实与中国古代的黄老、老庄、玄学等道家思想处于对立的地位。是以,道家美学思想不适用于现在的艺术家。

艺术是反映时代和社会的。艺术的反映,常采用两种不同的方向。一种是顺承性的反映,一种是反省性的反映。顺承性的反映"对现实有如火上加油",是对于他们所反映的现实,会发生推动、助成的作用。"我的自觉""自然的发现"是顺应时代潮流的,对于推动后世艺术的发展潮流起到积极作用。反省性的反映"有如在炎暑中喝下清凉的饮料"。中国古代山水画,是在长期政治压迫的之下,在现实生活中一些士大夫之流的利欲熏心之下,存在超向自然的艺术创作,在山水画中保存精神的纯洁。即使千年之后的

---

① 徐复观:《中国艺术精神》,北京:商务印书馆,2012年,第4页。

人们再次观看到这些画作,也会给疲惫的心灵一丝慰藉。在跨越时代和历史的艺术作品中,凝聚的是高于艺术本体的精神。

第三节 中国文人绘画与文人音乐

一、重意不重形

明代徐渭曾有写意葡萄,自题画诗:"半生落魄已成翁,独立书斋啸晚风。笔底明珠无处卖,闲抛闲掷野藤中。"元代画家王冕有《墨梅》图,诗曰:"我家洗砚池头树,朵朵花开淡墨痕,不要人夸颜色好,只留清气满乾坤。"墨色的梅花古今罕有,用墨色画梅花,表现的是"清气满乾坤"。徐渭笔下的墨葡萄和王冕的墨梅,既不具有西方油画的写实性,也没有齐白石笔下昆虫的栩栩如生。学过中国画的朋友都知道,写意画法,从绘画技巧而言,难度不大,而难以临摹的是画中之风骨,即艺术家之风骨。

明代唐志契曰:"山水原是风流潇洒之事,与写草书行书相同,不是拘挛用工之物。如画山水者与画工人物工花鸟一样,描勒界画妆色,那得有益豪趣味?是以虎头之满壁沧州,北苑之若有若无,河阳之山蔚云起,南宫之点墨成烟云,子久、元镇之树枯山瘦。迥出人表,皆毫不著象,真足千古。若使写画尽如郭忠恕、赵松雪、赵千里,亦何乐而为之?昔人谓画人物是传神,画花鸟是写生,画山水是留影。然则影可工致描画乎?夫工山水始于画院俗子,故作细画,思以悦人之目而为之,及一幅工画虽成,而自己之兴已索然矣。是以有山林逸趣者,多取写意山水,不取工致山水也。"①。

二、以物喻人,托物明志

以物喻人、托物明志是中国传统的艺术表现形式,也是深厚的文化积淀而成的思维方式。中国绘画和音乐经历千年沧桑之路。梅、兰、竹、菊,在

---

① 傅抱石:《中国绘画理论》,南京:江苏教育出版社,2011年,第11页。

中国古代文人眼中已经摆脱了植物的本质，被赋予了极高尚的精神力量。晋代陶渊明爱菊："采菊东篱下，悠然见南山。"宋代周敦颐爱莲："予独爱莲之出淤泥而不染，濯清涟而不妖，中通外直，不蔓不枝，香远益清，亭亭净植，可远观而不可亵玩焉……""莲，花之君子者也。"梅妻鹤子的林逋钟情于梅："众芳摇落独喧研，占尽风情向小园。疏影横斜水清浅，暗香浮动月黄昏。"板桥喜竹，有竹石诗曰："淡烟古墨纵横，写出此君半面，不须日报平安，高节清风曾见。"

元朝李衎的《修篁竹石图》为绢本，纵152厘米，横100厘米，现藏于南京博物院。落墨虚实相间、前深后浅，怪石衬托修竹之俊秀挺拔。

图7-1　元李衎《修篁竹石图》①

元代画家王冕字元章，以画梅著称，尤攻墨梅，以墨梅喻人之气节。

---

① 钱锋主编：《中国传世名画全集》第二卷，北京：文化艺术出版社，2002年，第106页。

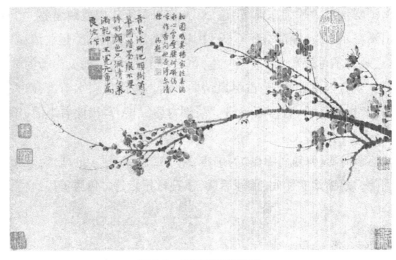

图 7-2 元王冕《墨梅图》

　　中国古代文人眼中的兰花，早已超越了草木的自然属性，和作为植物的审美属性。《孔子家语·在厄》："芝兰生于深林，不以无人不芳；君子修道立德，不为贫困而改节。"《荀子·宥坐》："且夫芷兰生于深林，非以无人而不芳。君子之学，非为通也，为穷而不困，忧而意不衰也。"《文子》卷六《上德》云："清之为明，杯水可见眸子，浊之为害，河水不见太山，兰芷不为莫服而不芳，舟浮江海不为莫乘而沉，君子行道不为莫知而止，性之有也。"元代诗人吴梅《友兰轩记》中写道，"兰有三善：国香一也，幽居二也，不以无人而不芳三也"，"三者君子之德具矣。"而兰有这"三善"，均与孔子的倡导宣传有关。

　　再看看那些优雅多姿的兰花吧！石涛有诗《墨兰》三首。其一："根已离尘何可诗，以诗相赠寂寥之。大千香过有谁并，消受临池洒墨时。"其二："丰骨清清叶叶真，迎风向背笑惊人。自家笔墨自家写，即此前身是后身。"其三："撇开瑶草点春星，倦想黄庭梦亦听。叶下穿云交半面，世间何句得全青。信他寒谷无边醉，簪我衣裙没骨丁。相勘凡花痴不了，纵浇尘土有馀馨。"

　　清代诗画家、扬州八怪之一李虬仲有《兰花册页》，上题诗三首："迷离萧艾露风寒，千古英雄泪不干。搁笔沉吟谈往事，横琴未必调猗兰。""楚畹清风涌笔端，廿年作客与盘桓。自怜不唱猗兰曲，万叶千花供世看。""问天莫笑总无知，也惜幽兰鬓渐丝。当户已愁锄欲尽，入山又恐负芳时。"

清代扬州八怪之一郑燮善画竹、兰、石、梅。以兰花为题才的题画诗颇多。《题兰》五首。一曰:"兰花不是花,是我眼中人。难将湘管笔,写出此花神。"二曰:"兰香不是香,是我口中气。难将湘管笔,写出唇滋味。"三曰:"七十三岁人,五十年画兰。任他风雷雨,终久不凋残。"四曰:"一笔与两笔,其中皆妙隙。何难信手挥,不顾前人迹。"五曰:"有根不在地,有花四季开。怪哉一参透,天机信笔来。"《题半盆兰蕊图》:"盆是半藏,花是半含。不求发泄,不畏凋残。"《题来兰》:"两盆兰草,一晚一早。先后得花,春末夏晓。"《题兰》:"兰草已成行,山中意味长。坚贞还自抱,何事斗群芳。"《峤壁兰》:"峭壁一千尺,兰花在空碧。下有采樵人,伸手折不得。"

　　清代著名画家汪近人有题画诗。《兰》:"幽谷出幽兰,秋来花畹畹。与我共幽期,空山欲归远。"《空谷清音图册页》:"兰草堪同隐者心,自荣自萎白云深。春风岁岁生空谷,留得清香人素琴。"

图7-3　清蒋廷锡《幽兰丛竹图》[1]

① 钱锋主编:《中国传世名画全集》第三卷,北京:文化艺术出版社,2002年,第270页。

　　李调元《芷塘同年斋中秋兰秀茂异常属余作诗》:"契阔今素心,忽动伊人怀。入室座未安,馨芳盈庭阶。此种秉幽趣,高寄白云隅。一为香所误,遂与诸草偕。其芳终不言,自分溷尘埃。今充君子佩,永得邀栽培。月夜静相对,如与人忘骸。愿言托孤根,岁宴两无猜。"

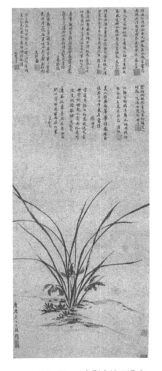

图7-4 明 周天球《兰花图》之一

图7-5 明 周天球《兰花图》之二①

　　上述大量的题画兰诗中,有的以兰花喻自身,有的颂扬兰花的高洁,有的以兰花为榜样……兰花与古琴的邂逅,相传是孔子自比幽兰的故事。著名的古琴曲《碣石调·幽兰》也名《猗兰》,据说是由南朝梁代(有文献认为是陈、隋时代)的丘明传谱,明清时期的琴谱《幽兰》与《碣石调幽兰》有所差异。琴曲《碣石调·幽兰》的曲调十分清丽委婉,节奏缓慢悠扬。谱序中说:"其声微而志远。"谱末小注说:"此弄宜缓,消息弹之。"

① 钱锋主编:《中国传世名画全集》第二卷,北京:文化艺术出版社,2002年,第162页。

图7-6 〔明〕马湘兰《花卉图》[1]

《漪兰操》者,孔子所作也。孔子历聘诸侯,诸侯莫能任。自卫返鲁。过隐谷之中,见芗(香)兰独茂。喟然叹曰:"夫兰当为王者香,今乃独茂,与众草为伍,譬犹贤者不逢时,与鄙夫为伦也。"乃止车援琴鼓之云云,自伤不逢时,托辞于芗兰。

三、中国古代艺术家的精神世界

老学、庄学、魏晋玄学等道家美学隶属于哲学范畴。中国民族深厚的文化积淀使中国本土哲学思想在历史洪流中不断变迁。公元前8世纪至公元前6世纪,我国音乐美学呈现出"萌芽状态",哲学"萌芽时期"是儒道两家音乐美学的思想源头。儒家取"礼"与"乐"之意,推崇"乐而不淫,哀而不伤"的中和美;道家取"气""风"之意,崇尚自然美。

至春秋战国,诸侯争霸天下。士人思想上较为自由,学术上觉醒独立。出现了以"阴阳、儒、墨、名、法、道德、纵横、杂家、农家、小说家"为主的多元哲学文化体系。音乐美学思潮空前活跃,以老庄为代表的道家音乐美学思想提出"大音""道""天籁""心斋""法贵天真""道法自然,乐法自然"等

---

① 钱锋主编:《中国传世名画全集》第二卷,北京:文化艺术出版社,2002年,第171页。

理论,进入道家音乐美学的第一阶段。《吕氏春秋》乐论部分以道家哲学为基本核心,阴阳五行学说为主线,糅杂了些许儒家思想,其音乐美学论述对后世影响很大。汉代刘安编撰的《淮南子》发展了《吕氏春秋》中的音乐思想,更好地将阴阳五行学与道家相结合,从而形成汉代道家美学思想体系。

魏晋至隋唐,释、道、儒三家在冲突中交融,形成了新的哲学思想体系。魏晋玄学以"老子、庄子、周易"为经典,冲破了"罢黜百家,独尊儒术"的独立局面。嵇康所著《声无哀乐论》、陶潜"无弦琴"论继承了道家音乐美学思想,形成道家音乐美学思潮的第二阶段。至隋代,文帝杨坚重视音乐的治国作用,一度新订律吕及正乐雅声,反对"哀怨""繁声"和民族民间音乐。唐代君主以隋为鉴,使唐代国运昌隆,音乐大放异彩。诗人白居易素好释道、老庄,善弹琴、喜音乐,仿效嵇康、陶潜之自然率性。他主张"唱歌兼唱情",并在诗文中多次提出对音乐"无声之美"的运用。文学家元结在《订司氏乐》《水乐说》中提出的"水乐"不具"八音"和"五声",以自然界水声为美。"全声水乐"即庄子所言的"天籁",是对道家音乐美学意境的延续。

宋代程朱理学吸收了道家和佛家部分学说,发展为以"天理"为核心的新儒学。理学、心学、气学的代表人物朱熹、王守仁、张载、王夫之等人的音乐美学思想颇为保守,毫无突破。明代商品经济的发展促进了启蒙主义人文思潮,李贽、戴震等人反对"以孔子之是非为是非",在音乐美学意识上重视情感表达,敢于推翻千年成说,提出"琴者,心也""丝胜于竹,竹胜于肉"的音乐美学理论。汤显祖、袁宏道、王骥德、冯梦龙、张琦、黄周星等人延续其说法,形成以李贽"童心说"为基础的美学新思潮,进入道家音乐美学发展的第三个阶段。这一时期音乐美学主要论著有:李贽《焚书》中的《读律肤说》《琴赋》等篇,张琦《衡曲麈谭》等。清代统治者实行严酷的文字狱,使李贽等人的新民主哲学思想受到压制,哲学文化只能延续程朱理学,无从创新。戏曲作家李渔的《闲情偶寄》中以有少量文字论及音乐,其美学思想颇有新见。徐大椿所著《乐府传声》以唱论为主,提倡声情并茂、雅俗同赏,具有一定美学意义。

庄子之所谓道,落实于人生之上,乃是崇高地艺术精神;而他由心斋的工夫所把握到的心,实察乃是艺术精神的主体。由老学、庄学所演变出来的魏晋玄学;它的真实内容与结果,乃是艺术性的生活和艺术上的成就。历史中的大画家、大画论家,他们所达到、所把握的精神境界,常不期然而然的都是庄学、玄学的境界。宋以后所谓禅对画的影响,如实地说,乃是庄学、玄学的影响①。

(一)味外之旨,弦外之音

中国古代音乐美学思想体系中存在一种独特的,具有道家哲学意味的思想,即"味外之旨,弦外之音"。崔豹《古今注》中对晋代田园诗人陶潜云的记载:"陶渊明读书不求甚解,又蓄琴一张,弦索不具,曰'但得琴中趣,何劳弦上声',此二事正是此老得处。"《晋书·陶潜传》载:"尝言夏月虚闲,高卧北窗之下,清风飒至,自谓羲皇上人。性不解音,而蓄素琴一张,弦徽不具,每朋酒之会,则抚而和之,曰'但得琴中趣,何劳弦上声'。"

陶渊明音乐美学思想对后世的影响深远,唐宋时期文人墨客多以"无弦琴"为题创作诗赋。张随、宋祁的《无弦琴赋》;顾逢《无弦琴》诗:"只须从意会,不必以求声";何孟舒《无弦琴》诗句:"君子闲邪日御琴,绝弦非为少知音。忘情自得无为理,默契羲皇太古心";舒岳祥《无弦琴》诗:"琴在无弦意有余,我琴直欲并琴无。北窗高卧何人识?日日高风咏有虞"。此外,白乐天、欧阳永叔等也是该思想的一脉传承者。白居易《琵琶行》中"别有幽愁暗恨生,此时无声胜有声";《夜筝》中"弦凝指咽声停处,别有深情一万重"表达出音乐弦外之音的特别之美。《溪山琴况》中云:"得之弦外者,与山相映发,而巍巍影现;与水之相涵濡,而洋洋徜恍。"可见"弦外之音"的音乐表现力可以将万物移情至人心中。

图 7-7 清 禹之鼎《幽篁坐啸图》②

① 徐复观:《中国艺术精神》,北京:商务印书馆,2012 年,第 3 页。
② 钱锋主编:《中国传世名画全集》第三卷,北京:文化艺术出版社,2002 年,第 259 页。

"不着一字,尽得风流",诗词作品中不着一字,音乐作品中不着一音,意在言外,求的是味外之旨和弦外之音。自身的情感和思想不是直接流露,而是含蓄于景象事物的描绘中渗透出来。

"味外之旨,弦外之音",表现在绘画中的留白和大写意。与西方绘画不同的是,古代文人画中非常重视画面"留白","留白"即是给出一定的空白空间。这样的空间有助于视觉审美,给观者以思考的空间。追求"味外之旨,弦外之音",并非是指无声的音乐就是美的音乐,它想要表述内在的意蕴,不以形似为高,而以传神为上。诗无字、琴无弦、音无声,然其"离形得似,妙契同尘"。道家所言之"道",即是"无",以是之故,弦外之音更能体现中国古代文人艺术家的审美意境。

(二)大音希声,道法自然

"自然"是我国古代艺术中至高至美的道家审美境界。《庄子·天运》中言:"道可载而与之俱也。" 老庄道家美学思想对后世文艺评论影响很大。刘勰《文心雕龙·原道》中描述自然不加雕琢的文艺风格:"心生而言立,言立而文明,自然之道也。傍及万品,动植皆文:龙凤以藻绘呈瑞,虎豹以炳蔚凝姿;云霞雕色,有逾画工之妙;草木贲华,无待锦匠之奇。夫岂外饰,盖自然耳。至于林籁结响,调如竽瑟;泉石激韵,和若球锽。故形立则章成矣,声发则文生矣。夫以无识之物,郁然有彩,有心之器,其无文欤?"艺术创作是内在情感的自然体现,随手拈来,并非刻意强求。"真与不夺,强得易贫","真"即是自然,真心的流露是一种艺术表现境界,反之费心竭力求取的东西是缺少生命活力的。《乐府解题》中载伯牙学琴三年,至于精神寂寞,情之专一,尚未能学成。至蓬莱山中,"闻海水洞滑崩澌之声,山林窅冥,群鸟悲号",遂援琴而歌,有感而成也。伯牙学琴的故事说明自然是激起音乐创作灵感的巨大动力。

在中国古代道家音乐美学思想中,"自然之美"占据重要的位置。明代思想家李贽提出"以自然之为美"的主张,有很强的针对性[①]。儒家历来主张音乐的形式必须"中正以平之"(《法言·吾子》)、"发乎情,止乎于礼"(《毛诗

---

① 蔡仲德:《中国音乐美学史》,北京:人民音乐出版社,2003 年,第 707 页。

序》),李贽则在《焚书·读律肤说》中强调:"盖声色之来,发于情性,由乎自然,是可以牵合矫强而致乎?",道家哲学中的"道"是造就音乐美学风格"自然"的本源。唐代张彦远曾云:"凝神遐想,妙悟自然。物我两忘,离形去智,身因可使如槁木,心固可使如死灰,不亦臻于妙理哉?所谓画之道也。"

音乐创作和表演、绘画创作,都是以体会自然界生灵活力为基础,从而演绎出富有生气的艺术形象。"明漪绝底,奇花初胎。青春鹦鹉,杨柳楼台",司空图笔下充满自然生气与活力的景象,隐居在青山深处的隐士来此访友,挚友重逢,满饮流觞,自然界的生机与得道隐士的生气同在,艺术创作中需要"生气远出,不着死灰",才能妙造自然。

绘画之事亦然。古人云:"画不但法古,当法自然。凡画高山流水,茂林修竹,无非图画,又山行时见奇树,须四面取之。树有左看不入画,而右看入画者,前后亦然。看得多自然笔下有神。传神者必以形,形相与心手凑而相忘,未有不妙者也。夫天生山川,亘古垂象,古莫古于此,自然莫自然于此,孰是不入画者,宁非粉本乎?特画史收之绢素中,弃其丑而取其芳,即是绝笔。"[1]

中国古代文人提出的宇宙自然界之美,是以老庄哲学思想为根基,阐述绘画、诗歌和音乐作品的最完美境界。"真体"是道家用语,表示真气。儒家养气,是基于社会道德和礼仪规范之气;道家养气,是返回本体的自然之气。得道之体,合乎于自然,取法于天地,内在充满元气自如运行。老子曰:"大音希声,大象无形。"道家眼中至善至美的音乐是空旷虚静的,音乐之境应和自然相融一体,"与天和者,谓之天乐"正是庄子"天乐""天籁"的特点。

《吕氏春秋·大乐》载:"音乐之所由来者远矣,生于度量,本于太一。太一出两仪,两仪出阴阳。阴阳变化,一上一下,合而成章。""太一"即"道","道也者,至精也,不可为形,不可为名,强为之名,谓之太一……万物所出,造于太一。"[2]音乐家先需养气修身以体会大道,进而达到"超然物外,得其环中"。在吸收天地万物灵气的同时修炼自身的艺术修养,"饮真茹强,蓄素守中",摒却杂念和欲望,吸纳无穷无尽的天地雄浑之气,将这种境界运用到音乐之中。古代艺术家家认为音乐是来自天地、阴阳、五行的,艺术创

① 唐志契:《绘事微言》,台北:台湾商务印书馆,1986年。
②《吕氏春秋全译上》贵阳:贵州人民出版社,1990年,第142页。

作需要通天地之气,艺术家的道性修炼达到"真力弥漫,吞吐大荒",才可以采写自然之音入乐,才自然之形如画,"天风浪浪,海山苍苍"等世间景物方可在音符间随意运筹帷幄。

诗歌是语言带动意境的唯美流动,音乐是音符带动旋律的唯美流动。流动是自然界亘古不变的规律。"荒荒坤轴,悠悠天枢",地轴天枢悠然运行从无休息,一年四时依次流转从不停滞。音乐与诗歌是需要取法于自然的,《南史》第二十三卷中,谢朓云:"好诗圆美流转如弹丸。""若纳水輨,如转丸珠"即有此意。道家主张以虚空为本,流动为用,"超超神明,来往千载"可见自然造物之妙,周流无滞而归于虚静寂寞,将艺术流动之美归纳到道家哲学以无为本的高度。

(三)超诣旷达,天地和美

古代音乐的创作过程是音乐家美学心性的表现,身心从雄浑进入虚静状态,使得心无挂碍,化空灵为充实。刘勰《文心雕龙·神思》中说:"陶钧文思,贵在虚静;疏瀹五脏,藻雪精神"。身心与道契终能出尘超俗,沉浸与"乱山高木、碧苔芳晖"之间,进入音乐创作的忘我之境。

《列仙传》载:"周王子乔好吹笙,作凤鸣,后告其家曰'七月七日待我于缑氏山头'及期果乘白鹤谢时人而去。"古人认为音乐之道可以通天成仙,缑山王子乔驾鹤成仙的故事为世人称道。《二十四诗品》中"飘逸"中曰:"落落欲往,矫矫不群,缑山之鹤,华顶之云。"音乐家构思音乐与诗家创作一样,其心绪已然是绝世而独立,就像那缑山上入云的仙鹤和华山之山巅缭绕的白云。吕温《乐出虚赋》中提出音乐创作的美学观点是:"去默归喧,始兆成文之像;从无入有,方为饰喜之名。""默"是主体的虚静,创作前涤除玄览、凝心静默;创作时返虚入浑,吞吐万境。艺术是心灵的表述,在艺术家忘我的那一刹那即产生静照。静照的起点在于空渚一切,心无挂碍,静观万象,万象如在镜正中,呈现出各自充实的内在生命。万物静观皆自得。绘画、音乐创作及研究过程是心灵由静到动、由沉思到飞跃的过程。

我国美学大家宗白华先生曾提出:"空灵和充实是艺术精神的两元。"音乐和绘画的本质正是一种包涵了空灵和充实的两元性艺术。倘若"超以象外、大音希声、超逸旷达、天地和美"属于艺术的空灵精神,那么接下来的,则是艺术家的创作环境对艺术充实性的体现。

(四)赏雨听琴,典雅之境

刘勰《文心雕龙·体性》把"典雅"列为"八体"之一,最早对此做出了解释:"典雅者,熔式经诰,方轨儒门者也。"司空图在《二十四诗品》中把"典雅"的内涵经过改造,由儒家引向了道家,从中丝毫闻不到儒家经典的气息,却显示文人雅士超然出世的道家风范①。细读"典雅"一品:"玉壶买春,赏雨茅屋。坐中佳士,左右修竹。白云初晴,幽鸟相逐。眠琴绿阴,上有飞瀑。落花无言,人淡如菊。书之岁华,其曰可读。"②司空图《二十四诗品》和徐上瀛《溪山琴况》,一个论诗,一个品琴,二者所阐述的美学意境虽不尽相同,却存在一定的共性。《溪山琴况》中"雅",是指古琴之雅。"但能体认得'静'、'远'、'淡'、'逸'四字,有正始风,斯俗情悉去,臻于大雅矣。"③

图7-8 元 赵孟頫《柳荫会琴图》④

---

① 郁沅:《二十四诗品导读》,北京:北京大学出版社,2012年,第33页。
② 祖保泉:《司空图诗品解说》,合肥:安徽人民出版社,1964年,第40页。
③ 蔡仲德:《中国音乐美学史资料注译下》,北京:人民音乐出版社,2007年,第751页。
④ 钱锋主编:《中国传世名画全集》第二卷,北京:文化艺术出版社,2002年,第107页。

若以诗品入琴韵，可以把两者之间的共性细致化。"落花无言、人淡如菊"正是淡泊宁静、素有涵养的有道雅士的代表，可曰"静"；凭借想象而达到超远，好似游峨嵋之雪、洞庭之波的神远，与幽鸟相逐、上有飞瀑之实境，两者皆可曰"远"；舍弃繁华而追求淡泊才是风雅之士才可表现出琴音情趣，竹林茅屋坐的必是摒却俗世繁华和尘世纷扰的隐士高人，两者皆是"淡泊"之意；琴论"逸"况中安闲自如之景象，潇洒不群之天趣，正是诗论典雅一品的美学意境。

与"典雅"一品意味相近的"实境"乃是真情与景物的结合。在弯曲的清澈涧水旁，碧绿的松林之阴下，打柴的樵夫和山中的隐士聆听"幽人"抚琴。弹琴的是幽居于山谷的高士，听琴的是淳朴的樵夫和隐士，此情此景随性所之，淳朴而天然。这一实境与"伯牙子期高山流水遇知音"的历史典故颇为相似。以老庄为主体的道家哲学则推崇隐逸随性，妙道自然。"典雅"与"实境"都是依托道家哲学体系而延伸出来的，充满玄学意味的美学思想，是可以在文学、美术和音乐三者之间互通的美学意识。

(五)浩然愤慨，淡者屡深

"愤怒"与"悲慨"，是用于形容悲凉慷慨的美学境界。在我国古代著名的长篇叙事琴歌《胡笳十八拍》之中充分体现："一生辛苦兮缘别离，十拍悲深兮泪成血；十有三拍兮弦急调悲，肝肠搅刺兮人莫我知；苦我怨气兮浩于长空，六合虽广兮受之应不容。"胡笳弹奏出的是含着血泪的悲愤与痛苦，是演奏者内心最真实的写照。燕太子送荆轲时，高渐离击筑而歌的"风萧萧兮易水寒，壮士一去兮不复还"，壮士仰天长啸，使歌曲迸发出悲戚壮烈之音。"大风卷水，林木为摧"，自然毁物的力量使风云为之色变，岂不悲乎？"适苦欲死，招憩不来"，则是描写人的苦痛，悲苦得想要去死，想歇口气都不行，这自是遭遇人间的大悲之事才能发出的感叹。

道家哲学对于"悲慨"的深层理解是感叹浮生若梦，荣华富贵如过眼云烟，纵使身负天纵之才，生不逢时也只能发出"壮士拂剑，浩然弥哀"的悲叹之音。阮籍年少曾喜儒术，后因魏晋时期天下名士少有全者而变为崇信老庄道家学说。阮籍的音乐美学思想中存在忧的一面，朱权《神奇秘谱》中对晋代名士阮籍《酒狂》一曲解释为"籍叹道之不行，与时不合，故忘世虑于形骸之外,托兴于酣酒,以乐终身之志"。阮籍诗中的"夜坐不能寐,起坐弹鸣琴","青云蔽前庭,素琴凄我心",说明阮氏以诗写愁、以琴写忧的审美心理,描述出以悲为美的艺术色彩。与阮籍生活在同时代的名士嵇康,脱俗清高,慷慨任气,其音乐美学思想少了阮籍的"悲",更多的是"慨"。壮志未酬鬓先斑,面对"萧萧落叶,漏雨苍苔",此情此景怎不令人悲哉。悲哉秋之为气,萧瑟兮草木摇落而变衰;悲哉屋漏而遇连夜雨,满目凄凉满地苍苔。

杨振钢引《皋兰课业本》云:"此言纤秀秾华,仍有真骨,乃非俗艳。"道家所追求的绮丽,乃天公造化的自然之美,中国古代文人笔下描绘的青山、红杏、明月、华屋、画桥、绿荫,是一幅自然的画卷。正是在这样风光绮丽的氛围之下,三五知己将金樽美酒斟满,与来访的贵客谈古论今,把酒听琴,心旷神怡,纵使绮丽之境,也无半点浅俗,悠哉乎!

四、传播中国文化与艺术的影视作品

中国文联副主席冯骥才先生在 2010 年 9 月 14 日人民网上刊登一篇名为《文化可以拿来赚钱,但不能糟蹋文化来赚钱》的文章。文章中有这样一段话:"再看看我们影视中的历史文化吧。我们的历史名人只要一跑到银幕和荧屏上,不论明君重臣,还是才子佳人,大都多了一身好功夫,动不动大打出手,甚至背剑上房。没有确认的朝代与地域,衣食住行的道具、物品和礼俗全是胡编乱造。历史在这里只是被借用的一个空袋子,什么都可以往里装。"①

冯骥才先生还指出:"真正强大的文化一定又精又深。比如唐诗宋词、维也纳音乐、俄罗斯文学。只有在精深的文化中,才会有大作品和大家的出现,社会文明才能整体提高。而当下这种鄙俗化的潮流,这种充满谬误、以假乱真的伪文化,正在使我们的文化变得粗浅、轻薄、空洞、庸俗,甚至徒有虚名,有害公众的文化情怀和历史观,也伤及中华文化的纯正及传承。在这样的文化环境中成长起来的一代,很难对自己的文化心怀挚爱与虔敬。到底是什么力量在驱动这股潮流?一句话戳穿,即以文化谋利。毋庸讳言,任何事物进入市场,都不免受到市场规律的制约,不免依照消费需求和商业

---

① http://culture.people.com.cn/GB/12714812.html

利益调整自己。但调整是科学调整,不能扭曲甚至破坏自己去换取经济利益。文化更具特殊性,它直接影响着社会文明与全民素质。不能为了畅销、票房、收视率,为了利润的最大化和'疯狂的 GDP'而放弃文化固有的尊严。这尊严一旦被糟蹋,文化也失去了存在的意义。因为被糟蹋的文化,反过来一定会糟蹋人的精神。"①

影视剧作为综合艺术,它的推广和传播也许不仅是为了受众喜欢,传媒工作者须知肩上担负着一个国家,乃至一个民族的文化兴亡与衰败,承担着文化传承、文化复兴和文化强国的建设。

(一)水墨动画片《山水情》

荧屏是将音乐和画面完美结合的重要媒介。无论是纪录片、影视剧、广告、动画片……都可以看成为艺术作品。既然我们把它看作艺术作品,就不能忽视其艺术性和美学等价值。

1988 年上海美术电影制片厂出品了水墨动画《山水情》,由特伟、阎山春、马克宣导演,金复载作曲,龚一先生操琴,吴山明、卓鹤君进行人物设计。该片讲述了这样的故事:一位年迈的古琴大师在途经荒村渡口时病倒,渔家的少年将琴师留在茅舍里养病。待老人身体痊愈后,取出古琴弹奏一曲,琴声吸引了渔家少年,遂拜师学琴。寒来暑往,春秋更替,少年的琴技进步飞快。老琴师为了使弟子更得古琴真髓,带少年过大川,登高山。少年顿悟自然之美,琴艺大长。老琴师将琴赠予少年,独自走进山巅白云间。少年盘坐峭壁悬崖上,独自弹奏古琴,声音回响于山谷。

这部美术片将中国画、音乐、文学、人文精神集于一身,在不同的艺术层面均有突破。中国画中对于墨非常重视,写意的水墨山水、人物画着重于水、墨、线条、笔法等,写意山水画更重"意"。《苦瓜和尚语录》中所谓"得乾坤之理,山川之质也。得笔墨之法者,山川之饰也……山川,天地之形势也。风雨晦明,山川之气象;疏密深远,山川之约径也;纵横吞吐,山川之节奏也;阴阳浓淡,山川之凝神也;水云聚散,山川之联署也;蹲跳向背,山川之行藏也。"②

---

① http://culture.people.com.cn/GB/12714812.html
② 石涛:《苦瓜和尚语录》山川章第八,摘自潘运告《清人论画》,长沙:湖南美术出版社,2004 年,第 17 页。

图7-9 清罗牧《溪桥茅屋图》[①]

美术品《山水情》的创作制作中，特伟、钱家骏等动画大师，李可染、程十发等著名画家参与了艺术指导。中国美术学院中国画系教授"现代浙派"画家吴山明，在《山水情》制作中给予点拨，促进国画之美成功地挪移至银屏上，其意象、境界和笔墨之美，显现出特有的艺术魅力，在当代画坛上独树一帜。"素衾透寒，揽琴且立。未见轻舟，笛声却近。不堪舟车，就岸即扑。鸟雀惊梦，顾而寻琴。忽闻悠笛，施然和之。少年欣喜，立而复坐。示以挑撮，微音铮锵。枫红竹翠，勤习不辍。雪融冰消，技艺愈精。似回断雁，又转飞蓬。饵尽不知，鱼戏鹰啸。既成欲归，水湍浪急，心犹甚之。有山崇崇，溪泉淙淙。赠琴作别，坐而抚弦，离情留意，动而复返。扁舟再发，琴音未止。"

从1988年至今，近30年的时光飞逝，这部美术品《山水情》从来没有

① 钱锋主编：《中国传世名画全集》第三卷，北京：文化艺术出版社，2002年，第236页。

"衰老"过，依然是中国水墨动画片的巅峰作品。虚实相依的水墨之情，人物的灵动，演绎着一个具有道家美学韵味的故事。

艺术作品的生命力长短，取决于它的内涵和精神。清代华翼纶在其《画说》中云："画无精神，非但当时不足以动目，抑且能历史，而精神在浓处，尤在淡处，淡而精神，斯有精神耳。"《山水情》的历久弥新在于，故事中隐喻了艺术的精神，无论是音乐、绘画还是文字，都充满了中国古代文人的优美韵味。那把琴是文人某种精神品质的物化，在最后离开走向茫茫前途时，除了水墨画出的重重山峦，还有呼呼的风响彻耳际。这也是非常明显的比喻。

图 7-10 清 黄鼎《渔父图》①

① 钱锋主编：《中国传世名画全集》第三卷，北京：文化艺术出版社，2002 年，第 266 页。

《易经》中有云："形而上者谓之道,形而下者谓之器。"中国文化所说的"心",不是外在于人、超越于人的形上之物,而是人的五官百骸中的一部分。也就是说,中国文化所说的"心",是与人的具体的生命存在、生命活动分不开的,是通过人的具体的生命存在、生命活动呈现出来的。因此由心所产生的人生价值,主要表现在中国人的道德、宗教、艺术、认知等活动之中,由这些活动、工夫、经验具体地体现出来①。

中国只有儒、道两家思想,由现实生活的反省,迫进于主宰具体生命的心或性,由心性潜德的显发以转化生命中的夹杂,而将其提升,将其纯化,由此而落实于现实生活之上,以端正它的方向,奠定人生价值的基础。所以只有儒、道两家思想,才有人格修养的意义。因为这种人格修养,依然是在现实人生生活上开花结果,所以它的作用,不止于是文学艺术的根基,但也可以成为文学艺术的根基②。

山水情,是中国古代文人的集体情感。无论是宝带貂裘,或是布衣终老,他们对归隐山林的向往是一致的。故而,陶渊明的"归去来兮,吾归何处"才传至千古。

(二)电视连续剧《联林奇珍》

电视连续剧《联林珍奇》由遥远导演,上映于1991年。这是我国第一部以中国传统文化为题材的电视连续剧,至今为止没有一部弘扬传统文化的电视连续剧能够超越《联林奇珍》。电视剧以主人公凌大岫的故事为主线,讲述无数个巧联趣事,用楹联来贯穿历史传奇故事。

楹联,也叫楹贴、联句、对联、联语,是我国特有的文学形式。《文心雕龙·声律》中云："同声相应谓之韵,异声想从谓之和。"五代《蜀梼杌》云:"蜀未归宋之前一年岁除日,昶令学士辛寅逊题桃符板于寝门,以其词非工,自命笔云:新年纳余庆,佳节号长春。"

楹联篇幅虽短小,然其内含却极为深宏,无论政治、经济、军事、历史、宗教、人物、山川、名胜、斋堂、市肆,可谓无所不包。历代撰联大家若郑板桥、林则徐、俞曲园、康有为、梁启超、谭嗣同、孙中山、郁达夫、郭沫若皆一

---

① 李维武:《徐复观与中国艺术精神》,转引自《中国艺术精神》,第541页。
② 徐复观:儒道两家思想在文学中的人格修养问题,《徐复观最后杂文集》第179页。

代俊彦,但遗憾的是,历来各种文学史和文学批评史均未给楹联以一席之地,此实我国文学史和文学批评史之一大缺憾。

作联之大法,不外乎三。其一为集前人诗文成句而成联;其二从前人诗文脱化而成联;其三为新拟,即创作。随着楹联艺术的成熟发展,其艺术手法亦日益增多。如其内容构成的逻辑关系即有并列、转折、递进、连贯、因果、选择、假设等。其组句技巧即有串组、换位、重言、两兼、连珠、拆词、回文、顶针、绘态、歧义等。其修辞手法又有比喻、借代、双关、衬托、隐切、假称等。其用字手法又有析字、隐字、嵌字、同旁、同韵、叠字、飞白、拟声等。嵌字又分鹤顶、燕颔、鹿颈、蜂腰、鹤膝、凫颈、雁足、魁斗、蝉联、云泥、鼎峙、碎锦、晦明等十三格。可见撰联艺术手法之多。楹联之传播,与书法艺术更有不解之缘,文采灿然之联文,借助隽美秀逸之书法,可谓珠联璧合。楹联与书法合璧之专集,如俞曲园《樊敏碑集字联》,罗振玉《集殷虚文字楹帖》,经颐渊《爨宝子碑古诗集联》等皆是①。

电视剧《联林奇珍》中,共整理搜集了约二百副楹联。将书本上的传统文化转移到电视荧屏上,这些读书、婚庆、祝寿、玩笑、讽刺、判案中情节中引入名联巧联,寓教于乐,使观者对中国传统文化产生浓厚的兴趣。在放映电视剧的同时,传播了中华文化瑰宝。

凌大岫与太师联:

> 东当铺,西当铺,东西当铺当东西。
>
> 南通洲,北通洲,南北通洲通南北。
>
> 天为棋盘星为子,何人能下。
>
> 地作琵琶路为弦,哪个敢弹。

凌大岫与皇上联:

> 东启明,西长庚,南箕北斗,朕乃摘星汉。
>
> 春牡丹,夏芍药,秋菊冬梅,臣是探花郎。

凌大岫与客栈主人联:

> 树大根深,不宿无名小鸟。
>
> 滩干水浅,难藏有角蛟龙。

---

① 苏渊雷主编:《名联鉴赏辞典》,上海:上海辞书出版社,2007年,序一。

凌大岫大林寺方丈挽联：

　　大佛寺死个和尚

　　天竺国多一如来

此外还有经典的楹联：

　　☆　猫伏窗台风吹猫，毛动猫不动，鹰息旗杆月照鹰，影移鹰不移。

　　☆　移椅倚桐同望月，等灯登阁各攻书。

　　☆　绿水本无忧因风皱面，青山原不老为雪白头。

　　☆　大肚能容　容天下难容之事。开口便笑　笑世间可笑之人。

　　☆　小生无才嫌地仄，大鹏展翅恨天低。

　　☆　俯仰无愧天地，褒贬自有春秋。

　　☆　客上天然居，居然天上客。

　　☆　人过大佛寺，寺佛大过人。

　　☆　庙内无僧风扫地，寺中少灯月照明。

　　☆　画上荷花和尚画，书临汉帖翰林书。

　　☆　清风唱细柳，淡月和梅花。

　　☆　望江楼，望江流，望江楼上望江流，江楼千古江流千古。印月井，印月影，印月井中印月影，月井万年月影万年。

　　☆　一夜五更，半夜五更之半。三秋八月，中秋八月之中。

　　☆　琴瑟琵琶，八大王一般头面。魑魅魍魉，四小鬼各自肚肠。

　　☆　蔺相如，司马相如，各相如，实不相如。魏无忌，长孙无忌，彼无忌，此亦无忌。

　　——上述楹联录自电视连续剧《联林奇珍》。导演：遥远；文学编辑：陈正云。

(三)艺术类纪录片与专题片

很多纪录片和专题片，都是为了记录某种艺术传承而制作的。2013年，八集电视纪录片《京剧》在中央电视台播出。该片由蒋樾、康建宁为总导演，八集纪录片分别是《定军山·溯源》《宇宙锋·呐喊》《借东风·传承》《大登殿·绽放》《生死恨·抗争》《凤还巢·坤伶》《荒山泪·江湖》《群英会·新生》。

北京卫视栏目《光阴》之《百年巨匠》,首映时间 2013 年 11 月 23 日。《百年巨匠》总导演赵伟东和中国国家画院顾问刘勃舒老师解读中国近百年来的文化名人。张大千、齐白石、黄宾虹、徐悲鸿……这些著名艺术家的身影都刻在《百年巨匠》之中。

诸如此类的纪录片还有很多,包括音乐、绘画、建筑、人文学科等多元化的题材,这些影视作品能够起到很好的文化艺术传播作用,激励后继有人的传媒工作者,为传播华夏文明和艺术而努力。

下　篇
传媒与音乐

从左至右分别为琵琶、柳琴、箜篌、马头琴

第八章　乐器的人文历史与情感塑造

音乐在传媒艺术中的重要性显而易见,对于传媒工作者来说,如何为自己的作品选择合适的音乐呢?首先,需要了解乐器的不同音色及特点。每种乐器、每首乐曲都有它擅长表达的情感,只有熟悉了乐器的声音特性和表达效果,才能做出最佳的音乐选择。

印度导演萨吉亚奇·雷依曾经说:"在电影语言中是它那纯视觉的,非语言的方面尚缺乏广度与精确度。音乐有助于明确用其他方法不足以表达出来的概念。有选择地使用实际声音能够提供丰富而有表现力的音响背景。复杂的情感状态可借助音乐来加以明确,以避免含混晦涩。为了风格化的原因而需要去掉实际音响的地方,可以用音乐来填补真空,并可作为标志来说明风格的转变。"

在了解剧本后,聆听一些音乐,有助于对文字内容展开丰富的联想。寻找中国元素时,可以选择听一些由古琴、古筝、琵琶、胡琴、三弦、笛子、洞箫、笙、马头琴等中国传统乐器演奏的独奏曲目。也可以选择民族特色的声乐作品:长调与呼麦、花儿、山歌等;又或者感受中西乐器合璧的声音美:钢琴与柳琴、小提琴与琵琶、非洲鼓与笛子……总之,可听音乐是无限制的,只要能给予剧情思维以帮助的,都可纳入聆听环节之中。

第一节　中国传统乐器及其表达效果

中国民族乐器种类繁多,《诗经》中记载的乐器有鼓、钟、钲、磬、缶、铃、箫、管、埙、笙、琴、瑟等29种。周代按照乐器的材质分为金、石、土、革、丝、木、匏、竹八类,称作"八音"。

金,主要指打击乐器"钟"。在青铜器盛行的商周时期,钟是一件礼乐的乐器,不仅能够演奏浑厚悦耳的音乐,还代表着贵族之"礼器",承担着祭祀、宴飨等仪典活动。《隋书·音乐志》记载:"编钟,各应律吕,大小以次,编而悬之。"1978年,我国湖北随州出土的曾侯乙墓编钟震惊了世界。大约公元前433年的贵族曾侯乙所用编钟共64件,分为三层,悬挂于总长度11.83米的铜木钟架上。其中最大的编钟重203.6公斤,最小的重2.4公斤,总重量达到2500公斤以上。

石,是用石器制作的乐器,以打击乐为主。《吕氏春秋·古乐》篇中说:"帝尧立,乃命质为乐。质乃效山林谿谷之音以歌,乃以麋辂置缶而鼓之,乃拊石击石,以像上帝玉磬之音,以致舞百兽。"《国语·周语》中这样形容石质乐器:"金石以动之,丝竹以行之。"龙山文化遗址曾经出土石磬,用石块打磨而成,有穿绳孔,是可以悬挂的打击乐器。曾侯乙墓出土的石质编磬制作精美,共有32块,悬挂于木架上,用来击奏旋律,发出清脆明亮的声音。

图8-1　湖北随县曾侯乙墓出土战国初期编磬[1]

图8-2　河南安阳武官村出土商代虎纹石磬[2]

图8-3　河南安阳殷墟小屯妇好墓出土五件套编铙[3]

土,就是陶土制成的乐器,如埙、陶笛、陶鼓等。革,主要是兽皮制成的各种鼓,有悬鼓和建鼓等。丝,指乐器的丝弦,也就是弹拨乐器,如琴、瑟、

① 郑祖襄:《中国古代音乐史》,北京:高等教育出版社,2008年,书后图片。
② 郑祖襄:《中国古代音乐史》,北京:高等教育出版社,2008年,书后图片。
③ 郑祖襄:《中国古代音乐史》,北京:高等教育出版社,2008年,书后图片。

筑、琵琶、胡琴、箜篌。木,有木鼓、敔、柷。敔和柷是古代打击乐器,用于历
代宫廷雅乐。匏,是用葫芦类植物制作的乐器,主要指笙类乐器。竹,用竹
子为材料制作的乐器,笛子、洞箫、排箫、篪、排箫、管子等都归于此类。

图 8-4　甘肃永登乐山坪出土新石器时代陶鼓[①]

　　按照演奏方式,可以将中国民族乐器划分成吹管乐器、弹拨乐器、拉弦
乐器和打击乐器四种。吹管乐曲主要有埙、笛、洞箫、唢呐、管子、芦笙、笙、
排箫、巴乌、葫芦丝、陶笛等;弹拨乐器包括古琴、古筝、琵琶、阮、三弦、柳
琴、月琴、冬不拉、箜篌等;拉弦乐器以胡类为主,包括二胡、京胡、板胡、高
胡、马头琴;打击乐无固定音高的有大鼓、小鼓,大锣、小锣,大钹、小钹,
板、梆、铃,有固定音高的有定音缸鼓、排鼓、云锣等。

一、中国民族吹管乐器

(一)深远低徊——埙

　　埙是用陶土烧制的椭圆形或蛋形乐器。仰韶文化遗址线半坡出土两个
6000多年前的陶埙,其中一个埙能够吹奏一个音,另一个埙能吹出小三度

① 郑祖襄:《中国古代音乐史》,北京:高等教育出版社,2008 年,书后图片。

的两个音。河南辉县出土 3 个陶埙，可以吹奏五声音阶的乐曲。现在的埙制作精良，有 8 孔、9 孔甚至 10 孔之多，能够吹奏音域更广的乐曲。

图 8-5　河南安阳殷墟妇好墓出土五音孔埙[①]　　图 8-6　现代工艺精湛的埙

在礼乐盛行的商周时期，埙在诸多乐器中享有很高的地位。古人说："正五声，调六律，刚柔必中，轻夺迷失，将金石以同恭，启笙竽于而启批极。"作为"八音"中的"土"，吹奏乐器埙能够演奏深沉低徊的音乐。

从古籍文献中，可以得知埙的制作材料和样式。《尔雅》中注："烧土为之，大者如鹅，锐上平底，形如秤砣，六孔，小者如鸡子。"《旧唐书·音乐志》云："埙，立秋之音，万物曛黄曛也，埏土为之。"《说文》中介绍"埙，乐器也。以土为之，六孔。"《新定三礼图·投壶图·埙》记载："凡六孔，上一、前三、后二"。《乐书》记载："埙之为器，立秋之音也。平底六孔，水之数也。中虚上锐，火之形也。埙以水火相和而后成器，亦以水火相和而后成声。故大者声合黄钟大吕，小者声合太簇夹钟，要皆中声之和而已。"

《诗·小雅·何人斯》有句曰："伯氏吹埙，仲氏吹篪。"《诗经·大雅·板》天之牖民，如埙如篪。如璋如圭，如取如携。《毛传》："如埙如篪，言相和也；如璋如圭，言相合也；如取如携，言必从也。"

在旷野上演奏埙，它那具有穿透力的声音呜呜咽咽，融合于自然界的松风与溪流，形成忧伤的天籁之音。埙的音色悲凄、哀婉、哀怨、缠绵、神秘、高贵，在千年的音乐历史进程中，被文人墨客赋予了音乐之外的气质。聆听埙曲，可以沉思、可以陶醉、可以缅怀、可以畅想。古代人认为埙的声

---

① 袁家骏：《中国音乐通史》，贵阳：贵州民族出版社，2009 年，第 28 页。

音是立秋的音乐,秋之肃杀,总能给人以一抹伤怀。汉武帝晚年率领群臣到河东郡汾阳县祭祀后土,面对秋风萧瑟,鸿雁辞归,泛舟汾河之上,感慨油然而生,遂写出千古名句《秋风辞》。

秋风起兮白云飞,草木黄落兮雁南归。兰有秀兮菊有芳,怀佳人兮不能忘。泛楼船兮济汾河,横中流兮扬素波。箫鼓鸣兮发棹歌,欢乐极兮哀情多。少壮几时兮奈老何。

——汉武帝《秋风辞》

埙曲《哀郢》取材于屈原楚辞《九章》中《哀郢》篇,描写楚国被秦国所灭,国破家亡的悲戚之音。该乐曲截取古琴曲《离骚》中调性鲜明的乐句作基调,揉进如泣如诉的民间唱腔,表现出屈原在被流放途中,远离郢都忧国忧民的情怀。

皇天之不纯命兮,何百姓之震愆?民离散而相失兮,方仲春而东迁。去故乡而就远兮,遵江夏以流亡。出国门而轸怀兮,甲之朝吾以行。发郢都而去闾兮,怊荒忽其焉极?楫齐扬以容与兮,哀见君而不再得。望长楸而太息兮,涕淫淫其若霰。过夏首而西浮兮,顾龙门而不见。心婵媛而伤怀兮,眇不知其所踬。顺风波以从流兮,焉洋洋而为客。凌阳侯之氾滥兮,忽翱翔之焉薄。心絓结而不解兮,思蹇产而不释。将运舟而下浮兮,上洞庭而下江。去终古之所居兮,今逍遥而来东。羌灵魂之欲归兮,何须臾而忘返。背夏浦而西思兮,哀故都之日远。登大坟以远望兮,聊以舒吾忧心。哀州土之平乐兮,悲江介之遗风。当陵阳之焉至兮,淼南渡之焉如?曾不知夏之为丘兮,孰两东门之可芜?心不怡之长久兮,忧与愁其相接。惟郢路之辽远兮,江与夏之不可涉。忽若不信兮,至今九年而不复。惨郁郁而不通兮,蹇侘傺而含戚。外承欢之汋约兮,谌荏弱而难持。忠湛湛而愿进兮,妒被离而鄣之。尧舜之抗行兮,了杳杳而薄天。众谗人之嫉妒兮,被以不慈之伪名。憎愠惀之修美兮,好夫人之慷慨。众踥蹀而日进兮,美超远而逾迈。乱曰:曼余目以流观兮,冀一反之何时?鸟飞反故乡兮,狐死必首丘。信非吾罪而弃逐兮,何日夜而忘之?

——屈原《哀郢》

埙的审美是具有人文精神的"中和"之美,无论是儒家倡导的恬静淡雅的"不偏不倚谓之中,不奇不正谓之和"表达的中和之美,还是道家主张的"法天贵真""道法自然"的审美特征,都和埙的音色相符合。是以,埙是中国古代文人喜爱的乐器。

在纪录片、专题片、影视剧中,均可以用到埙曲。下面是**沈阳音乐学院艺术学院**,艺术传媒系广播电视编导专业《电视音乐艺术》课下作业的文本节选,纪录片《盛京八景之天柱排青》中的两段文字,建议用埙和古琴合奏作为背景音乐。

沿着沈阳旧城往东北十公里处,有一处被遗忘的景致,清代盛京八景之首天柱排青。天柱山下的松树林,依傍着清代开国帝王的陵寝,历经过王朝更替,战火硝烟,阅尽盛京三百余年的沧桑巨变。沿着历史的印迹,寻找天柱山的一抹青葱,寻找镌刻在清福陵草木间的记忆。

伫立于松林与陵寝之间,但闻松涛阵阵,满目苍凉。仿佛看见铁马硝烟,浮生若梦,一代帝王的丰功伟绩在漫漫的历史中化作了过眼云烟。一抹残阳,依然日复一日年复一年地照临着天柱山的清翠。

——张诗扬 作

建议聆听曲目:埙曲可以分成以下四类。一是不加伴奏的古埙曲独奏,二是加入其他民族器乐伴奏的埙曲,三是加入电子音乐伴奏的埙曲,四是用埙演奏当代通俗歌曲。

☆ 星文唱片公司 2003 年 12 月发行的《天唤玄音》埙演奏家张斌独奏专辑。《念残》《归藏》《遁逝》《春山》《夜之妃》《虎符》《叶缘晓露》《灵谷》《渡月》《玉慧》《追日》《月的宅院》十二首埙曲。这张 CD 上收录的埙曲在电子音乐的伴奏之下,变得灵动而悠扬,更符合当代大众的审美趣味。但不适用于纯粹的历史场景描写。

☆ 曹节埙经典作品独奏专辑《独白》,由中央音乐学院北京环球音像出版社发行。其中有埙曲《黄莺吟》《伯牙悼子期》《绵》《苏武牧羊》埙与古筝合奏《暗香》,埙与古琴演奏的《火树银桥》,埙与扬琴合奏的《丝路驿》,埙与古筝演奏的《冷》,埙与琵琶演奏的乐曲《正宫开门》《老酒》《西楼月》《别离》。曹节先生录制的这套光盘中所有曲目都是运用传统器乐和埙搭配进行二重奏,与演奏张斌的埙曲专辑形成不同的艺术风格。

☆ 埙曲《哀郢》由龚国富作曲、赵良山演奏。

☆ 陈悦埙曲《江月初照人》。

(二)典雅飘逸——洞箫

很多朋友是通过影视剧认识洞箫的,电视剧《还珠格格》中,琼瑶笔下那位风流倜傥的箫剑总是随身佩戴箫和剑。"一箫一剑走江湖,千古情愁酒一壶,两脚踏翻尘世路,以天为盖地为庐",塑造出一位翩翩美少年的古典偶像。小说中虚拟的"一箫一剑",在清代末年文人佳句和史料记载中均有体现。

清末诗人龚自珍《漫感》诗中云:"绝域从军计惘然,东南幽恨满词笺。一萧一剑平生意,负尽狂名十五年。"此外,龚自珍还在《湘月·壬申夏泛舟西湖述怀有赋时予别杭州盖十年矣》一词中自陈:"壬申夏,泛舟西湖,述怀有赋,时予别杭州盖十年矣天风吹我,堕湖山一角,果然清丽。曾是东华生小客,回首苍茫无际。屠狗功名,雕龙文卷,岂是平生意。乡亲苏小,定应笑我非计。才见一抹斜阳,半堤香草,顿惹清愁起。罗袜音尘何处觅,渺渺予怀孤寄。怨去吹箫,狂来说剑,两样销魂味。两般春梦,橹声荡入云水。"《己亥杂诗》云:"少年击剑更吹箫,剑气箫心一例消。谁分苍凉归棹后,万千哀乐集今朝。"

关于箫的起源,有两种不同的说法。一说,出自"籁"。《庄子·齐物论》中记载:"汝闻人籁而未闻地籁,女闻地籁而未闻天籁。"晋代郭象注曰:"籁,箫也。"还有一种说法,认为箫出自"龠"。郭沫若《甲骨文字研究·释龢言》:"龠字既象编管。"箫古字为箫龟。《集韵·平萧》中说:"箫,或作箫龟。参差象凤之翼也。"早在《尚书·益稷》中记载的"箫韶九成,凤凰来仪"指排箫。《说文解字》解释:"箫,参差管乐也。象凤之翼。"《五经通义》记载:"箫,编竹为之,长尺五寸。"这些记载都说明唐代以前"箫"多指"排箫"。《通典·乐器》引《世本》云:"箫,舜所造。其形参差象凤翼,十管,长二尺。"《广雅·释乐器》:"箫,大者二十四管,无底;小者十六管,有底。"宋代朱熹在《朱子语类·乐》中记载:"今之箫管,乃是古之笛,云箫方是古之箫,云箫者,排箫也。"

西晋乐工列和、中书监荀勖将笛子改为为 6 孔，前 5 孔后 1 孔，形制与洞箫非常相似。魏晋时期，竖吹的单管箫已有 6 孔，但仍称为"笛"。古代竖笛和横笛常被混淆，音乐家为了将其区分开来，常称排箫为"古箫"。魏晋南北朝时期，箫已用于独奏、合奏，并在伴奏相和歌的乐队中使用。

宋元以后才逐渐把排箫、洞箫、横笛三者较明确地区分开。清代洞箫的形制与今之样式基本相同。清代《律吕正义后编》记载："明时乃直曰箫，不复有竖篴。今箫长一尺八寸弱，从上口吹，有后出孔；笛横吹，无后出孔。"

现在我们说的洞箫，是由一根竹管做成，长约 80 厘米，上端封口的竹节边缘开吹孔，管身开有指孔 6 个，前 5 孔，后 1 孔，无膜孔近尾端有出音孔 2 至 4 个，箫底端为开管。出音孔下面的两个圆孔为助音孔，起到美化音色和增大音量的作用，也可用此孔栓系箫穗为装饰。专业演奏更多使用八孔箫，竹子之间有铜插口，可以转调，方便与乐队的合奏。

箫的音色恬静而柔美，适合表达悠扬、婉转、缠绵、清雅、哀怨、典雅的情绪。中国古代文人墨客对箫的重视，几乎能和古琴相并肩。流传下来的咏箫的诗词、故事举不胜举。与其说箫是表达自身情感的乐器，不如说是借箫的声音来倾诉和排解心中的感悟。

西汉刘向《列仙传》中记载："萧史者，秦穆公时人也，善吹箫，能致孔雀、白鹤于庭。秦穆公有女字，好之，公遂以女妻焉。日教吹箫作凤鸣。居数年，吹似凤声，凤凰来止其屋。公为作凤台，夫妇止其上，不下数年。一旦，皆乘凤凰飞去。故秦人为作凤女祠于雍宫中，时有箫声而已。"

南北朝诗人江总诗云："弄玉秦家女，萧史仙处童。来时兔满月，去后凤楼空。密笑开还敛，浮声咽更通。相期红粉色，飞向紫烟中。"

唐代李白有词《忆秦娥》："箫声咽，秦娥梦断秦楼月。秦楼月，年年柳色，灞陵伤别。乐游原上清秋节，咸阳古道音尘绝。音尘绝，西风残照，汉家陵阙。"

宋代苏轼在《赤壁赋》中写道："桂棹兮兰桨，击空明兮溯流光，渺渺兮予怀，望美人兮天一方。客有吹洞箫者，倚歌而和之。其声呜呜然，如怨如慕，如泣如诉，余音袅袅，不绝如缕。舞幽壑之潜蛟，泣孤舟之嫠妇。苏子愀然，正襟危坐而问客曰：何为其然也？客曰：月明星稀，乌鹊南飞，此非曹孟德之诗乎？西望夏口，东望武昌，山川相缪，郁乎苍苍，此非孟德之困于周郎者乎？方其破荆州，下江陵，顺流而东也，轴舻千里，旌旗蔽空，酾酒临江，横槊赋诗，固一世之雄也，而今安在哉？况吾与子渔樵于江渚之上，侣鱼虾而友麋鹿，驾一叶之扁舟，举匏樽以相属。寄蜉蝣于天地，渺沧海之一粟。哀吾生之须臾，羡长江之无穷。挟飞仙以遨游，抱明月而长终。知不可乎骤得，托遗响于悲风。"

宋姜白石精通音律，擅长演奏洞箫。有诗《过垂红》："自作新词韵最娇，小红低唱我吹箫，曲终过尽松凌渡，回首烟波十四桥。"

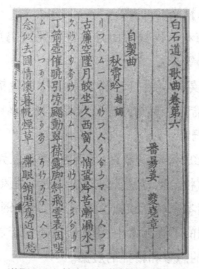

谱例 8-1　姜白石词曲《秋霄吟》节选①

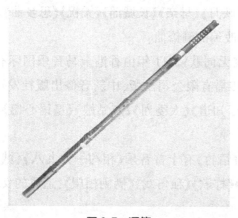

图 8-7　洞箫

① 夏承焘：《姜白石词编年笺注》，北京：中华书局，1958年，首页。

　　建议聆听曲目:洞箫类的传统表演形式有独奏、琴箫合奏(或与琵琶、阮)和民间器乐合奏。在民间器乐合奏时,主要用于江南丝竹、广东粤曲、福建南音、河南板头曲、越剧等民间器乐合奏曲。此外,西洋乐器伴奏的箫曲也非常优美清丽。月下听箫,它那呜咽委婉的音色飘来,小桥、流水、长亭、荒草,感受到音乐之外的故事。

　　传统独奏曲:《妆台秋思》《潇湘八景》《柳摇金》《高山流水》《开金锁》《佛上店》《大金钱》《苦中乐》《上天梯》《孟姜女哭长城》《永寿庵》《山坡羊吧》《寄生草》《三宝歌》《满江红》等。

　　琴箫合奏曲:《梅花三弄》《关山月》《普安咒》《鸥鹭忘机》《平沙落雁》《长门怨》《渔樵问答》等。

　　☆　民族器乐合奏曲:《雨打芭蕉》《平湖秋月》《锦上添花》《崖山哀》《出水莲》《十六板》《合欢令》《梅花操》《八骏马》《百鸟归巢》等。

　　☆　西洋乐器与洞箫:

　　陈悦专辑1:《乱红·箫和钢琴》包括箫曲《梅花三弄》《绿野仙踪》《梦幻欧罗巴》《岫壑浮云》《妆台秋思》《苦雪烹茶》《帘动荷风》。(《乱红》和《爱尔兰晨风》为笛子曲)钢琴家马克和陈悦将一只竹箫和钢琴音色完美结合,在东方智慧和西方文明的不同元素中,带给听者不同于古代传统箫曲的全新感受,可以赋予无尽的想象和精神的震撼。

　　陈悦专辑2:《箫声》《良宵》《在银色的月光下》《掀起你的盖头》《牧歌》《送别》《梅》《二泉映月》《母亲》《长城谣》《梁祝》《思乡曲》。

　　☆　通俗歌曲改编的洞箫曲:

　　陈悦专辑3:《无词歌》2011年由香港金马音乐国际有限公司制作,北京普罗之声文化传播有限公司出版,中新音像出版社发行。收集箫曲《天空》《红豆》《如果云知道》《太委屈》《灰姑娘》《星语心愿》《白丝线》《风铃》《边界1999》。

　　陈悦专辑4:《情竹》有十首音乐《相约一九九八》《城里的月光》《雪中莲》《但愿人长久》《杵歌》《独角戏》《俩俩相望》《追风的女儿》《味道》《采桑小路》。

　　由通俗歌曲改编的洞箫曲,使传统变得更现代,更容易接受。旋律是熟悉的,去掉歌词的表达,更为音乐增添的无限畅想。这样的音乐作为影视背景音乐,适合于多种场景,可以表达抒情、闲逸或是淡淡的忧伤。除此之外,还可以聆听排箫演奏的音乐。由于排箫音乐相对小众化,故在此不加赘述。

(三)玉树临风——笛

笛,俗称"笛子",古代也称"横吹"或者"横笛",属于中国民族木管乐器中的吹孔膜鸣乐器。笛子多由 1 根竹管制成,管身上开 1 个吹孔、1 个膜孔、6 个音孔,尾部 2~4 个出音孔。笛膜多用竹膜做成。笛子的音域约有两个八度,是重要的旋律乐器,多用于独奏,也可参与合奏。

中国先民拥有不可思议的智慧,早在新石器时代,原始人就将飞禽的胫骨穿孔吹奏,用以传递信号。骨笛是笛子的鼻祖。1977 年考古学家在浙江余姚河姆渡出土了骨哨、骨笛,距今约 7000 年;1986 在河南省舞阳县新石器时代早期遗址中发掘出 16 支竖吹骨笛,距今约有 8000 余年历史;1987 年在河南省舞阳县贾湖遗址出土了 7 孔贾湖骨笛,距今约有 9000年,是世界最早的可吹奏乐器。

在中国古代很长一段历史时期,笛、箫、篪、箎是混淆不清楚的相似乐器。《史记》记载:"黄帝使伶伦伐竹于昆谿、斩而作笛,吹作凤鸣。"汉代许慎在《说文解字》有载:"笛,七孔,竹箎也。"

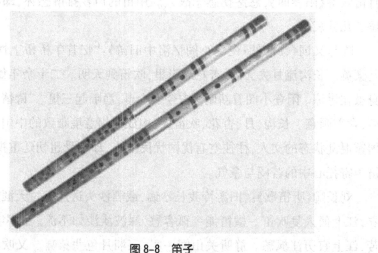

图 8-8 笛子

汉武帝时,笛子也叫"横吹",在鼓吹乐中运用极广。后来笛子又有了改进,增加了膜孔,表现力有了变化。唐代的笛子有大横吹和小横吹之分,竖吹的篪被称为箫,横吹则称之为笛。随着宋词元曲的崛起,笛子成了伴奏吟词唱曲的主要乐器,在民间戏曲演出中,笛子也起到举足轻重的作用。当时民间有种演奏形式叫"鼓笛曲",其中两件重要的乐器就是鼓和笛。元朝以后,笛子逐渐变化,与现代的笛子类似。由于戏曲的蓬勃发展,笛子成为很多剧种的伴奏乐器,并按伴奏剧种不同分为梆笛和曲笛。梆笛,笛身细且短小,音色高亢明亮有力,因主要应用于北方梆子戏曲的伴奏,故名梆笛。曲笛管粗长,音色圆润浑厚,用于昆曲、苏南吹打、潮州笛套锣鼓等戏曲的伴奏。

游子漂泊,闻笛思乡;长亭折柳,笛韵悠悠,这是笛声赋予古人的深情与思念,重温古诗句,依然能感受到百转千回的惆怅。唐代李白的《春夜洛城闻笛》:"谁家玉笛暗飞声,散入春风满洛城。此夜曲中闻折柳,何人不起故园情。"闻笛而感念游子漂泊天涯、此情此景,更加思念故土家园。唐代刘孝孙的《咏笛》云:"凉秋夜笛鸣,流风韵九成。调高时慷慨,曲变或凄清。征客怀离绪,邻人思旧情。幸以知音顾,千载有奇声。"笛声的倾诉即是心声的倾诉,高亢与低沉,皆是竹笛音色,百转千回古今情,所幸得遇几知音!

"紫清人一管,吹在月堂中。雁起雪云夕,龙吟烟水空。虏尘深汉地,羌思边关风,试弄阳春曲,西园桃已红。"这首《笛》是唐代诗人张祜的诗作。竹笛吹奏《阳春曲》,悠悠伤感念故人。用笛的声音排解愁怀,却给听者增添了几分哀思。

陈与义词《临江仙·夜登小阁忆洛中旧游》:"忆昔午桥桥上饮,坐中多是豪英。长沟流月去无声,杏花疏影里,吹笛到天明。二十余年如一梦,此身虽在堪惊。闲登小阁看新晴。古今多少事,渔唱起三更。"诗情中带着笛声,含着画意。长沟、月、杏花、吹笛人,构成一幅意境雅致的中国画。处于国家混乱状态的文人,往往空有忧国忧民之心,却不受超朝廷重视,他们用笛声寄托心中的苦闷与豪气。

刘长卿《听笛歌》:"旧游怜我长沙谪,载酒沙头送迁客。天涯望月自沾衣,江上何人复吹笛。横笛能令孤客愁,绿波淡淡如不流。商声寥亮羽声苦,江上寂历江枫愁。静听关山闻一叫,三湘月色悲猿啸。又吹杨柳激繁音,千里春色伤人心。随风飘向何处落,唯见曲尽平湖深。明发与君离别后,马上一声堪白首。"空留才八斗,怨愤尤未平,这是宦海沉浮的迁客闻笛自伤自悼之音。

"一为迁客去长沙,西望长安不见家。黄鹤楼中吹玉笛,江城五月落梅花。"李白这首《与史郎中钦听黄鹤楼上吹笛》是流放夜郎经过武昌时游黄鹤楼所作,游黄鹤楼听到笛声,更为迁谪之感和去国之情添愁。"落梅花"即是《梅花落》,属于汉代乐府"横吹乐曲",郭茂倩于《乐府诗集》中记载:"梅花落本笛曲也。"《乐府题解》:"汉'横吹曲'共28节,李延年造,魏晋后仅有18首乐曲,其余全部失去传。"

赵暇《闻笛清》:"谁家吹笛画楼中,断续声随断续风。响遍行云横碧落,请和冷月到帘栊。兴来三弄有桓子,赋就一篇怀马融。曲罢不知人在否,余音嘹亮尚飘空。"诗句从听觉感受入手,间接评价笛声的魅力。吹笛人的情感随着断断续续的风儿,吹奏出悠扬断续的笛声。笛子的声音是具有穿透力的,声音仿佛能够传入碧空,即便音乐结束,余音袅袅依旧萦绕心中。

南宋著名词人音乐家姜白石有《暗香》句:"旧时月色,算几番照我,梅边吹笛?唤起玉人,不管清寒与攀摘。何逊而今渐老,都忘却、春风词笔。但怪得、竹外疏花,香冷入瑶席。江国,正寂寂。叹寄与路遥,夜雪初积。翠尊易泣,红萼无言耿相忆。长记曾携手处,千树压、西湖寒碧。又片片、吹尽也,几时见得?"

南宋末年诗人、词人、宫廷音乐家汪元量,宋廷降元,他以宫廷琴师的身份随皇室北上,亲身历经了南宋灭亡,目睹了南宋末年的亡国凄凉。汪元量有词《好事近》:"独倚浙江楼,满耳怨筝哀笛。犹有梨园声在,念那人天北。海棠憔悴怯春寒,风雨怎禁得。回首华清池畔,渺露芜烟荻。"汪元量耳中的笛声,是悲戚凄凉的,往事不堪回首,音乐将内心的情感完全宣泄出来。

"天山雪后海风寒,横笛遍吹《行路难》,碛里征人三十万,一时回首月中看。"那是黄昏,夕阳的余晖笼罩着茫茫的大漠,在残破的古城中,在秋风萧瑟的边关,回响着一支支清旷悠远的笛声,诉说着人生中的迷离风景和风景中深重低沉的呜咽。横笛遍吹诉哀怨,皓月黄沙冷关山。那是驻守边关的将士在思念故土。边塞诗人李益的《从军北征》将戍边将士的荒寒苦怨、思家念亲之情渲染得格外悲壮动人。遥想皓月当空,边关夜冷。笛声凄凉,数十万将士闻笛感怀。

建议聆听曲目:

☆ 传统曲目:《小放牛》《鹧鸪飞》《欢乐歌》《中花六板》《云庆》《三六》《梅花三弄》《早晨》《西皮花板》《五梆子》《喜相逢》《放风筝》《对花》《闹花灯》《茉莉花》《柳青娘》《荫中鸟》。

☆ 笛子新作品:《山寨孩子的梦》《再回到从前》《三五七》《牧笛》《延边之春》《幽兰逢春》《粤海欢歌》《庆丰收》《牧民新歌》《黄莺亮翅》《苗岭的早晨》《乱红》。

☆ 曲笛演奏的电视连续剧《红楼梦》插曲十首。包括《引子》《葬花吟》《分骨肉》《叹香菱》《晴雯曲》《红豆曲》《题帕三绝》《秋窗风雨夕》《枉凝眉》《聪明累》。

☆ 通俗歌曲改编的笛子曲:《忘情水》《梦里水乡》《青春舞曲》《中华民谣》《春天的故事》《星语心愿》《青藏高原》《小河淌水》《一剪梅》。

(四)曲小腔大——唢呐

唢呐,又称喇叭,金元时期由波斯传入我国。据现有史料记载,唢呐在明代正德年间已经普遍被使用。曹禺在剧本《北京人》的第三幕中写道:"外面忽然传来一阵非常热闹的吹吹打打的锣鼓唢呐声,掩住了风声。"是的,唢呐的音乐审美功能和实用价值并存。沈从文先生在《萧萧》中说:"乡下人吹唢呐接媳妇,到了十二月是成天有的事情。"乡村城市中的红白喜事,唢呐都能派上用场。今天的东北地区,唢呐依然是秧歌的主要伴奏乐曲。

其实,唢呐在传入中土后,还曾经有一个军事的用途。明代武将戚继光曾在《纪效新书·武备志》中说:"凡掌号笛,即是吹唢呐。"明·王圻在《三才图会》中写道:"锁奈,其制如喇叭,七孔,首尾以铜为之,管则用木。""当军中之乐也,今民间多用之。"明代弘治间,朝鲜修篆的《乐学轨范》中写道:"唢呐制与喇叭……不知起于何代,当是军中之乐也,今民间多用之。"至明代后期,唢呐开始在戏曲音乐中出现,用以伴奏唱腔、吹奏过场曲牌。清代称唢呐为"苏尔奈",隶属于宫廷《回部乐》。

明朝王磐《朝天子·咏喇叭》用唢呐来讽刺当时社会官员黑暗的时政:

"喇叭，唢呐，曲儿小，腔儿大。来往官船乱如麻，全仗你抬身价。军听了军愁，民听了民怕，哪里去辨什么真共假？眼见得吹翻了这家，吹伤了那家，只吹得水尽鹅飞罢。"

推荐聆听曲目：

☆ 唢呐音色高亢洪亮，适合表现欢庆、热烈的情感，还可以模仿鸟叫和人声演奏。唢呐演奏曲目有《沸腾的黄土地》《百鸟朝凤》《一枝花》《.社庆》《二人转牌子曲》《招财进宝》《夺丰收》《凤阳歌绞八板》《卖杂货》《青天歌》《喜开镰》《评戏》《淘金令》《家乡情》《送新娘》《伊犁赛乃姆》等。此外，《好汉歌》《今天是个好日子》《十送红军》《猪八戒背媳妇》等由歌曲改编而成的唢呐曲也深受大众喜爱。

☆ 专辑《唢呐新风情》，是 2005 年由广州音像发行的唢呐专辑。由唢呐搭配流行电子音乐而制作的。共有 11 首乐曲，分别是《潮州大锣鼓》《百鸟朝凤》《抬花轿》《招财进宝》《婚礼曲》《入洞房》《喜庆》《小拜年》《样样好》《财神到》《新年喜洋洋》。

唢呐曲的音色特点鲜明，是坝、笛、箫等吹奏乐器所不能替代的。《猪八戒背媳妇》这段影视插曲用唢呐演奏出来，表现出猪八戒娶亲时喜气洋洋、滑稽而欢快的一幕。每次听到这段音乐，憨态可掬的八戒形象一下子浮现在眼前。试想，如果这首乐曲用别的民族乐器演奏，会是什么效果呢？用古筝弹奏这段曲子，虽然运用上滑音、下滑音、回滑音等技巧，但滑稽味儿全都消失了。相对来说，二胡演奏的《猪八戒背媳妇》比较有欢快滑稽的特色。用唢呐演奏的《水浒传》主题曲《好汉歌》，能把梁山好汉的粗犷和豪气表现的淋漓尽致。唢呐曲《百鸟朝凤》细腻模仿各种鸟的鸣叫声，欢快而热烈。

具有传统风格的唢呐音乐，经常和锣鼓一起演奏，在唢呐专辑《唢呐新风情》中，加入电子音乐后，冲淡了一些"土香土色"的味道，多了一些现代元素，更贴近当代城市居民的审美趣味。在拍摄剧情片的时候，如果有合适的场景，恰当使用唢呐音乐，能够达到事半功倍的效果。

(五)民族风情——葫芦丝与巴乌

葫芦丝是云南少数民族乐器，主要流传于云南滇西傣族、布朗族、德昂族。葫芦丝由葫芦笙演进改造而成，它的历史可追溯到先秦时代。巴乌是流行于中国云南地区的彝族、苗族、哈尼族常用之乐器。哈尼族称"各比"，彝族称"比鲁"或"乌勒"，侗族称"拜"。巴乌可以独奏、合奏，音色跟竹子的长短粗细有关系，有高音、中音和低音巴乌。

葫芦丝和巴乌音色悠扬婉转，具有云南地域特色。独奏曲目有《多情的巴乌》《桐乡之恋》《月夜》《竹楼情歌》《婚誓》《傣族情歌》《渔歌》《美丽的金孔雀》《有一个美丽的地方》《月光下的凤尾竹》等。

葫芦丝和巴乌还擅长演奏歌曲改编的器乐曲，如《军港之夜》《牧羊曲》《神话》《康定情歌》《蝴蝶泉边》《小河淌水》《涛声依旧》《绿岛小夜曲》《映山红》《山歌好比春江水》等。

在为剧情类电视节目选择音乐的时候，葫芦丝和巴乌乐曲有一定的局限性。它们那熟悉的音色过于民族化，适用性自然减弱。例如我们做一期新闻深度报道节目，深入到东北某乡村进行采访，节目的背景音乐如果选择葫芦丝或巴乌，即便演奏的乐曲本身不是云南民歌，也会给人以不伦不类的感觉。

二、中国民族弹拨乐器

(一)七弦泠泠——古琴

古琴是具有千年文化传承的乐器，在历代文人中享有崇高的地位，列于"琴棋书画"之首位。是以，文人墨客笔下的关于古琴的轶事特别多，以古琴为题材的诗词歌赋更是层出不穷，延续至今。《琴当序》中记载："伏羲之琴，一弦，长七尺二寸。"桓谭《新论》中记载："神农之琴以纯丝为弦，刻桐木为琴。"

古琴长约三尺六寸五，象征一年365天或周天365度。宽约六寸，厚约二寸。前广后狭，象征尊卑之别。古琴面呈弧形，底部扁平，分别象征天地。琴有头、颈、肩、腰、尾、足。相传古琴最初只有五根弦，与五行(金、木、水、火、土)五音(宫、商、角、徵、羽)和五种社会等级(君、臣、民、事、物)相合。后因周文王囚于羑里，念其子伯邑考，加弦一文弦，武王伐纣加一根武弦，成为七弦琴,也称文武七弦琴。琴底部有大小两个音槽,曰"龙池",曰"凤沼"。十三徽分别象征十二月,而居中最大之徽代表君象征闰月。七根琴弦上起承露部分,经岳山、龙龈,转向琴底"雁足",暗合天上七星。古琴有三种音色,泛音法天,散音法地,按音法人,分别象征天、地、人之和合。

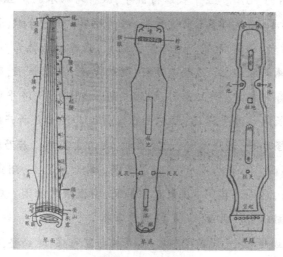

图8-9　古琴图[1]

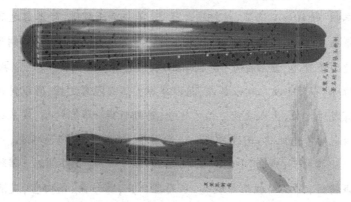

图8-10　蕉叶式古琴　著名斫琴师张玉新制[2]

　　琴之珍贵,在古代文人笔下多有记载。嵇康《琴赋》中详细记载了古琴从选料到制作,再到演奏的过程。

[1] 张子盛:《琴学门径》,北京:中国书店,2006年,第1页。
[2] 张子盛:《琴学门径》,北京:中国书店,2006年,第1页。

……众器之中，琴德最优。故缀叙所怀，以为之赋。惟椅梧之所生兮，托峻岳之崇冈。披重壤以诞载兮，参辰极而高骧。含天地之醇和兮，吸日月之休光。郁纷纭以独茂兮。飞英蕤于昊苍。夕纳景于虞渊兮，旦晞干于九阳。经千载以待价兮，寂神跱而永康。且其山川形势，则盘纡隐深，磪嵬岑嵓。亘岭巉岩，岝崿岖巇。丹崖嶮巇，青壁万寻。若乃重巘增起，偃蹇云覆。邈隆崇以极壮，崛巍巍而特秀。蒸灵液以播云，据神渊而吐溜。尔乃颠波奔突，狂赴争流。触岩抵隈，郁怒彪休。汹涌腾薄，奋沫扬涛。瀄汩澎湃，蚖蝫相纠。放肆大川，济乎中州。安回徐迈，寂尔长浮。澹乎洋洋，萦抱山丘。详观其区土之所产毓，奥宇之所宝殖，珍怪琅玕，瑶瑾翕葩，丛集累积，奂衍于其侧。若乃春兰被其东，沙棠殖其西。涓子宅其阳，玉醴涌其前。玄云荫其上，翔鸾集其巅。清露润其肤，惠风流其间。竦肃肃以静谧，密微微其清闲。夫所以经营其左右者，固以自然神丽，而足思愿爱乐矣。

于是遁世之士，荣期绮季之畴，乃相与登飞梁，越幽壑，援琼枝，陟峻崿，以游乎其下。周旋永望，邈若凌飞，邪睨昆仑，俯阚海湄。指苍梧之迢递，临回江之威夷。悟时俗之多累，仰箕山之余辉。美斯岳之弘敞，心慷慨以忘归。情舒放而远览，接轩辕之遗音。慕老童于騩隅，钦泰容之高吟。顾兹梧而兴虑，思假物以托心。乃斫孙枝，准量所任。至人摅思，制为雅琴。乃使离子督墨，匠石奋斤，夔襄荐法，般倕骋神。镂会襄厕，朗密调均。华绘雕琢，布藻垂文。错以犀象，籍以翠绿。弦以园客之丝，徽以钟山之玉。爰有龙凤之象，古人之形。伯牙挥手，钟期听声。华容灼爠，发采扬明，何其丽也！伶伦比律，田连操张。进御君子，新声慥亮，何其伟也。

及其初调，则角羽俱起，宫徵相证，参发并趣，上下累应。踸踔磥硌，美声将兴，固以和昶而足耽矣。尔乃理正声，奏妙曲，扬白雪，发清角。纷淋浪以流离，奂淫衍而优渥。粲奕奕而高逝，驰岌岌以相属。沛腾遌而竞趣，翕韡晔而繁缛。状若崇山，又象流波。浩兮汤汤，郁兮峨峨。怫烦冤，纡余婆娑。陵纵播逸，霍濩纷葩。检容授节，应变合度。兢名擅业，安轨徐步。洋洋习习，声烈遐布。含显媚以送终，飘余响乎泰素。

——嵇康《琴赋》

先秦时期,古琴除用于郊庙祭祀、朝会、典礼等雅乐外,一度盛兴于民间,深得人们喜爱,用以抒情咏怀。关于这一点,我们可以从当时的民间诗歌集《诗经》中得到印证。《诗经·周南·关雎》:"窈窕淑女,琴瑟友之";《诗经·小雅·常棣》:"妻子好合,如鼓瑟琴";《诗经·小雅·鼓钟》:"鼓钟钦钦,鼓瑟鼓琴";《诗经·小雅·甫田》:"琴瑟击鼓,以御田祖";《诗经·鄘风·定之方中》:"椅桐梓漆,爰伐琴桑";《诗经·郑风·女曰鸡鸣》:"琴瑟在御,莫不静好"。

古琴最早的文字琴谱是唐初的《碣石调·幽兰》。盛唐时期,琴家曹柔在前人的工作基础上,首创了古琴减字谱。后来几经改进,形成现在的减字谱,为古琴琴谱的发展,奠定了坚实的基础。减字谱,即是将中国文字简化缩写,将简化后的内容重新组合成一种复合文字,来记载左右手的指法、徽位、弦序一系列内容的琴谱。后来,减字琴谱在历代琴家的改良下越来越完善,但都未离开曹柔减字谱的基础。

存见最早的大型古琴谱,是明初的《神奇秘谱》。另外还有明清及以后的主要的琴谱:《梧岗琴谱》《西麓堂琴统》《琴书大全》《松弦馆琴谱》《大还阁琴谱》《松风阁琴谱》《澄鉴堂琴谱》《德音堂琴谱》《蓼怀堂琴谱》《五知斋琴谱》《春草堂琴谱》《龙吟馆琴谱》《自远堂琴谱》《张鞠田琴谱》《与古斋琴谱》《琴学丛书》《琴学入门》《蕉庵琴谱》《天闻阁琴谱》《枯木禅琴谱》《研易斋琴谱》《理琴轩琴谱》《天风琴谱》等。

李渔在《闲情偶寄》中写道:"伯牙不遇子期,相如不得文君,尽日挥弦,总成虚鼓。……花前月下,美景良辰,值水阁之生凉,遇绣窗之无事,或夫唱而妻和,或女操而男听,或两声齐发,韵不参差。无论身当其境者俨若神仙,即化成一幅合操图,亦足令观者销魂……"。

下面这首选自《梅庵琴谱》的《凤求凰》,是一首可以弹唱的琴歌。

> "有美人兮,见之不忘。一日不见兮,思之如狂。凤飞翱翔兮,四海求凰。无奈佳人兮,不在东墙。将琴代语兮,聊写衷肠。何日见许兮,慰我彷徨。愿言配德兮,携手相将。不得於飞兮,使我沦亡。"
>
> ——琴歌《凤求凰》

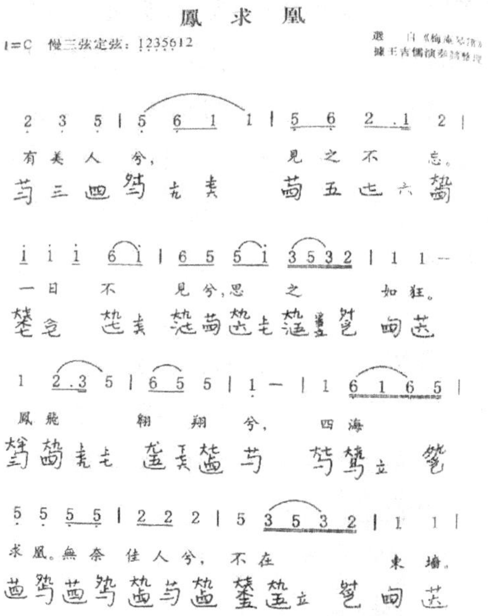

谱例 8-2　古琴减字谱《凤求凰》

谱例 8-3　古琴减字谱《凤求凰》①

① 张子盛:《琴学门径》,北京:中国书店,2006 年,第 58 页。

相传司马相如为追求卓文君，弹琴唱《凤求凰》曰："凤兮凤兮归故乡，遨游四海求其皇。时未遇兮无所将，何悟今兮升斯堂！有艳淑女在闺房，室迩人遐毒我肠。何缘交颈为鸳鸯，胡颉颃兮共翱翔！皇兮皇兮从我栖，得托孳尾永为妃。交情通意心和谐，中夜相从知者谁？双翼俱起翻高飞，无感我思使余悲。"

《广陵散》是魏晋名士、竹林七贤之一嵇康临刑前弹奏的一曲绝曲。《广陵散》乐谱全曲共有 45 个乐段，现存曲谱，最早见于明代朱权编印的《神奇秘谱》。谱中有关于"刺韩""冲冠""发怒""报剑"标注。琴曲的内容据说是讲述战国时期聂政为父报仇，刺杀韩王的故事。其旋律慷慨而激愤，时而带有杀伐之意。一曲《广陵散》弹罢，一代名士嵇康从容就刑，时年仅 39 岁。《世说新语·雅量第六》中记载："嵇中散（嵇康）临刑东市，神气不变，索琴弹之，奏《广陵散》。曲终，曰：'袁孝尼尝请学此散，吾靳固不与，《广陵散》于今绝矣！'太学生三千人上书，请以为师，不许。文王亦寻悔焉。"

唐代李白留下大量的诗、词和文学作品，其中不乏描写古琴的作品。《听蜀僧浚弹琴》："蜀僧抱绿绮，西下峨眉峰。为我一挥手，如听万壑松。客心洗流水，馀响入霜钟。不觉碧山暮，秋云暗几重。"《月夜听卢子顺弹琴》："闲坐夜明月，幽人弹素琴。忽闻《悲风》调，宛若《寒松》吟。白雪乱纤手，绿水清虚心。钟期久已没，世上无知音。"

图8-11　清代古琴大春雷

张祜《听岳州徐员外弹琴》："玉律潜符一古琴，哲人心见圣人心。尽日南风似遗意，九疑猿鸟满山吟。"白居易《听幽兰》："琴中古曲是幽兰，为我殷勤更弄看。欲得身心俱静好,自弹不及听人弹。"诗中,一者将琴比"圣人""哲人",一者将琴比"幽兰",将古琴音乐升华之极高处。

琴声去浮躁,淡繁华,弹奏中和之音,俗世知音难觅。刘长卿《听弹琴》:"泠泠七丝上,静听松风寒。古调虽自爱,今人多不弹。"刘长卿笔下的"古调",即是古琴之淳朴纯真之音。

白居易《废琴》:"丝桐合为琴,中有太古声。古声淡无味,不称今人情。玉徽光彩灭,朱弦尘土生。废弃来已久,遗音尚泠泠。不辞为君弹,纵弹人不听。何物使之然?羌笛与秦筝。"放置已久的古琴已布满尘埃,泠泠之音不如笛子和古筝那样悦耳动人,"六弦君子"拥有的气节与傲骨,是甘于平淡,甘于平凡,而不苟合于繁华锦簇之音。

曹雪芹先生在小说《红楼梦》里,描写黛玉弹琴时吟唱的琴歌四章:"风萧萧兮秋气深,美人千里兮独沉吟。望故乡兮何处,倚栏杆兮涕沾襟。山迢迢兮水长,照轩窗兮明月光。耿耿不寐兮银河渺茫,罗衫怯怯兮风露凉。子之遭兮不自由,予之遇兮多烦忧。之子与我兮心焉相投,思古人兮俾无尤。人生斯世兮如轻尘,天上人间兮感夙因。感夙因兮不可辍,素心如何天上月。"

建议聆听曲目:

☆ 古琴曲:《长相思》《秋风辞》《阳关三叠》《良宵引》《湘江怨》《关山月》《酒狂》《流水》《庄周梦蝶》《洞庭秋思》《普庵咒》《山中思友人》《平沙落雁》《忆故人》《醉渔唱晚》《欸乃》《沧海龙吟》《梅花三弄》《山居秋暝》《夜雨南窗》《广陵散》。

☆ 专辑《空山寂寂》2010 年天津市文化艺术音像出版社出版。该专辑有 10 首乐曲:古琴、箫、巴乌合奏曲《空山寂寂》,古琴、箫、大提琴合奏《崖下栖心》,古琴、箫、排箫合奏曲《岭头山色》,古琴、箫、排箫合奏曲《细雨松涛》,古琴、箫、排箫合奏曲《寒窗读夜》,古琴、箫、大提琴合奏《晚风夕霞》,古琴、箫、排箫合奏《梵声万里》,古琴、箫、琵琶合奏《箫中妙韵》,古琴、箫、巴乌合奏《无来无去》,古琴、箫、双簧管合奏《枯木寻禅》。

(二)风流雅韵——古筝

古筝是历史悠久的中国传统弹拨乐器,相传始于秦代。有一种传说,是由蒙恬所造,汉代应邵《风俗通》记载:"筝,谨按《礼乐记》,五弦,筑身也。

今并、凉二州筝形如瑟,不知谁所改作也。或曰蒙恬所造。"

李斯《谏逐客书中》述及秦国乐舞的一段说:"夫击瓮,叩缶、弹筝、搏髀,而歌呜呜快耳者。真秦之声也。郑卫桑间,韶虞、武象者,异国之乐也。今弃叩缶、击瓮而就症卫,退弹筝而取韶虞,若是者何也?快意当前,适观而已矣。"

唐代的杜佑在《通典·乐四》中记载:"筝,秦声也。傅玄《筝赋序》曰:'以为蒙恬所造'。今观其器,上崇似天,下平似地,中空准六合,弦柱拟十二月,设之则四象在,鼓之则五音发,斯乃仁智之器,岂蒙恬亡国之臣关思哉。"并有附注说:"今清乐筝并十有二弦,他乐肯十有三弦。轧筝,以竹片润其端而轧之。弹筝用骨爪,长寸余,以代指。"

由上述史料记载可见,我国秦代时候已经有筝,而且开始用义甲弹拨丝弦。刘熙《释名》中:"筝,施弦高,筝筝然。"刘熙认为筝的名字来源与它的音色,弹拨丝弦的筝筝声音为古筝命名。

在经历了汉代十二弦、唐宋十三弦、元代十八弦、二十一弦、二十三至二十六弦,现在我们看到的普及性古筝已经基本定型为二十一弦。筝的流派主要有山东筝派、河南筝派、陕西筝派、浙江筝派、潮州筝派、客家筝派、福建筝派、内蒙的雅托葛和朝鲜的伽椰琴。

两汉魏晋时期,众多文学家创作了《筝赋》,如后汉侯瑾,三国阮瑀,西晋傅玄,东晋顾恺之、贾彬、陈窈、梁简文帝萧纲、陈顾野王等,共计八篇,在同时代乐器赋中数量为最。

于是急弦促柱,变调改曲,卑杀纤妙,微声繁缚。散清商而流转兮,若将绝而复续,纷旷落以繁奏,逸遗世而越俗。若乃察其风采,练其声音,美哉荡乎,乐而不淫。虽怀恩而不怨,似幽风之遗音。于是雅曲既阔,郑卫仍倚,新声顺变,妙弄优游。微风漂裔,冷气轻浮,感悲音而增叹,怆噭悴而怀愁。若乃上感天地,千动鬼神。享祀视宗,酬酢嘉宾,移风易俗,混同人伦,莫有尚于筝者矣。

——后汉·侯瑾《筝赋》

听鸣筝之弄响,闻兹弦之一弹,足使客游恋国,壮士冲冠,若夫楚王怡荡,杨生娱志,小国寡民,督邮无事,乃有燕馀丽妾,方桃譬李,本住南城，经居东里，度玲珑之曲阁，出翡翠之香帷，腕凝纱薄，佩重行迟，尔乃促筵命友，衔觞置酒，耳热眼花之娱，千金万年之寿，白日蹉跎，时淹乐久，玩飞花之度窗，看春风之入柳，命丽人於玉席，陈宝器於纨罗，抚鸣筝而动曲，譬轻薄之经过，若夫钧竿复发，峡蝶初挥，动玉匣之余怨，鸣阳乌之始飞，逐东趋于郑女，和西舞于荆妃，使长廊之瓦虚坠，梁上之尘染衣。

——梁简文帝萧纲《筝赋》

梁朝沈约有《咏筝》诗云："秦筝吐绝调，玉柱扬清曲。弦依高张断，声随妙指续。徒闻音绕梁，宁知颜如玉。"唐代李峤《筝》："蒙恬芳轨没，游楚妙弹开，新曲帐中发，清音指下来。钿装模六律，柱列配三才，莫听西秦奏，筝筝有剩哀。"白居易《夜筝》："紫袖红弦明月中，自弹自感暗低容。弦凝指咽声停处，别有深情一万重。"

建议聆听曲目：

☆　传统筝曲《上楼》《下楼》《打雁》《高山流水》《苏武思乡》《陈杏元和番》《陈杏元落院》《山坡羊》《新开板》《汉江韵》《闹元宵》《琴韵》《风摆翠竹》《夜静銮铃》《书韵》《四段锦之清风弄竹》《四段锦之山鸣谷应》《四段锦之小溪流水》《四段锦之普天同庆》《天下同》《汉宫秋月》《高山流水》《秋思曲》《过江龙》《寒鸦戏水》《粉蝶采花》《浪淘沙》《柳青娘(轻六调)》《柳青娘(重六调)》《柳青娘(活五调)》《粉红莲》《春涧流》《出水莲》《昭君怨》《崖山哀》《蕉窗夜雨》《水上鸥盟》《雪雁南飞》《杜宇魂》《散楚词》《薰风曲》《怀古》《翡翠登潭》《琵琶词》《单点头乱插花》《四合如意》《三十三板》《云庆》《高山流水》《月儿高》《将军令》《扫雪》《道情》《凄凉曲》《姜女泪》《秦桑曲》等。

☆　创作筝曲《打虎上山》《井冈山上太阳红》《东海渔歌》《林冲夜奔》《铁马吟》《山丹丹开花红艳艳》《雪山春晓》《伊犁河畔》《月夜情歌》《瑶族舞曲》《西域随想》《竹楼听雨》等。

☆　古筝协奏曲《云裳诉》《临安遗恨》等。

(三)珠落玉盘——琵琶

琵琶又称"批把",汉代刘熙在《释名·释乐器》中这样记载:"批把本出于胡中,马上所鼓也。推手前曰批,引手却曰把,象其鼓时,因以为名也。"《隋书·音乐志》中说:"今曲项琵琶,竖头箜篌之徒,并出自西域,非华夏旧器。"

晋代阮咸善奏竖抱用手弹奏的琵琶,后人以其名相称,即今天的阮。在隋唐第九第十部乐中,曲项琵琶已成为主要乐器,敦煌壁画和云冈石刻中可以见到。至公元五六世纪,从中亚地区传入的曲项琵琶,形状为曲颈,梨形音箱,有四柱四弦,横抱琵琶用拨子演奏。现代的琵琶就是由这种曲项琵琶演变发展而来的。至唐代,琵琶成为市民音乐中一件非常流行的乐器,上至宫廷乐队,下至民间演唱,琵琶得到了极大的普及。至唐代末年,琵琶的演奏技法和制作构造上都有一定改变。最大的演奏改变是由横抱演奏变为竖抱演奏,由手指直接演奏取代了用拨子演奏。

图 8-12　琵琶

《乐府录》记载："唐贞元中，长安大旱，诏移两地祈雨。街东有康昆仑，琵琶号为第一手，自谓街西无己敌也。盖楼弹新翻调《绿腰》。及度曲，街西亦出一女郎，抱乐器登楼弹之，移在枫香调中，妙技入神。昆仑大惊，请与相见，欲拜之为师。女郎更衣出，乃庄严寺段师善本也。德宗闻名，召加奖赏，即令昆仑弹一曲。参师曰'本领何杂耶？兼带耶声'昆仑拜曰'段师神人也'。德宗诏授康昆仑。参师奏曰'请昆仑不近乐器十数年，忘其本领，然后可授'。"可见唐代市民对琵琶音乐的喜爱程度，琵琶演奏家技艺之高超。唐代白居易曾留下千古名篇《琵琶行》。

元和十年，予左迁九江郡司马。明年秋，送客湓浦口，闻舟中夜弹琵琶者，听其音，铮铮然有京都声。问其人，本长安倡女，尝学琵琶于穆、曹二善才，年长色衰，委身为贾人妇。遂命酒，使快弹数曲。曲罢悯然，自叙少小时欢乐事，今漂沦憔悴，转徙于江湖间。予出官二年，恬然自安，感斯人言，是夕始觉有迁谪意。因为长句，歌以赠之，凡六百一十六言，命曰《琵琶行》。诗曰："浔阳江头夜送客，枫叶荻花秋瑟瑟。主人下马客在船，举酒欲饮无管弦。醉不成欢惨将别，别时茫茫江浸月。忽闻水上琵琶声，主人忘归客不发。寻声暗问弹者谁？琵琶声停欲语迟。移船相近邀相见，添酒回灯重开宴。千呼万唤始出来，犹抱琵琶半遮面。转轴拨弦三两声，未成曲调先有情。弦弦掩抑声声思，似诉平生不得志。低眉信手续续弹，说尽心中无限事。轻拢慢捻抹复挑，初为《霓裳》后《六幺》。大弦嘈嘈如急雨，小弦切切如私语。嘈嘈切切错杂弹，大珠小珠落玉盘。间关莺语花底滑，幽咽泉流冰下难。冰泉冷涩弦凝绝，凝绝不通声暂歇。别有幽愁暗恨生，此时无声胜有声。银瓶乍破水浆迸，铁骑突出刀枪鸣。曲终收拨当心画，四弦一声如裂帛。东船西舫悄无言，唯见江心秋月白。沉吟放拨插弦中，整顿衣裳起敛容。自言本是京城女，家在虾蟆陵下住。十三学得琵琶成，名属教坊第一部。曲罢曾教善才服，妆成每被秋娘妒。五陵年少争缠头，一曲红绡不知数。钿头银篦击节碎，血色罗裙翻酒污。今年欢笑复明年，秋月春风等闲度。弟走从军阿姨死，暮去朝来颜色故。门前冷落鞍马稀，老大嫁作商人妇。商人重利轻别离，前月浮梁买茶去。去来江口守空船，绕船月明江水寒。夜深忽梦少年事，梦啼妆泪红阑干。我闻琵琶已叹息，又闻此语重

唧唧。同是天涯沦落人,相逢何必曾相识。我从去年辞帝京,谪居卧病
浔阳城。浔阳地僻无音乐,终岁不闻丝竹声。住近湓江地低湿,黄芦苦
竹绕宅生。其间旦暮闻何物?杜鹃啼血猿哀鸣。春江花朝秋月夜,往往
取酒还独倾。岂无山歌与村笛?呕哑嘲哳难为听。今夜闻君琵琶语,如
听仙乐耳暂明。莫辞更坐弹一曲,为君翻作《琵琶行》。感我此言良久
立,却坐促弦弦转急。凄凄不似向前声,满座重闻皆掩泣。座中泣下谁
最多?江州司马青衫湿。"

——白居易《琵琶行》

图 8-13　山西曲沃县元代琵琶俑①

☆　建议聆听曲目:著名的传统乐曲有《十面埋伏》《霸王卸甲》《浔阳月
夜》《阳春白雪》《月儿高》《春雨》《彝族舞曲》《昭君出塞》《夕阳箫鼓》《大浪
淘沙》《赶花会》《飞花点翠》《天鹅》《狼牙山五壮士》《草原英雄小姐妹》《海
青拿天鹅》《汉宫秋月》《青莲乐府》《塞上曲》《阳春白雪》《高山流水》《龙
船》《飞花点翠》《新翻羽调绿腰》《天山之春》《火把节之夜》《渭水情》等。

---

① 郑祖襄:《中国古代音乐史》,北京:高等教育出版社,2008 年,书后图片。

☆　赵聪专辑《聆听中国·月舞》,由环球唱片发行于 2008 年。包括《春江花月夜》《新编十面埋伏》《东方丽人》《放马山歌》《牧》《天海蓝蓝》《月舞》《夜雨双唱》《青春舞曲》《玫瑰花》十首乐曲。此外,赵聪专辑《卡门》中,琵琶语吉他合奏,能感受到另一种音乐的美。曲目有《丝绸之路》《南海姑娘》《哈巴涅拉舞曲》《彝族舞曲》《月亮河》《江南印象》《浏阳河》《深情的吻》《琵琶吟》《茉莉花》《从归苏莲托》。

☆　林海作曲、蒋彦演奏的专辑《琵琶相》由风潮有声出版公司出版,是深受专业人士和普通受众喜欢的琵琶专辑之一。《一个陌生女人的来信》插曲《琵琶语》的艺术价值甚至超越了电影作品本身。此外还有《踏古》《凡人歌》《秋月夜》《对歌》《渡红尘》《欢沁》《暮色》《返璞》《声声思》《探寻》《弄云》。

(四)活泼优美——柳琴

柳琴,又称柳叶琴、金刚腿、土琵琶。曾经流行于苏、鲁、皖等省。在中国民族乐队中,柳琴是弹拨类乐器组的高音乐器,有独特的声响效果,常常演奏高音区重要的主旋律。它既适于演奏欢快、对比强烈、节奏鲜明、富有弹性和活泼的曲调,也适于演奏优美、抒情的旋律,在乐队中能与琵琶、阮、筝和二胡等乐器默契地合作。

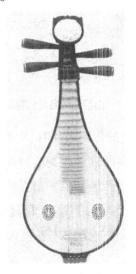

图 8-14　柳琴

建议聆听作品:《江月琴声》《春到沂河》《雨后庭院》《剑器》《故土情愫》《金色的炉台》《节日的拉萨》《田野琴声》《南疆舞曲》《欢腾的天山》《草原抒怀》《春情》等柳琴作品。

(五)名垂千古——阮咸

相传汉武帝元鼎二年汉武帝之乌孙公主出嫁前,乐工们创制了一种能在马上弹奏的乐器,圆形音箱、直柄、十二柱、四弦,当时称"秦琵琶"。也有人认为,阮是汉民族自己创造的一种圆体、直项、四弦、十二柱的乐器。西晋竹林七贤之阮咸善弹此种琵琶,此琴因此得名阮咸。

图 8-15 阮咸

据《新唐书·元行冲》载:"唐武则天时,蜀人蒯朗在古墓中得铜器,身正圆似琵琶,与《竹林七贤图》中阮咸所弹乐器相似。"元行冲认为:"此阮咸所作器也,命易之木,弦之,其声高雅,乐家遂谓之阮咸。"唐代的阮有四弦、十三柱,发展得已比较完善。在唐代的《清商乐》和《西凉乐》中,阮咸也是主要的乐器之一。唐代白居易曾在诗中形象地描绘阮的音色纯厚圆润。宋代,阮咸简称为阮,阮咸由四弦增至五弦。宋代张镃在《鹧鸪天·咏阮》:"不似琵琶不似琴,四弦陶写晋人心。指尖历历泉鸣涧,腹上锵锵玉振金。天外曲,月边音。为君转轴拟秋砧。又成雅集相依坐,清致高标记竹林。"现在我们看到的中阮和大阮,既适于独奏,也适于合奏或伴奏,在乐队中常给二胡、板胡、笛子和唢呐等乐器伴奏。

(六)高贵典雅——箜篌

箜篌是一种拨弦乐器。名称来自古代西域的译名。弦数因乐器大小而不同,最少的 5 根弦,最多的 23 根弦,据《李凭箜篌引》中曰:"十二门前融冷光,二十三丝动紫皇。"说明当时的箜篌是 23 根弦。中国古代有竖箜篌、卧箜篌和凤首箜篌三种。《通典》记载:"竖箜篌,胡乐也,汉灵帝好之,体曲而长,二十二弦,竖抱于怀中,而两手齐奏,俗谓'擘箜篌'。"根据古代壁画和文献记载,竖箜篌的弦有 23 根、22 根、16 根、7 根等数种。

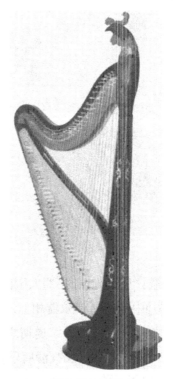

图 8-16 箜篌

《史记·封禅书》:"于是塞南越,祷祠太一、后土,始用乐舞,益诏歌儿,作二十五弦及空候琴瑟自此起。"根据现有史料记载,远在春秋战国时楚国出现卧箜篌。汉代卧箜篌被载入《清商乐》中,箜篌这种乐器,在诗词中亦经常用到,如汉乐府《孔雀东南飞》中即有:"十三能织素,十四学裁衣,十五弹箜篌,十六诵诗书。"唐代杜佑《通典》载箜篌:"汉武帝使乐人侯调所作,以祠太一。或云侯晖所作。其声坎坎应节,谓之坎侯。……旧说一依琴制。今按其形,似瑟而小,七弦,用拨弹之,如琵琶也。"卧箜篌现在已经不多见,曾经在隋唐时期高丽乐中使用,今在朝鲜经过改造成为"玄琴",传入日本称"百济琴"。

唐代张祜在《楚州韦中丞箜篌》一诗中写道:"千重钩锁撼金铃,万颗真珠泻玉瓶。恰值满堂人欲醉,甲光才触一时醒。"唐代卢仝《楼上女儿曲》曰:"林谁家女儿楼上头,指麾婢子挂帘钩。花撩乱心之愁,卷却罗袖弹箜篌。箜篌历乱五六弦,罗袖掩面啼向天。相思弦断情不断,落花纷纷心欲穿。心欲穿,凭栏干。相忆柳条绿,相思锦帐寒。直缘感君恩爱一回顾,使我双泪长珊珊。我有娇靥待君笑,我有娇娥待君扫。莺花烂熳君不来,及至君来花已老。心肠寸断谁得知,玉阶迷离生青草。"

　　国府乐手弹箜篌,赤黄绦索金鏒头。早晨有敕驾鸳殿,夜静遂歌明月楼。起坐可怜能抱撮,大指调弦中指拨。腕头花落舞制裂,手下鸟惊飞拨剌。珊瑚席,一声一声鸣锡锡,罗绮屏,一弦一弦如撼铃。急弹好,迟亦好;宜远听,宜近听。左手低,右手举,易调移音天赐与。大弦似秋雁,联联度陇关;小弦似春燕,喃喃向人语。手头疾,腕头软,来来去去如风卷。声清泠泠鸣索索,垂珠碎玉空中落。美女争窥玳瑁帘,圣人卷上真珠箔。大弦长,小弦短,小弦紧快大弦缓。初调锵锵似鸳鸯水上弄新声,入深似太清仙鹤游秘馆。李供奉,仪容质,身才稍稍六尺一。在外不曾辄教人,内里声声不遣出。指剥葱,腕削玉,饶盐饶酱五味足。弄调人间不识名,弹尽天下崛奇曲。胡曲汉曲声皆好,弹著曲髓曲肝脑。往往从空入户来,瞥瞥随风落春草。草头只觉风吹入,风来草即随风立。草亦不知风到来,风亦不知声缓急。蒸玉烛,点银灯;光照手,实可憎。只照箜篌弦上手,不照箜篌声里能。驰凤阙,拜鸾殿,天子一日一回见。王侯将相立马迎,巧声一日一回变。实可重,不惜千金买一弄。银器胡瓶马上驮,瑞锦轻罗满车送。此州好手非一国,一国东西尽南北。除却天上化下来,若向人间实难得!

　　　　　　　　　　　　——唐　顾况《李供奉弹箜篌歌》

崔豹《古今注》："《箜篌引》者,朝鲜津卒霍里子高妻丽玉所作也。子高晨起刺船,有一白首狂夫,被发提壶,乱流而渡,其妻随而止之,不及,遂堕河而死。於是援箜篌而歌曰:'公无渡河,公竟渡河,堕河而死,其奈公何'声甚凄怆,曲终亦投河而死。子高还,以语丽玉。丽玉伤之,乃引箜篌而写其声,闻者莫不堕泪饮泣。丽玉以其曲传邻女丽容,名曰《箜篌引》。又有《箜篌谣》,不详所起,大略言结交当有终始,与此异也。"

建议聆听曲目:

☆ 我国作曲家为箜篌创作和改编了许多乐曲,其中独奏曲有:《高山流水》《湘妃竹》《渔舟唱晚》《月儿高》《阳关三叠》《思凡》《脸谱》《绝句》《洛神》《文心雕龙》《民歌组曲》等。

☆ 重奏曲有:箜篌、箫二重奏《清明上河图》,箜篌洞箫二重奏《妆台秋思》,箜篌竖琴二重奏《鱼美人》。

☆ 协奏曲有:箜篌与民族乐队《汨罗江幻想》,箜篌与合唱、民族乐队《箜篌引》,箜篌与民族乐队《古陵随想》,箜篌与乐队《孔雀东南飞》,箜篌与弦乐队《彝族舞曲》和箜篌与弦乐队《二泉映月》。

三、中国民族弦乐器

(一)声声沥血——胡琴类

根据史料记载,胡琴类乐器是由唐代北方奚部落的奚琴发展而成的。至明清时期,胡类乐器分为皮革类的二胡、京二胡、京胡、软弓京胡、中胡、大胡、四胡等胡琴,板面类的板胡、椰胡、二弦等成为说唱音乐、民间戏曲、民间音乐的重要伴奏乐器。宋代陈旸在《乐书》中记载:"奚琴,本胡乐也,出于弦鼗而形亦类焉,奚部所好之乐也。盖其制,两弦间以竹片扎之。至今民间是用焉。"胡琴在我国不断演变发展,形成二胡、板胡、京胡、高胡、四胡、坠胡等。

建议聆听曲目:《二泉映月》《江河水》《赛马》《良宵》《汉宫秋月》《空山鸟语》《流波曲》《听松》《月夜》《病中吟》等。胡琴拉起,有种凄美忧伤之感,譬如《二泉映月》的音乐一响起,即可就能拉动听者的思绪,回到低沉呻吟之状态。

(二)草原之魂——马头琴

马头琴,蒙语称莫林胡尔,是蒙古族拉弦乐器,因在琴头雕刻马头为饰物,故名马头琴。

图 8-17　马头琴

起初马头琴上的雕饰并不是马,而是类似龙头的雕刻。《元史》七一卷《礼乐志》有载:"胡琴制如火不思,卷颈,龙首二弦,用弓掠之,弓之弦为马尾。"蒙古族统治中原后,元朝的宫廷娱乐生活中依然保留传统的蒙古族习俗。宫廷音乐活动中,马头琴成为主要内容之一。

《清史稿》记载:"胡琴,剚桐为质,二弦,龙首,方柄。槽椭而下锐,冒以革,槽外设木如簪头似扣弦,龙首下为山口,凿空纳弦,绾以两轴,左右各一,以木系马尾八十一茎扎之。"

听马头琴拉起,思绪飘到美丽的蒙古草原。琴声欢快,琴声忧伤,琴声中书写着一代代蒙古人的心声,倾诉着一个个动人的故事。辽阔的草原、小河、骏马、牧民、敖包……"当我跨上骏马,离开草原,浪迹天涯。当我青春正在,与你相伴,踏遍尘沙。当我疲惫厌倦,回首故土,洗尽铅华。归来吧,草原的孩子,蒙古包里依旧是飘香的奶茶,守护苍生的圣灵,草原升起的祥云,还有那永远慈祥的阿爸阿妈。"

推荐聆听曲目:

☆《朱色烈》《海青拿天鹅》《白翎雀》《凉爽的杭盖》《四季》《牧马人之歌》《青松》《朝霞》《叙事曲》《蒙古小调》《鄂尔多斯的春天》《清凉的泉水》《走马》和《马的步伐》《干杯》《蒙古小调》《草原连着北京》《赞歌》《森吉德玛》《蓝色摇篮曲》《奔驼》《初升的太阳》《回旋曲》《万马奔腾》《欢乐的草原》《牧马人》《苏和的小白马》《敖特尔青年》《命运》《鄂尔多斯高原》《珍宝》《褐色的鹰》《草原春天》。

☆ 九州音像出版公司2006年出版专辑《金色的马头琴》,由敖日格乐、金山演奏。专辑有十三首马头琴曲《送亲歌》《草原恋》《锡林河》《敖包相会》《雕花的马鞍》《美丽的草原我的家》《四岁海骝马》《贵夫人》《诺恩吉雅》《嘎达梅林》《祝酒歌》《席尼喇嘛赞》《万马奔腾》。

(三)击弦乐器——扬琴

图8-18 扬琴

扬琴,又称洋琴、打琴、铜丝琴、扇面琴,是中国传统的击弦乐器。扬琴的音箱呈梯形,演奏时将琴放在琴架子上,演奏者双手用琴竹敲打钢丝弦。相传扬琴是波斯和阿拉伯地区盛行的古代击弦乐器, 明清时期传入我国。扬琴在中国扎根发扬,被广泛应用于民间音乐、戏曲音乐和曲艺伴奏。扬琴的中音区是常用音区,音色清澈悠扬,旋律优美。主要作品有《倒垂帘》《林冲夜奔》《苏武牧羊》《映山红》《连环扣》《将军令》《旱天雷》等。

四、中国民族打击乐器

　　中国传统民族乐器中,打击乐是不可忽视的一个群体。打击乐器的分类根据其发音不同可分为三类:一是响铜类,有大锣、小锣、铓锣、云锣、大钹、小钹、碰铃等;二是响木类,有板、梆子、木鱼等;第三类是皮革类,包括大小鼓、板鼓、排鼓、象脚鼓等。此外中国传统民族打击乐可以按照固定音高和无固定音高划分。有固定应高的乐器有定音缸鼓、排鼓、云锣等,无固定音高的有大鼓、小鼓、大锣、小锣、大钹、小钹、板、梆、铃等。

　　云锣,又名"云璈",有些云锣由九个小锣构成,被民间称"九音锣",其实云锣不限于九个。云锣由若干个薄厚不同的小锣组成,这些小锣音高不同,按照声音高低排列顺序,用绳子悬挂于木架上,演奏时用用双锤敲击。《元史·礼乐志》记载:"云墩,制以铜,为小锣十三,同一木架,下有长柄,左手持,而右手以小槌击之。"山西芮县永乐镇的永乐宫元代壁画有演奏云锣的图像,可见云锣早期已用于道教音乐。至清代,云锣用于御前仪仗乐、丹陛大乐、中和清乐、导引乐、赐宴乐等宫廷音乐。今天,在民族管弦乐演奏中,依然能看见云锣的身影。

　　定音缸鼓属打击乐器,又称花盆鼓。民族管弦乐队中的缸鼓吸收了西方定音鼓的特点,成为有音高的定音缸鼓,是民族管弦乐队中重要的打击乐器。

　　清刘廷玑,字玉衡,号在园。其散文集《在园杂志》四卷中记载一位击鼓的高手:

　　　　边桂岩别驾声威,性癖挝鼓,尤妙《渔阳三弄》,今时无二手也。自言传诸旧内宦，然仅得大旨耳。至模拟尽致，皆从心会。闻起初学时，起居坐卧，饮食寤寐，惟鼓是念，每常对客两手动摇，作挝状，自亦不知也。与余同官袁浦，间一试之，穷数十刻之力，方尽其妙。予为赋《挝鼓词》三十二韵。嗟乎，正平后千古传心，桂岩一人而已。桂岩亦忧失传，思得愿学者授之，而卒无一能师其艺者。真绝技也。《挝鼓词》春光一奏柳杏妍，秋风再奏叶盘旋。孰能上夺天公权，临轩纵击鼓渊渊，群音之长推鼓先，万物和气赖以宣。劈空制造感圣贤，后人沿习乐便便，寻常冬冬杂管弦，未若今日掺挝全。中庭饮罢撤绮筵，有客解衣耸双肩，接挝到手屡变迁，初尤散漫继缠绵。忽惊霹雳下遥天，金戈铁马捣中坚，须臾檐溜雨连连，众语嘈切满市廛，有如长林断续蝉，有如落盘珍珠联。并将双挝暂弃捐，用爪用指用老拳，最后一通更轰阗，河流入海汇百川，耳根莫辨声万千，坠石一声方寂然。座客改容叹有缘，醉者以醒病者痊。渔阳绝技谁能专，淮阴别驾三韩边。愿君之寿如偓佺，不而其后恐失传。①

在剧情片中，紧张的气氛配合打击乐器，能够突出剧情的紧张气氛。若是规模宏大、声音震撼力强，能够烘托现场画面的气氛，将画面内容推向最高潮。电影《卧虎藏龙》中有一段情节，蒙面人偷偷进入贝勒家偷盗青冥剑，俞秀莲与其打斗起来，这时响起中国打击乐声，鼓声的速度与力度和画面完全吻合，突出了视听效果。

五、民乐合奏音乐的类别

(一)传统的民乐合奏

丝竹音乐：包括江南丝竹、广东音乐、福建南音、潮州弦诗、二人台牌子曲等。鼓吹类音乐：山西八大套、辽南鼓吹乐、鲁西南鼓吹乐等。吹打乐：苏南吹打(十番锣鼓、十番鼓)、西安鼓乐、潮州鼓乐、浙东鼓乐等。

---

① 刘廷玑：《在园杂志》，北京：中华书局，2005年，第69页。

图 8-19　清人绘《北京民间风俗百家》中的"唱大鼓书"①

(二)民族管弦乐队合奏

中国民族管弦乐队是在中西文化交流下产生的。乐队模仿西方管弦乐队的编制,将中国传统的丝竹乐队和吹打乐队组合起来。有时候乐队加入西洋乐器作为辅助。大提琴在中国民族管弦乐队中越来越常见,我国的民族乐器中缺少低音乐器,大提琴的音色可以弥补低音的缺陷,这种做法在音乐界至今存在争论。

中国民族管弦乐队有大型乐队和小型乐队之分。大型民族管弦乐队吹管乐组包括唢呐 8 人、笛子 4 人、笙 4 人、管子 2 人和洞箫 1 人;弹拨乐器组包括有琵琶 4 人、中阮 4 人、大阮 2 人、扬琴 2 人、古筝 2 人和三弦 1 人;拉弦乐器组包括高胡 8 人、二胡 10 人、中胡 5 人、板胡 1 人、大提琴 6 人和贝大提琴 4 人;打击乐器组有 6 人组成,使用的民族打击乐器包括锣、鼓、钹、磬、木琴、云锣和三角铁等。

小型民族管弦乐队编制管乐器组:竹笛、笙、唢呐各 2 人,另可加管子等其他管乐器;弹弦乐器组:扬琴 1 人、琵琶 2 人、中阮 2 人、大阮 1 人、筝

---

① 郑祖襄:《中国古代音乐史》,北京:高等教育出版社,2008 年,书后图片。

1人,另可加柳琴、三弦等弹弦乐器;打击乐器组:视需要而定;拉弦乐器组:高胡4人、二胡6人、中胡3人、革胡2人、低音革胡1人。

(三)时尚电声与民乐

电声和民乐的结合,音乐界对此褒贬不一。花开两朵,各表一枝。对传统音乐和乐器的保护是必要的,新民乐也是当代音乐发展的一个趋势。在这里,我们且不去辩论传统与现代,古典与通俗的审美差别。当制作不同类型节目的时候,可以按照节目内容选择使用新民乐或是传统民乐。

第二节　常见的西洋乐器及其音色

在西方音乐世界里,音乐作品浩如烟海。中世纪音乐、文艺复兴时期音乐、巴洛克时期音乐、古典主义时期音乐、浪漫主义时期音乐、近现代的印象主义音乐、民族主义音乐、新古典主义音乐、表现主义、序列主义等不同历史时期,均有大量优秀作曲家和作品诞生。

西洋乐器种类繁多,按照演奏方式划分包括弦乐器、管乐器、键盘乐器、打击乐器。弦乐器可以分为弓拉弦鸣乐器和弹拨弦鸣乐器。前者有小提琴、中提琴、大提琴、低音提琴、倍低音提琴,后者有竖琴、吉他、电吉他、贝司等。管乐器有木管乐器和铜管乐器,木管乐器有长笛、(短笛)、双簧管、(英国管)、单簧管、大管(巴松)。铜管乐器包括圆号、小号、(短号)、长号、(次中音号)、(小低音号)、大号。键盘乐器有管风琴、钢琴、电钢琴、手风琴、巴扬、电子琴、双排键电子琴等。打击乐器有定音鼓、大鼓、小军鼓、钹、架子鼓、三角铁、沙槌、钟琴、木琴、排钟等。其中定音鼓、木琴(马林巴)是有调打击乐器。

一、乐器之王——钢琴

钢琴,键盘乐器,被誉为"乐器之王"。钢琴通过弹奏击弦发音,相对于其他乐器而言,钢琴具有音域宽广的独特优势,可以同时演奏多个乐音,具有丰富的和声效果。说到钢琴的发展史,就必须要提及拨弦古钢琴与击弦古钢琴。这两种古钢琴外形和演奏基本是一致的,但两者的声音效果则完全不同。

拨弦古钢琴是西方古代宫廷室内乐的常用乐器。拨弦古钢琴在键盘的尾端装有拨弦的装置,其拨弦的拨子是以金属薄片包裹皮革制成,也有使用禽鸟的羽翎作为拨片,故也称这种琴为羽管键琴。拨弦古钢琴的音量、音色难以变化,容易产生噪音,演奏出的声音较弱、纤细而短促。击弦古钢琴同样具有音量小而纤细的特点,音色中带有金属的打击声,在室内乐演奏中,有着现代钢琴难以模拟的声音效果。

许多著名作曲家都曾经为古钢琴作曲。巴洛克时期巴赫、亨德尔和斯卡拉蒂的钢琴曲,都是为古钢琴而作,用古钢琴演奏的。古典主义时期作曲家海顿、莫扎特和贝多芬的一些钢琴音乐作品,当时也都是用古钢琴弹奏的。古钢琴的音色受到很多音乐爱好者的喜爱,今天很多品牌的电子琴都设置了古钢琴音色。

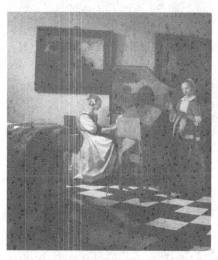

图 8-20　扬·维米尔《音乐会》布面油画①

建议聆听曲目:

☆ 门德尔松的钢琴独奏曲集《无词歌》共 8 集,每集 6 首。歌德曾经这样描述门德尔松的音乐:"当我悲伤沮丧的时候,来到我身边,用你甜美的

---

① 〔美〕威廉·弗莱明、玛丽·马里安:《艺术与观念》,北京:北京大学出版社,2008 年,第 464 页。

旋律安抚我的灵魂。"在门德尔松的钢琴作品小品《无词歌》中,我们能听到细腻的音符处理和浪漫迷人的音乐色彩,仿佛少女优雅而抒情地歌唱。

谱 8-4　门德尔松无词歌 Op.85.No2.(1)

谱 8-5　门德尔松无词歌 Op.85.No2.(2)①

---

① 〔德〕门德尔松:《门德尔松无词歌》,北京:人民音乐出版社,2006 年,第 120 页。

☆ 柴可夫斯基的《四季》创作于 1876 年,当时,俄罗斯作曲家柴可夫斯基应彼得堡杂志《小说家》之约,为期刊的音乐副刊创作钢琴套曲。杂志社要求,每个月创作一首具有季节特征的音乐,每首钢琴曲与每个月发表的诗互相配合,于是钢琴套曲《四季》诞生了。

一月《壁炉边》:"在那宁静安逸的角落,已经笼罩着朦胧的夜色,壁炉立德微火即将熄灭,蜡烛里的微光还在摇曳闪烁……"——普希金。进入冬天的俄罗斯变得萧条寒冷,人们的生活和钢琴音乐一样缓慢,壁炉里红彤彤的火,空气中弥漫着烤面包的香气。

二月《狂欢节》:"在欢腾的狂欢节,酒筵多么丰盛……"——普·维亚杰姆斯基。这是一首三段体的钢琴小品,表现出狂欢节上快乐的气氛。天气虽然寒冷,狂欢的热潮和乐曲的节奏与旋律一样热烈。

三月《云雀之歌》:"鲜花在田野上随风摇晃,到处一片明媚的阳光。春日的云雀在尽情鸣啭,蔚蓝的天空回荡着动听的歌唱……"——阿·马伊科夫。春的脚步走近了,钢琴演奏出春天轻盈的身段和灵巧欢唱的云雀儿。

四月《松雪草》:"淡青、鲜嫩的松雪草啊!初春残雪偎在你身旁……往昔的忧愁苦恼,只剩下最后几滴泪珠儿还在流淌,来日的幸福,将给你带来新颖的幻想……"——阿·马伊科夫。松雪草刚冒出小芽的时候,是白雪刚刚融化的时候。轻快的节奏和春天的情怀随着音乐走近。

五月《白夜》:"多么美妙的夜晚,幸福笼罩着一切,谢谢你,夜半亲爱的故乡!从冰冻的王国,从风雪的王国,你的五月飞奔而来,她是多么新鲜清爽!"——阿·费特。钢琴音色温柔,乐曲中部快板灵巧活跃,旋律变化中带有浓厚的情感。

六月《船歌》:"走到岸边,那里的波浪啊,将涌来亲吻你的双脚,神秘而忧郁的星辰,将在我们头上闪耀。"——阿·普列谢耶夫。《船歌》是三部曲式的钢琴小品,音乐中感受到湖水旖旎荡漾,六月的清凉中似乎带着淡淡的忧伤。

七月《割草人之歌》:"肩膀动起来呦!手臂挥起来呦!让晌午的熏风,迎面吹过来呦!"——阿·柯里佐夫。这是一首民间舞曲风格改编的钢琴曲,带有浓郁的俄罗斯风情。

八月《收获》:"家家户户收秋粮,高高的裸麦倒在地上,成捆的麦子垛成山,夜半牛车搬运忙。"——阿·柯里佐夫。丰收的喜悦在钢琴键盘上回旋,收获的心情从音符中流露出来。

九月《狩猎之歌》:"出发时刻号角响,成群猎犬已整装,晨光初照齐上马,骏马奔跳欲沱江。"——普希金。适中的快板演奏三部曲式的音乐,节奏交代的非常清晰,乐曲中部有进行曲的韵味。

十月《秋之歌》:"晚秋之园凋零凄凉,枯黄落叶随风飘荡……"——阿·托尔斯泰。这是一首如歌的行板。俄罗斯的秋天显得有些伤感凄凉,树叶变成黄色、红色、老绿色。远远望去,色彩如同油画一般鲜艳。无论如何艳丽多姿,也抹不去那段深秋的哀愁。

十一月《雪橇》:"别在忧愁地向大道上看,也别匆忙地把马车追赶。快让那些悒郁和苦恼,永远从你心头消散。"——尼·涅克拉索夫。马车拉雪橇是俄罗斯冬天的故事,乐曲欢快而富有生机。

十二月《圣诞节》:"圣诞佳节夜晚,姑娘快把命算。脱下脚下靴子,扔在大门之前。"——如科夫斯基。这首圆舞曲式的钢琴曲描绘出圣诞节的画卷。

☆ 巴赫的《二部三部创意曲》和《平均律钢琴曲集》《英国组曲》《法国组曲》《哥德堡变奏曲》等。巴赫的音乐作品中,赋格体裁的乐曲很多。赋格音乐构成因素是:主题、答题、对题、间插段、紧接段。主题,即赋格中最先进入的声部,是赋格音乐构思的重要体现,是具有个性的、动态的,相对完整的旋律和节奏;答题指随后在另一声部出现的主题的模仿。答题进入时原先主题的声部则演奏对位,与答题形成复调;每次都伴随主题或答题出现的对位声部,称作对题。对题的初次出现一般与答题或主题的第二次陈述相结合,即与主题形成对比,又是主题风格的延伸。间插段是各声部不出现主题或答题的段落,功能是划分和联系赋格曲的各个部分,使乐曲保持流动性、完满性和有机联系①。

前奏曲最初是组曲之前的引子,由演奏家即兴演奏一段小曲。前奏曲有时候在歌剧作品中代替序曲,甚至被出版社作为乐谱广告而提前印发。前奏曲的篇幅小段,性格鲜明,具有作曲家独特的情感语言。钢琴前奏曲的

---

① 靳超英、陶维加:《大学音乐鉴赏教程》,上海:上海音乐出版社,2008 年,第 182 页。

出现可以追溯到十五六世纪,巴洛克时期的复调音乐大师巴赫在《十二平均律钢琴曲集》中,以前奏曲和赋格体裁创作,肖邦《24 首钢琴前奏曲》完全将该体裁作品独立出来。德彪西、拉赫玛尼诺大、斯克里亚宾、肖斯塔科维奇等不同时期的作曲家都创作出前奏曲集,前奏曲由最初的"引子"功能变成独立的音乐体裁。此外,肖邦《玛祖卡》《圆舞曲》《夜曲》;斯卡拉蒂、李斯特、德彪西、莫扎特、贝多芬、格里格、格林卡等作曲家的键盘音乐作品都是古典钢琴发烧友的挚爱。

谱 8-6　赋格　选自巴赫《十二平均律钢琴曲集》①

---

① 〔德〕布鲁诺·穆杰里尼:《巴赫平均律钢琴曲集 I》,李雪译,长沙:湖南文艺出版社,2005 年,第 1 页。

谱 8-7 节选自 格林卡《夜莺》(1)

谱 8-8 节选自 格林卡《夜莺》(2)①

---

① 卞萌编:《俄罗斯钢琴音乐中小型精品选集上》,北京:中央音乐学院出版社,2003 年,第 1 页。

谱8-9 节选自肖邦《幻想即兴曲》

谱8-10 节选自莫扎特《幻想曲》

谱 8-11　节选自　贝多芬奏鸣曲《悲怆》第三乐章

谱 8-12　节选自　贝多芬奏鸣曲《悲怆》第三乐章

谱 8-13　钢琴曲《彩云追月》-1

谱 8-14　钢琴曲《彩云追月》-2

谱 8-15 钢琴曲《彩云追月》-3

谱8-16　钢琴曲《彩云追月》-4 [1]

① 魏廷格等主编:《中国钢琴名曲曲库》,长春:时代文艺出版社,1995年,第52页。

☆ 班得瑞音乐是瑞士音乐公司 Audio Video Communications AG 旗下的一个音乐团体。出版的专辑以自然之灵性为主。主要专辑有《仙境》(*Wonderland*)、《寂静山林》(*Silence with Sound from Nature*)、《春野》(*One Day in Spring*)、《蓝色天际》(*Heaven Blue*)、《迷雾森林》(*Forest Mist*)、《日光海岸》(*Sunny Bay*)、《梦花园》(*Garden of Dreams*)、《琉璃湖畔》(*Crystal Lake*)、《微风山谷》(*Breezy Valley*)、《月光水岸》(*Moonlight Bay*)、《雾色山脉》(*Misty Land*)、《翡翠谷》(*Emerald Valley*)、《旭日之丘》(*Sunrise Hill*)。

☆ 日本音乐家、作曲家久石让和宫崎骏合作的动画片受到多国受众的称赞，1984 年拍摄的《风之谷》，1986 年的《天空之城》，1988 年《龙猫》，1989 年《魔女宅急便》和《萤火虫之墓》，1992 年的《红猪》，1997 年的《幽灵公主》，2001 年的《千与千寻》、2005 年的《哈尔的移动城堡》。久石让的动画片配乐深深地打动了无数观众的心。他的《钢琴故事》系列专辑等钢琴曲目，特别适用于拍摄剧情类节目。有些是用钢琴演绎我们熟悉的动画片音乐，有些是纯音乐的钢琴曲，这些音乐总是能带给听者清新的空气和全新的感受。

☆ 动画片《幻想曲》中有八首世界经典名曲，巴赫《d 小调托卡塔与赋格》杜卡《小巫师》，柴可夫斯基《胡桃夹子》芭蕾组曲，斯特拉文斯基《春之祭》，贝多芬《第六田园》交响曲，彭基耶里的《时间之舞》，舒伯特《圣母颂》，穆索尔斯基《荒山之夜》。《猫和老鼠》中汤姆猫演奏的《李斯特第 2 号匈牙利狂想曲》。

☆ 中国钢琴作品：王建中的《云南民歌五首》《浏阳河》《百鸟朝凤》《彩云追月》，陈培勋《平湖秋月》《旱天雷》《广东小调"卖杂货"》，贺绿汀《摇篮曲》《牧童短笛》，储望华《情歌》《筝箫吟》，黎英海《春江花月夜》，杜鸣心《鱼美人》《红色娘子军》等。

二、提琴家族

提琴属于弓拉弦鸣乐器，是现代管弦乐团弦乐组中最重要的乐器。无论是古典音乐还是现代音乐，提琴家族几乎包揽所有的抒情旋律。交响乐中提琴合奏的震撼和提琴独奏时表现出的温婉柔和，给听者以听觉上极大的享受。颤、碎、拨、跳,这些变换的弓法给提琴音乐带来了灵动。

小提琴是提琴家族中体积最小,音高最高的一种。其次是中提琴、大提琴和低音大提琴。小提琴的音色细腻婉转;中提琴音高略低,音色比小提琴更加沉稳;大提琴用低沉忧郁的音色演绎音乐;倍大提琴是提琴家族中最能表现悲伤情节的乐器。

贝多芬《降 B 大调大赋格曲》是弦乐四重奏形成的乐器。弦乐四重奏是由四位演奏者组成的表演形式,通常包括两把小提琴、一把中提琴和一把大提琴。

谱8-17 节选自莫扎特 G 大调弦乐小夜曲 K.525

维瓦尔第小提琴协奏曲《四季》属于标题音乐,由《春》E 大调、《夏》g 小调、《秋》F 大调、《冬》f 小调,四部协奏曲组成。《四季》的乐曲风格自然、轻松、活泼、热烈,描绘出不同季节中大自然的风光和人们的生活。

《四季》之《春》E 大调。第一乐章,快板。音乐展开轻快愉悦的旋律,如同春天的风暖暖的,吹醒大地和自然。音乐主题洒脱而华丽,诗歌:"春临大地,众鸟欢唱,和风吹拂,溪流低语。天空很快被黑幕遮蔽,雷鸣和闪电宣示暴风雨的前奏;风雨过境,鸟花语再度,奏起和谐乐章。"第二乐章,广板。音乐如同田园牧歌一样舒缓柔美,小提琴声部用弱音奏出符点节奏。作曲家在诗中写道:"在鲜花盛开的草地上,在簌簌作响的草丛中,牧羊人在歇息,忠实的牧羊犬躺在一旁。"第三乐章,快板。在乡村的旖旎风光中,人们载歌载舞地表现着欢快的情绪,"当春临大地,仙女和牧羊人随着风笛愉悦的旋律,在他们的草原上婆娑起舞。"

《四季》之《夏》g 小调。第一乐章(不太快的快板),音乐语言描绘出夏季闷热的酷暑,太阳之下,整个世界变得慵慵懒懒。第二乐章(柔板转急板),雷声打破了牧童的梦,醒来后身边的小虫嗡嗡飞舞,扰得牧童烦躁不已。第三乐章(急板),风暴终于来临,狂风怒吼、电闪雷鸣,大雨如期而至,酣畅淋漓。

《四季》之《秋》F 大调。描写的是金色秋天,是收获的季节。第一乐章(快板)即呈现出一个金色的收获季节。在庆贺丰收的欢腾气氛中,人们兴高采烈地载歌载舞。男人们畅饮美酒,一醉方休。第二乐章(柔板),是对喝醉后幽默的特写。第三乐章(快板),又到了森林狩猎的时刻,树林里因狩猎而热闹。

《四季》之《冬》f 小调。第一乐章(不太快的快板)在描绘冬天的难以抵御的严寒:"北风凛凛,白雪皑皑,冰天雪地,战栗不止,顿足奔跑路途艰,牙齿格格直打颤。"第二乐章(广板)"屋外下着冻雨,屋内人围坐在火炉边,品尝热酒,感受温暖安宁的浪漫气氛。此情此景与户外冰天雪地对比鲜明,更显醉人。"第三乐章(快板),着重刻画一个滑冰的场景:"冰上溜,慢慢行,谨防滑倒要小心,忽然急转而摔倒,爬起身来又急跑,不料滑到冰窟边。"

建议聆听曲目:

☆ 巴赫《恰空》《G 弦上的咏叹调》,帕格尼尼《A 小调第 24 随想曲》,莫扎特 G 小调弦乐小夜曲,维尼亚夫斯基《华丽波兰舞曲》;福莱《A 大调第一小提琴奏鸣曲》;萨拉萨蒂《流浪者之歌》;马思聪《思乡曲》;何占豪、陈钢《梁山伯与祝英台》。

三、吉他家族

吉他家族属于弹拨弦鸣乐器,包括古典吉他、民谣吉他、电吉他、弗拉门戈吉他、爵士吉他、夏威夷吉他等类型。

古典吉他也称为六弦琴,可以进行独奏、重奏、协奏等演出。古典吉他是吉他家族中演奏难度最大、艺术性最高的乐器,被人称为钢琴、小提琴之后的"世界三大经典乐器"之一,有"乐器王子"之称。民谣吉他琴颈比较细,上指扳宽 42 毫米,从弦枕到琴身共 14 个品格,琴箱上有一个月牙形的护板,琴底部有背带钉,用钢丝弦。演奏民谣吉他可以使用拨片或指甲,弹琴姿势比较随意,可以弹唱或伴奏,表现形式轻松随意。电吉他主要应用于电声乐队,音乐表现力强,演绎音色丰富的现代音乐。

建议聆听曲目:

☆　西班牙作曲家、吉他演奏家塔雷加的作品《阿尔汗布宫的回忆》《阿拉伯风格随想曲》《前奏曲集》,其作品《晨歌》《泪》《阿德丽塔(玛祖卡)》等吉他音乐小品也成为经常演奏大保留曲目;巴里奥斯的《森林之梦》;华金·罗德里格的《阿兰胡埃斯协奏曲》;法国作曲家比才的《卡门组曲》;索尔的作品《华尔兹》;西班牙作家家、吉他演奏家索尔作品《魔笛变奏》;西班牙作曲家阿尔贝斯的《拉斯图利亚斯传奇》;尼吉拉·德·安捷罗斯的《镜中的安娜》;林赛的《雨滴》等。

四、仙女的竖琴

竖琴有着优美高雅的造型和清澈如泉水的音色。尤其是演奏琶音的时候,恍如仙境流水一般。竖琴可以作为独奏乐器和合奏乐器,同样也可以作为影视配乐出现。相信无论是画外音还是画内音,竖琴都能展现仙女一般的非凡气质。竖琴有许多独奏曲。格龙姆福尔茨、杜塞克、路易·斯波尔、佩里什·阿尔瓦尔斯、德彪西、拉威尔等作曲家都为竖琴作过曲。

五、木管乐器

西洋木管乐器按照发声方式,大致可分为唇鸣类和簧鸣类。唇鸣类有长笛、短笛;簧鸣类:单簧管、双簧管、英国管、大管、萨克斯管。西洋木管乐器,并不代表乐器是木质,有选用金属、象牙或是动物骨头等材质而制成。

长笛是管弦乐和室内乐中的常见木管乐器，早期使用木质材料制作，现代用金属材质制作。长笛的声音带有金属质感，具有穿透力，适合表现忧郁、欢快、激烈等多种情感。长笛演奏的中外独奏曲数量很多，除了为长笛专门谱写的音乐，它还能够驾驭很多音乐作品。很多影视剧情片中都可以选择长笛演奏的中外名曲或轻音乐作为背景音乐。

谱 8-18　8-19 巴赫《滑稽曲》

　　单簧管，又称黑管或克拉管，是木管乐器的一种，用非洲黑木、硬橡胶或金属制成，常见的单簧管为降 B 调和 A 调。单簧管的高音区音色明朗清澈，中音区纯净柔和，低音区深沉浑厚。美国电影《走出非洲》的电影音乐中主要选用了莫扎特的《A 大调单簧管协奏曲》第二乐章。

　　萨克斯是一个庞大的乐器家族，包括倍低音萨克斯、低音萨克斯、上低音萨克斯、次中音萨克斯、C 调萨克斯、中音萨克斯、F 调高音萨克斯、高音萨克斯、C 调高音萨克斯、超高音萨克斯。常见的有中高音、中音、次中音、上低音四种萨克斯。中音萨克斯演奏古典作品比较多,次中音和中音萨克斯演奏流行音乐和爵士乐较多。高音萨克斯通常为降 B 调,是萨克斯家族中音调第二高的乐器,通常为直管或略微曲颈。高音萨克斯音量大,更有穿透力。中音萨克斯为降 E 调,音色较清亮,演奏高音是比较温和。次中音萨克斯通常为降 B 调,外形比中音萨克斯稍大,弯管前端多了一个弯曲,音色温和稳重。上低音萨克斯通常为降 E 调,因其体积大,很少用它作独奏乐器。在萨克斯四重奏或爵士大乐队中,萨克斯家族成员各司其职,不同的音色结合成悠扬的曲调。

六、铜管乐器

铜管乐器的前身大多是军号和狩猎时用的号角。在早期的交响乐中使用铜管的数量不多。直到十九世纪上半叶,铜管乐器才在交响乐队中广泛使用。铜管乐器包括圆号、长号、小号等,其音色特点是辉煌宏大。在剧情类节目中,特别的情节可以使用到铜管乐器独奏音乐,熟悉铜管乐器家族的音色有助于多元化传媒音乐选择。

七、打击乐器

西方的打击乐器其家族成员众多,其中包括牛铃、木鱼、沙锤、三角铁、吊钟、木琴、鼓等乐器。无音高打击乐器演奏的音乐对节奏非常敏感,其代表乐器是架子鼓。架子鼓集合许多打击乐器为一体,包括大鼓、军鼓、两个中鼓、一个落地鼓、脚踏钹和两片铜钹等。

木琴产生于 14 世纪亚洲、非洲和南美洲。15 世纪传入欧洲。轻松、活泼、欢快、诙谐、幽默,木琴家族乐器的音色独具魅力,20 世纪的很多作曲家都使用过木琴。马勒的《第六交响曲》、施特劳斯的《莎乐美》、圣-桑斯的《死之舞》、肖斯塔科维奇的《第五交响曲》等作品中都能听到木琴的声音。

第九章　影视音乐语言与情绪表达

影视音乐作为影视艺术和音乐艺术的交叉学科,对音乐的要求和选择更具有代表性。影视音乐需要直接诠释剧情片段,烘托视听氛围,吸引受众注意力。只有掌握音乐的基本构成,才能够更好驾驭影片中的音乐。

第一节　音乐的形式

任何事物都有构成自身的形式元素,音乐形式具有特殊的组织规律。那么,它的形式是由什么基本要素构成的呢?旋律、音色、节奏、力度、速度、调式、调性、曲式等因素是构成音乐形式的基本要素。音乐的要素可以分为基本要素、形式要素两类。

音乐的基本要素包括:音的高低、长短、强弱、音色的差异四种。音的高低由振动频率决定,震动越快,次数越多,音就高,若反之,音则低。音的长短是由震动时间的长短决定的。震动持续的时间长,发出的音就长,持续时间短,音就短。音的强弱是由震动幅度来决定的。发音体震动的幅度大,发出的音就强,相反就弱。音色是由发音体的材料和发音方法等因素决定的。

音乐的形成要素包括表现性、表情性、节奏、句法、音程、和弦、调式等元素构成。音乐的美,主要是指它的声音美。所以在确定音乐形式基本要素的时候,要以声音特征为主要依据。表现性是衡量音乐的最高标准,而在其表现性因素中,表情性又占有重要的位置。音乐与语言的声音所表达的意义是不同的。语言的声音是人类进行社会交往的工具,它具有很强的约定性,每个字都具有特定的含义。而音乐的声音仅限于艺术的范围之内,它是一种艺术交流,不具有约定性的含义,所以可以说音乐是"非语义性"的。

音乐的表情性,是指用音乐的声音去表达人类的情绪活动。从心理学角度上讲,人的情绪活动主要表现为强、弱、紧张、松弛、激动、平静等变化。综合音乐与心理来说,强弱变化是音乐力度要素的表现;激动与平静是速度的表现;紧张与松弛在时间上是节奏的表现,在空间上则是音程与音高的体现。形式要素进一步,构成了形态侧面,包括旋律、织体、和声、曲式等。

音乐作为一种听觉艺术,它的审美与视觉艺术审美之间存在着一定程度的差异。音乐通过不同的媒介传播传至受众,受众通过自身情况对其进行剖析整理,经过内在情绪加工而产生接受或排斥,进而完成一整套音乐传播模式。

音乐家自然是制造乐曲的。音乐是某种可耳闻的东西,正像绘画是某种可眼见的东西,它不独是概念的,而且还是感性的存在。当一曲音乐完成了,身体的和内心的耳朵将一同聆听它①。音乐经由作曲家的一度创作而问世,历经数十年,乃至数百年、千年之间,通过不同的演奏家无数次对其进行二度创作,让受众感受音乐的美,进而认识音乐、理解音乐、解读音乐。

一、五线谱上的各种符号

(一)音符与休止符

音符是记录乐音的符号。目前我们常用五线谱和简谱作为记谱方式。五线谱中,音符由符头、符干和符尾组成。下面的图标中分别介绍全音符、二分音符、四分音符、八分音符、十六分音符、三十二分音符的记谱和音符时值。

名　称	五线谱写法	简谱写法	时值（以四分音符为一拍）
全音符	o	5 - - -	四拍
二分音符		5 -	二拍
四分音符		5	一拍
八分音符		5	二分之一拍
十六分音符		5	四分之一拍
三十二分音符		5	八分之一拍

图 9-1 音符的写法与时值②

① 〔美〕苏珊·朗格:《感受与形式》,南京:江苏人民出版社,2013年,第127页。
② 晏成佺、童忠良:《基本乐理教程》,北京:人民音乐出版社,2006年,第2页。

表示音的休止,这种符号就叫作"休止符"。各种音符和休止符的时值是相对应的,在乐谱中,休止否和音符一样重要。音乐中暂时的间断需要用到"休止符"。

名　称	五线谱写法	简谱写法	时值(以四分音符为一拍)
全休止符		0 0 0 0	四拍
二分休止符		0 0	二拍
四分休止符		0	一拍
八分休止符		0	二分之一拍
十六分休止符		0	四分之一拍
三十二分休止符		0	八分之一拍

图 9-2 休止符

　　附点,是在音符或休止符右边的小圆点。这个小圆点增加了该音符或休止符原有时值的一半。加上附点的音符或休止符,被称为"附点音符"和"附点休止符"。下图是附点音符和附点休止符的符号标注。

名　称	五线谱写法	简谱写法	时　值
附点全音符	o.		o + ♪
附点二分音符	♩.		♩ + ♪
附点四分音符	♩.	5.	♩ + ♪
附点八分音符	♪.	5.	♪ + ♪
附点十六分音符	♪.	5.	♪ + ♪

图 9-3 附点音符

图 9-4 附点休止符和音符的比较[1]

(二)音列与音级

钢琴上有五十二个白色键,这些琴键是音列中的五十二个基本音级。
七个音级唱名是"do re mi fa sol la si",音名为"C D E F G A B"

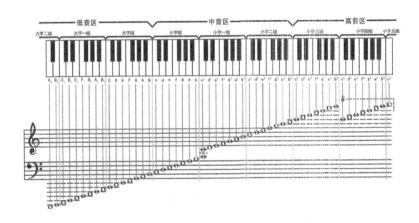

图 9-5 钢琴键盘上的五线谱表

---

[1] 李重光:《基本乐理简明教程》,北京:人民音乐出版社,2010 年,第 15 页。

在钢琴键盘上,可以分为三个音区,低音区、中音区和高音区。七个音级在五十二个白键中循环反复使用。从某一个音级开始向上或向下数八个音,两音之间的距离称为"八度"。

下图中的小字一组,是乐音体系总音列中央的一组。比小字一组高的分别叫"小字二组""小字三组""小字四组""小字五组"。比小字一组低的称为"小字组""大字组""大字一组""大字二组"。

(三)变音与等音

变音记号,是表示音的升高或降低的记号。变音记号有五种,升音符记号,基本音级升高半音。降音符记号,基本音级降低半音。还原符号,将已升或已降的音还原成基本音级。重升音符将基本音级都升高一个全音。重降音符将基本音级降低一个全音。如果变音记号放在某个音符后面,称之为"临时变音记号",在一个小节之内有效。记在高低音谱号后面的变音记号,称为"调号"。在后面的大小调体系中,将会介绍调式的构成。

升音符　　　降音符　　　还原符号

重升音符　　重降音符

图9-6　升降音符记号

音高相同,但名称和意义不同,这样同音异名的音被称为"等音"。下图的钢琴键盘图中,每个键子上标出的音都是等音。

图9-7　键盘上的等音

(四)节奏与节拍

音乐中音的长短与强弱构成了音乐的节奏，相同时值的强弱拍子，循环且有规律地出现，叫作音乐的节拍。在有些乐曲中，一再被重复的有特性的节奏叫节奏型，例如我们熟悉的歌曲《桔梗谣》中的节奏型，就是朝鲜族舞曲的典型节奏。

以某种时值的音符表示节拍的单位，叫作"拍子"。五线谱中用若干条垂直的竖线，将五线谱平均划分开，这样的线称为"小节线"，两条线之间的部分称为"小节"。

2/4 拍：以 4 分音符为一拍，每小节二拍，每个小节可以有 2 个 4 分音符。小节内强弱规律：强、弱。2/4 拍的特点是节奏强弱交替。

3/4 拍：以 4 分音符为一拍，每小节 3 拍，每个小节中可以有 3 个 4 分音符。强弱规定是：强、弱、弱。3/4 拍子的多数是圆舞曲形式。

4/4 拍：以 4 分音符为一拍，每小节 4 拍，每个小节中可以有 4 个 4 分音符。强弱规律是：强、弱、次强、弱。4/4 拍是四二拍的复合而把第二个重拍淡化，从而使歌曲更富有抒情性。

3/8 拍：以 8 分音符为一拍，每小节 3 拍，每小节中可以有 3 个 8 分音符。强弱规律为：强、弱、弱。

6/8 拍：以 8 分音符为一拍，每小节 6 拍，每小节中可以有 6 个 8 分音符。强弱规律为：强、弱、弱；次强、弱、弱。

五线谱拍子分为单拍子、复拍子、混合拍子和散拍子四种形式。

每小节只有一个强拍的称为"单拍子"。所有的二拍子和三拍子都属于这一类。例如：2/2(强—弱)、2/4(强—弱)、3/4(强—弱—弱)、3/8(强—弱—弱)等。

每一小节中包含两个以上同种类的单拍子，出现两个以上的重音，就称为"复合拍子"或"复拍子"。这时，小节线后面的那一拍是重音，为强拍。第二个重音较第一个重音稍弱一些，称为"次强拍"。常见的复拍子有：4/4 (2/4+2/4) 强—弱—次强—弱；6/8 (3/8+3/8) 强—弱—弱—次强—弱—弱等。

混合拍子：两个或者两个以不同类型单拍子的组合，所以叫"混合拍子"。在各种混合拍子中,每小节也有一个强拍和若干次次强拍。比如常用的四五拍子,可以由四二拍子与四三拍子合并,也可以由四三拍子与四二拍子合并而成。河北民歌《小白菜》运用了四三拍子加上四二拍子的混合拍子。

散拍子,常用于中国民间戏曲,在乐曲中称之为"散板"。顾名思义,"散板"是一种无板又无眼的节拍,散板的长、短、快、慢,都是由演员自己来确定。在我国戏曲表演中,很多演员根据演唱的内容和现场的氛围,调整演唱的速度和声值的长短。可以起到抒情的作用。散拍子给戏曲表演者和音乐伴奏演员灵活的演奏空间。

(五)音程

音程指的是音与音之间的距离。构成音程的两个音,位于下面的称为"根音"或"底音",位于上面的音称作"冠音"。

音程可以分为"旋律音程"和"和声音程"。"旋律音程"也叫"曲调音程",是指"根音"和"冠音"先后发出声音。旋律音程可以上行、下行或是平行。

"根音"和"冠音"同时鸣响,产生的音程称为"和声音程"。和声音程在五线谱谱上标画的时候,上下两个音基本是对齐的,除了二度音的和声音程是错开写的,低音在左,高音在右。

每一个音名或唱名都是一个音程,我们依此来计算两个音之间包括几个音级,即是几个音程。在五线谱中,有五条线和四个间,每条线和每个间都代表着一个音级。

C-C	一个音级	一度音程
C-D	二个音级	二度音程
C-E	三个音级	三度音程
C-F	四个音级	四度音程
C-G	五个音级	五度音程
C-A	六个音级	六度音程
C-B	七个音级	七度音程

在基本音级中形成的音程叫作"自然音程"。其中包括纯音程,大、小音

程,增四和减五度音程,共 14 个。

纯一度音程:音数为 0 的一度,基本音级中有 7 个。

小二度音程:音数为一个半音的二度,基本音级中有 2 个。

大二度音程:音数为 1 的二度,基本音级中有 5 个。

小三度音程:音数为一个全音和一个半音的三度,基本音级中有 4 个。

大三度音程:音数为 2 个全音的三度,基本音级中有 3 个。

纯四度音程:音数为 2 个全音和一个半音的四度,基本音级中有 6 个。

增四度音程:音数为 3 个全音的四度,基本音级中有 1 个。

减五度音程:音数为 3 个全音的五度,基本音级中有 1 个。

纯五度音程:音数为 3 个全音和一个半音的五度,基本音级中有 6 个。

小六度音程:音数为 4 个全音的六度,基本音级中有 3 个。

大六度音程:音数为 4 个全音和一个半音的六度,基本音级中有 4 个。

小七度音程:音数为 5 个全音的七度,基本音级中有 5 个。

大七度音程:音数为 5 个全音和一个半音的七度,基本音级中有 2 个。

纯八度音程:音数为 6 的八度,基本音级中有 7 个。

在听觉感受中,音程有协和音程与不协和音程之分。"协和音程"两音相融合,听起来很悦耳。"不协和音程"中的两音不融合,听起来很刺耳。

协和音程可以细分为三类。

一是,极完全协和音程,听觉上甚至感觉是弹奏一个音的效果。包括纯一、纯八。

二是,完全协和音程,是听觉上最舒服的音程。包括纯五、纯四。

三是,不完全协和音程,听者会感觉有一点点的不舒服,但还算悦耳。包括大三、小三、大六、小六。

不协和音程可以细分为二类。

一是,不协和音程。包括小二、小七和增减音程。

二是,极不协和音程。包括小二、大七。

(六)和弦

三个或三个以上不同高度乐音按照一定音程关系的结合,叫作和弦。这里仅仅讲述三和弦和七和弦的构成。

三和弦是指三个音按照三度关系叠加起来的和弦。三个音按照由下至上的顺序,分别称为"根音""三音"和"五音",或者用阿拉伯数字1、3、5来标注。三和弦有四种类型,大三和弦、小三和弦、增三和弦和减三和弦。

大三和弦:从根音到三音为大三度,三音到五音为小三度,根音到五音为纯五度。

小三和弦:从根音到三音为小三度,三音到五音为大三度,根音到五音为纯五度。

增三和弦:根音与三音,三音与五音都是大三度,根音到五音为增五度。

减三和弦:根音与三音,三音与五音都是小三度,根音到五音为减五度。

大三和弦和小三和弦都属于协和和弦,构成这两个的和弦的音程是协和音程。增三和弦和减三和弦都是不协和和弦,构成这两个和弦的音程中包括不协和音程减五度和增四度。

按照三度关系叠置的四个音,构成的和弦叫"七和弦"。七和弦中的音,按照从低到高的顺序,依次叫作"根音""三音""五音""七音",用阿拉伯数字1、3、5、7做出标记。常见的有大小七和弦、小小七和弦、减小七和弦和减减七和弦。

"大小七和弦":以大三和弦为基础,根音、三音、五音为一个大三和弦,根音至七音为小七度的七和弦。

"小七和弦",也叫小小七和弦。以小三和弦为基础,根音、三音、五音为一个小三和弦,根音与七音相距为小七度的和弦。

半减七和弦,也叫"减小七和弦"。以减三和弦为基础,根音与七音相距为小七度的和弦;或者将原位减三和弦上方叠置一个大三度而构成。

减七和弦,也叫"减减七和弦",以减三和弦为基础,根音与七音相距为减七度的和弦,或者将原位减三和弦五音叠置一个小三度音而构成。

一个音符表现的音乐情绪比较单薄,两个音结合在一起,配合着音乐的旋律和节奏,能够更深入地体现出音乐的情绪。纯音程是开朗的、温和而纯粹的表现;大音程有力而强势;小音程忧郁而内敛;增音程有些许紧张;减音程显得悲哀……不同的音乐学家和声音治疗学家对和声音程做出如下概括:

表 9-1 和声音程①

音程(Unison)	比率	情绪特点
同音	1:1	有力的、可靠的、安全的、冷静的
八度音程	1:2	完整的、宽阔的、归属的、循环的
纯五度音程	2:3	有力的、中性的、舒适的、完整的、家的感觉
纯四度音程(Perfect fourth)	3:4	平静的、清晰的、开放的、明亮的、天使般的
大三度音程(Major third)	4:5	有希望的、友好的、不屈不挠的、舒适的、正直的、平凡的
小六度音程(Minor sixth)	5:8	抚慰的,但是脆弱而忧伤
小三度音程(Minor third)	5:6	兴高采烈的、精神昂扬的
大二度音程	8:9	幸福的、坦率的、轻松的,但可能使人不愉快
小七度音程(Minor seventh)	4:7	令人紧张的、期待的,丰富但不平衡
大七度音程(Major seventh)	5:9	陌生的、不调和的、怪异的
大二度音程	9:10	预料的、不稳定的
小二度音程(Minor second)	15:16	进展的、心神不安的、神秘的
减五度音程(Diminished fifth)	5:7	恶意的、恶魔的、恐怖的

(七)大小调与音阶

几个音(一般不超过七个,不少于三个)按照一定的关系(高低关系,稳定与不稳定关系等)联结在一起,构成一个体系,并以某一音为中心,这个体系就叫作"调式"。调式是音乐中音高关系的组织基础,是音乐表现的重要手段之一。

调式所具有的特性,叫做"调性"。调性一词的含义,有广有狭。如"大调性",既可指大调式一种调式所具有的特性,也可以指具有大调式特点的许多调式所共有的特征。几个音按照一定的关系排列,其中有一个音作为"中心音",这样便形成了调式。中心音又称"主音",调式中最稳定的音就是

① 〔美〕大卫·索南夏因:《声音设计——电影中的语言、音乐和音响的表现力》,王旭峰译,杭州:浙江大学出版社,2009 年,第 95 页。

"主音"。乐曲的结束音,一般都是主音,很少例外。[1] 主音可以是 C,也可以是 G 或者 F,组成调式的音大都是五个音或七个音,五个音的叫"五声调式";七个音即称"七声调式"。

五声调式就是由五个音构成的调式。这种以纯五度的音程关系来排列的调式在中国古代音乐和传统民间音乐中被广泛使用。在五声调式基础上,逐渐形成了中国民族调式的音乐理论体系,这五个音的名称分别是:宫、商、角、徵、羽。

1. 大调式

大调式,是由七个音构成的一种调式。大调式有三种:自然大调、和声大调和旋律大调。

三种调式中常用的只有自然大调。自然大调音阶的特征是,第三级与第四级,第七级至第八级之间是半音关系,其他各音级之间为全音关系;第一级至第三级构成大三度音程,这是大三度最具大调式的明亮色彩;第一级至第四级,第五级到第八级是两个结构完全相同的"四音列";第七级到第八级是导音与主音的半音关系。

调式音级用罗马数字标记,由低音到高音为 Ⅰ 、Ⅱ 、Ⅲ 、Ⅳ 、Ⅴ 、Ⅵ 、Ⅶ 。不同音级在调式中的意义和作用不同,分别是 Ⅰ 主音、Ⅱ 上主音、Ⅲ 中音、Ⅳ 下属音、Ⅴ 上属音、Ⅵ 下中音、Ⅶ 导音、Ⅰ 主音。

主音顾名思义是主要的音,也就是调式的中心音,好像行星围绕着恒星运转一样,调式其他音级也围绕着主音运动。属音又叫上属音,在主音上方纯五度,它对主音的支持最为有力。下属音在主音的下方纯五度,也给主音以有力支持。主音、属音和下属音都是调式的骨干音,统称为"正音级"。中音是上中音的简称,它在主音与属音之间;下中音在主音与下属音之间。上主音与导音分别在主音的上、下方,有进行到主音的明显倾向[2]。

调式正音级是调式骨干音级,包括第 Ⅰ 级、第 Ⅳ 级、第 Ⅴ 级。

副音级是调式中的非骨干音级,包括第 Ⅱ 级、第 Ⅲ 级、第 Ⅵ 级、第 Ⅶ 级。

和声大调是将自然大调中的第五级音降低半音。旋律大调上行时予自然大调相同,下行时第六级、第七级音降低半音。在三种大调中,自然大调是基

---

① 李重光:《基本乐理简明教程》,北京:人民教育出版社,1990 年,第 105—107 页。

② 晏成佺、童忠良:《基本乐理教程》,北京:人民音乐出版社,2006 年,第 57—58 页。

本形式,应用最广泛。和声大调、旋律大调都是自然大调的变体,应用较少。

2. 小调式

小调式包括自然小调、和声小调和旋律小调。三种小调在音乐作品中被广泛应用。自然小调是俄罗斯民间音乐及许多其他各民族的音乐所特有的。由于民间音乐的影响,自然小调在俄罗斯作曲家(巴拉基列夫、鲍罗丁、穆索尔斯基,里姆斯基–科萨科夫及其他)的创作音乐中,在苏联音乐艺术中,都有很大的意义。和声小调大概从 17 世纪就成为小调的基本类型,并且保持其地位直到现代[①]。

自然小调是小调的基本形式,由七个音组成。音阶特点是第二级与第三级,第五级到第六级之间是半音,其余相邻的音之间都是全音。它的第一级与第三级构成了小三度音程。小三度具有小调式的柔和的色彩。

自然小调的第七级音升高半个音,即是和声小调。和声小调的音阶结构是第六级到第七级音是增二度。自然小调的第六级和第七级都升高半音,就是旋律小调,旋律小调通常在上行音阶中使用,下行音阶还原第六级和第七级,依旧是用自然小调形式。

3. 等音调与调的五度循环

两调所有的音级都是等音,而且具有同样的调式意义,称为"等音调"。在七个升降号以内的各调中,有三对等音调:

B 大调 =♭C 大调

♯F 大调 =♭G 大调

♯C 大调 =♭D 大调

调的五度循环:将七个升降号以内的各调,按照纯五度关系排列,就构成了"调的五度循环"。从理论上讲,调的五度循环可以一直延续,形成螺旋形。但是由于等音调的存在,无穷尽的延续就失去了意义。

图 9-8　大小调

---

① 〔俄〕斯波索宾:《音乐基本理论》,北京:人民音乐出版社,2006 年,第 119 页。

(八)速度与力度

音乐作品中带着作曲家的个性和情感,乐曲的舒缓与紧张、欢快与悲伤、柔情与冷漠,都是音乐的语言,艺术家的心声。在演奏音乐作品的时候,准确地把握这些细节,才能够演绎好音乐作品。

音乐的速度,就是音乐进行的快慢。在乐谱中,各种速度的记号对于演奏家来说至关重要。决定音乐速度的首要因素是音符的时值,音符的时值长些,速度就慢些,反之,音符的时值短,速度就快。此外,决定音乐速度的还有音乐乐谱前面标注的"速度"和"情绪"记号。1812 年,荷兰人温凯尔发明节拍器,奥地利机械师梅特鲁姆将节拍器推广开发,并以自己的名字命名。至今,学习音乐的孩子依然离不开节拍器。在节拍器的辅助之下,演奏者对速度和节奏会控制得更好。

表9-2　音乐速度标记表

中文	意大利文	一个四分音符每分钟排数
状板	Grave	40
广板	Largo	46
慢板	Lento	52
柔板	Adagio	56
小广板	Larghetto	60
行板	Andante	66
小行板	Andantino	69
如歌的行办	Sostenato	76
速度适中	Comodo	80
中板	Moderato	88
小快板	Allegretto	108
快板	Allegro	132
小速板	Vivo	152
速板	Vivace	160
急板	Presto	189
最急板	Prestissimo	210

音乐的临时变化速度是根据乐谱上标注的要求进行的,例如,突快、渐快、渐慢、突慢、回原速等临时变化。同样一首乐曲,配上不同的速度记号,演奏出来的感受也完全不同。

表9-3 速度变化表

	原文	意义
速度减慢	rallentando	渐慢
	ritardando	渐慢
	ritenuto	突然放慢或转慢
	Meno Mosso	转慢
	Smorzando	渐慢弱
	Morendo	渐慢渐弱
	Mancando	渐渐消失
速度加快	Accelerando	渐快
	Piu Mosso	转快
	Stringendo	渐快渐强
回到原速	A tempo	回到原速
自由速度	Tempo rubato	自由速度

除此之外,还有常见的一些速度的用语:

molto 很、甚、十分

assai 很、十分、极

poco 稍、略、一点儿

possibile 尽可能地

non tando 不过分地

sempre 一直、始终

力度,是音乐语言的中必要的标注记号,可以出现在乐谱的很多地方。车尔尼说过:"在钢琴上可以表达出一百种力度层次,而这些层次是位于我称之为尚不是声音的两个极限之内的。"可见,力度在演绎音乐作品中,起到重要的作用。

基本力度术语:

pianissimo 很弱(缩写为 pp)

piano 弱(缩写为 p)

mezzo—piano 中弱(缩写为 mp)

mezzo—forte 中强(缩写为 mf)

forte 强(缩写为 f)

fortissimo 很强(缩写为 ff)

sforzando 特强(缩写为 sf 或 sfz,指一个音)

forzando 同上(缩写为 fz,指一个音)

力度变化的术语主要是以下几个:

crescendo 渐强(缩写为 cresc.)

diminuendo 渐弱(缩写为 dim.)

forte—piano 强后即弱(缩写为 fp)

sforzando—piano 特强后弱(缩写为 sfp)

(九)旋律

旋律是用调式关系和节奏、节拍关系组合起来的,具有独立性的单声部音列进行,体现出音乐的主要思想。它是整个音乐的灵魂,是音乐的基础,是表现音乐形象的重要形式。旋律主要有几个进行的方向,分别是:上行、下行、平行、曲线进行和直线进行。

当许多高低不同、长短不同、强弱不同的音组成的旋律线条。旋律的进行方式主要有音的重复,音的环绕,上下行,波浪式进行等类别。法国卢梭认为:"旋律模仿人声的变化,表现怨诉,表现出痛苦和喜悦的呼声,表现出威吓和叹息;一切情感的发声表现都属于旋律表演的范围。"

旋律可分为声乐旋律与器乐旋律两种。声乐旋律是为人声演唱的,它与人们的声音、语言有着密切的联系。一般说,声乐旋律的音域比较狭窄,富有歌唱性是它的最大特点。器乐旋律是为乐器演奏的,它与乐器的特点有着紧密的联系,并因乐器的不同而有所不同。一般说,器乐旋律和声乐旋律相比,音域较宽,速度和力度的变化较大,富于节奏性和技巧性,但歌唱性对器乐旋律的表现来说,也同样具有重要的意义[①]。

---

① 李重光:《基本乐理简明教程》,北京:人民教育出版社,1990年,第186页。

影视音乐中常见到的旋律重复包括"完全重复"和"变化重复"两种基础模式。完全重复,是在第一条旋律没有改动的基础上,完全重复这段旋律。其音高、节奏、速度、调性都没有变化。钢琴曲《献给爱丽丝》前17小节就是这样的完全重复。"完全重复"在影视剧中能起到加深印象的作用。"变化重奏"是对乐句的旋律、速度、节奏等方面做出轻微的改变,然后进行"变化重复"。

旋律的变奏,是在音乐基础材料上进行一些小改变。调式变化、调性变化、节奏和速度变化都可以称之为变奏。

音乐旋律的级进是指旋律中的两个音之间,按照音阶排列顺序,进行二度音程的上行或下行。"级进"是旋律的表现形式之一,上行的级进能使情感平稳地逐步升级,美国电影《音乐之声》中的插曲《哆来咪》,用到了上行的级进。下行的级进将曲调变得更加忧郁。民族五声调式中,有时虽是小三度音程,但两音的连续进行也可以看成旋律级进。更多时候,作曲家会根据自己的情感,自由选择级进模式。

在聆听音乐的时候,我们能够感受到音乐旋律伴随着节奏进行。对于非音乐专业的朋友来说,旋律简单的音乐很容易被接受,旋律变化越大,对听众"音乐耳朵"的要求越高。

第二节　音乐审美与情绪表达

音乐审美可以分为以下几个部分:首先,要确定传播主体、客体、介质,即传播者、受众和媒介。在多媒体时代,音乐传播的媒介可谓五花八门。传统的盒带、CD已然悄悄离开大众的视野。广播音乐传播的主要受众以汽车司机为主,电视音乐传播逐渐落后于网络音乐传播,而这几种媒介介质均落后于网络媒介。互联网链接后,电脑个人用户可以免费下载酷我音乐盒、酷狗音乐、QQ音乐等音乐软件。此类软件包含海量的免费音乐资源,此外还具有强大的分类搜索功能和娱乐休闲功能。手机音乐可谓是音乐媒介的后起之秀,它具有携带方便、试听同步、储存量大等特点。作为流行音乐的强大媒介,随着通信用户普及和技术日趋成熟,用手机作为媒介的受众越来越多,尤其受到青年受众的喜爱。第二,纯音乐审美离不开受众基本情绪和感受。第三,受众对音乐风格的体验、对音乐文本的精神领悟、并引发受众的合理联想。

音乐情绪主要分为大众化情绪和感性情绪。大众化音乐情绪主要出现在非音乐专业人群之中,此类受众不需要受到任何音乐方面的训练,仅仅凭靠自身心理情绪展开音乐审美情绪。而感性的音乐情绪属于"审美反射"阶段,它无需理性,凭借音乐和音响对自身的感官做出刺激。

每一位音乐家都有自己的艺术风格。贝多芬音乐作品中的英雄性,是一个社会、时代造成的;瓦格纳的悲剧风格受到德国哲学思潮和古典主义的影响;柴可夫斯基的音乐充满了对俄国黑暗社会的表述和担忧。

音乐的风格特征是非单纯的,是受众理性与感性的结合,逐渐走向自我风格专业化。我们知道,巴洛克时期的著名音乐家巴赫、斯卡拉蒂的作品是非常有序的音乐典范,其和声、对位、旋律处理非常严谨,交代明确。古典主义时期的音乐作品受到西方哲学体系的影响,音乐逻辑清晰,多为奏鸣曲曲式。浪漫主义时期的作品多充满想象空间,具有标题性。

表9-4　情绪状态的声学表达[①]

情绪	表达
悲哀	缓慢的、无精打采的旋律;叹息;音调细腻的、简短的关爱;主导的不和谐的和声
快乐	快节奏的;活泼的、喜洋洋的旋律;温暖的音调色彩;更协调的和声
满足	比高兴更加稳定和安静的旋律
后悔	悲痛的元素,除了使用过的狂暴的、哀伤的旋律之外
希望	得意的、欢跃的旋律
恐惧	向下翻滚的进行,主要在较低的音域
大笑	延长的、疲惫的乐音
浮躁	害怕和希望的交替表现
胆怯	类似于害怕;但常常被急躁的表现所强化
爱情	协调的和声;主要乐章上温和的、讨人喜欢的旋律
憎恨	粗暴的和声和旋律

① 引自弗里德里希·马尔伯格(1718—1795),德国音乐评论家、作曲家。

续表

情绪	表达
羡慕	牢骚的、恼人的乐音
同情	温和的、流畅的、哀伤的旋律;舒缓的乐章;低音部的重复音型
嫉妒	由温和的、摇摆的音调引入,然后出现强烈的、斥责的乐音,最后是运动的、叹息的乐音;快慢交替的乐章
愤怒	与连续音符结合的憎恨的表现;低音部频繁的快速变化;急剧的、强烈的乐章;尖声的不和谐音
谨慎	摇摆的、犹豫的旋律;间断的、快速停止
大胆	挑衅的、奔腾的旋律
单纯	田园风格
急躁	快速的变化,讨厌的变调

表 9-5　音乐类型对身体、精神和情绪的影响[①]

类型	影响
庄严的赞美诗、福音音乐、萨满教的嗡声	踏实、内心平静、精神意识、超然并免除痛苦
以教皇格里高里(Gregorian)为名的无伴奏齐唱圣歌	正常的呼吸、心胸开阔、压力降低、沉思
新世纪音乐	时间和空间的扩展、平静的觉醒状态、超脱于躯体
舒缓的巴洛克(Baroque)(巴赫、维瓦尔第)	安全感、准确、秩序并然
古典音乐(莫扎特、海顿)	轻盈、幻想、庄严、三维感知
浪漫的(柴可夫斯基、肖邦)	情感、温暖、自豪、浪漫爱国精神
印象派(德彪西、拉威尔)	感情、梦幻影像、白日梦
非洲裔美国人——爵士、布鲁斯、迪克西兰爵士乐、(dixieland)、雷盖音乐(reggae)	欢乐的、真诚的感情、恶作剧的、嬉戏的、嘲讽的
拉丁——莎莎舞、伦巴、桑巴	性感、心跳加剧、身体刺激
大型乐队、流行音乐、乡村音乐、西部音乐	自信、美好的感觉、动感
摇滚乐	好斗、形成压力或释放压力
重金属、朋克音乐(punk)、说唱音乐、嘻哈音乐(hip hop)、邋遢乐(grunge)	刺激神经系统、叛逆行为

---

① 〔美〕大卫·索南夏因:《声音设计——电影中的语言、音乐和音响的表现力》,王旭峰译,杭州:浙江大学出版社,2009 年,第 95 页。

第三节　影视音乐的功能

关于音乐的听觉感受，早在春秋时期的历史文献中就有记载。《左传·昭公二十年》中记载："先王之济五味。和五声也，以平其心，成其政也。声亦如味，一气、二体、一三类、四物。五声、成律、七音、八风、九歌，以相成也；清浊、小大、短长、疾徐、哀乐、刚柔、迟速、高下、出入、周疏，以相济也。君子听之，以平其心。心平，德和。故《诗》曰："德音不瑕。""

纯音乐的功能，基本可以归纳为艺术功能、审美功能、教化功能、情感表现功能，而影视音乐具备了所有纯音乐的功能，还衍生音画联觉、画面与剧情深度理解等功能。

音乐是非自然形成的，它由人类智慧创造而成，有别于自然界的风声、雨声、鸟叫声，人类将自己的情感糅杂于乐谱音符之中，经过作曲家对音乐技法的推敲与写作，经过无数位音乐表演家的现场和非现场的演绎，最后送到我们的耳畔，成为最具有艺术表现力的听觉艺术。

一、影视音乐的情感表达

艺术的本质之一是表达情感，从作曲家到演奏家，从纯音乐到影视音乐，音乐带给受众的是作曲家的情感、演奏家的情感、影视导演的情感、乃至于传媒音乐中点点滴滴的情感表现。

所以说，影视音乐的表情性功能非常强大。黑格尔在著作《美学》中提出："在这个领域里，音乐扩充到能表现一切各不相同的特殊情感，灵魂中的一切深浅不同的欢乐、喜悦、谐趣、轻浮任性和兴高采烈的，一切深浅不同的焦躁、烦恼、忧愁、哀伤、痛苦和怅惘等等，乃至敬畏崇拜和爱之类情绪都属于音乐表现所特有的领域。"[1]

影视音乐的抒情是有限度的，这种情感不能超越戏剧内容的底线。

---

① 〔德〕黑格尔：《美学》第三卷上册，北京：商务印书馆，1979年，第345页。

2008 年孙红雷主演的谍战电视连续剧《潜伏》。《潜伏》曾在各大电视台热播,它的片尾曲《深海》是以苏联歌曲《神圣的战争》重新填词而成。弱拍起强拍止的男声三声部合唱充分表现了中国共产党人在严峻的战争时期的无畏、悲壮与力量。苏联群众歌曲在经过重新演绎之后,再一次赢得受众的赞扬和喜爱。歌曲表达的情感不是情爱之缠绵、不是自然之雅静、不是都市之繁华,《深海》的音乐情感仅仅限制于"特殊年代发生的一个革命者潜伏的故事"。在电视剧《潜伏》的最后一集中,身怀六甲的翠平看着即将离开大陆的丈夫,两人没有一句对白,完全用音乐和现场音效来诠释情感,无言的情景中,音乐将剧情推向高潮。

乐谱 9-1 《神圣的战争》俄文歌词谱

二、影视音乐的剧情表述

音乐有时候可以像语言一样表述一件事情，或是形容一个场景，一段主题。影视音乐对剧情的表述基本上有"直接表述"和"间接表述"两种情况。带有歌词的影视音乐能够"直接表述"剧中情节。《红十字方队》是1997年由中央电视台影视部和解放军后勤部电视艺术中心联社摄制的，讲述了当代军医学院青年军人中的故事。片中插曲《相逢是首歌》由张千一作曲，刘世新填词，俞静演唱。"你曾对我说，相逢是首歌。眼睛是春天的海，青春是绿色的河。相逢是首歌，同行是你和我。心儿是年轻的太阳，真诚也活泼。你曾对我说，相逢是首歌。分别是明天的路，思念是生命的火。相逢是首歌，歌手是你和我。心儿是永远的琴弦，坚定也执着。"插曲中的歌词明确表现出电视剧《红十字方队》中的军旅生活、青春、追求、梦想……

有的影视音乐能够直接表述出故事发生的年代，具有时代感的音乐帮助引导观众的心理情感。中国电视剧制作中心制作的大型历史电视连续剧《三国演义》中，片头曲《滚滚长江东逝水》由谷建芬作曲，明代杨慎词作为该剧的歌词，杨洪基演唱。"滚滚长江东逝水，浪花淘尽英雄。是非成败转头空，青山依旧在，几度夕阳红。白发渔樵江渚上，惯看秋月春风，一壶浊酒喜相逢，古今多少事，都付笑谈中。"无论是从歌词的文字表述，还是演唱者杨洪基那浑厚的男中音，都产生出一种跨越时代的纵深感，仿佛真的走进那战火硝烟、群雄争霸的年代。

电视连续剧《蹉跎岁月》由中央电视台出品，剧中的音乐充满了云南地区羽调式的旋律特点。剧中主题曲《一支难忘的歌》由关牧村演唱，"青春的岁月像条河，岁月的河啊汇成歌……"歌曲讲述出多少"文革"的故事，欲说还休。

电视剧《红楼梦》插曲《葬花吟》，《西游记》中插曲《天竺少女》，这些都属于配合电视剧情节片段的"直接音乐表述"。

影视音乐的"间接表述"，主要是指剧中的无歌词伴奏音乐。纯音乐中是没有语义学的，音乐的这个特点切断了它与文学、绘画等艺术符号体系之间的联系。那么，我们要怎样看待影视音乐所表达的情感呢？首先是了解约定俗成的乐器、音乐与情感。管风琴演奏的音乐能让我们想起教堂，音乐中充满了虔诚的信仰;竹笛和箫的声音能代表东方韵味的中国风,江南水乡的风韵和中式园林的雅致;巴乌和葫芦丝音乐是云南地区少数民族生活的写照。这样的影视音乐"间接"地透露出剧中故事的一些信息。

电影《卧虎藏龙》中,大盗罗小虎到京城寻找玉娇龙,女主角玉娇龙回忆自己在新疆伊犁的一个生活片段,英国管吹奏出浓郁的西域风格音乐。音乐配合画面中的沙漠和马队,不用任何语言,间接地表现了这段回忆发生的地点。此外,玉娇龙和巴乌音乐之间有着一些默契,俞秀莲第一次见到玉娇龙时,巴乌音乐响起;玉娇龙的闺房内,她准备睡觉时又响起这段巴乌音乐;回忆起和父母在新疆的日子时也用到巴乌音乐……

从影视音乐中,我们能够了解剧情发生的年代、地点、国家、民族等很多细节,这样的旋律能够跨越时间和空间,与剧情内容形成共鸣。

三、影视音乐的思维联想

每一门艺术都有自己的基本幻象,这种幻象不是艺术家从现实世界中找到的,也不是人们在日常生活中使用的,而是被艺术家创造出来的。音乐所创造的是另外一种幻象,虽然它有时也可以创造出一种空间经验,但从本质上来说,它却是处于一种特定的虚幻时间领域中。只有这种"虚幻时间",才是它的基本幻象,它的基本幻象;它所创造出来的形式,就在这一虚幻的时间中移动着①。

当我们聆听一首纯音乐时,能否通过听觉展开思维联想呢?静听肖邦的钢琴曲《夜曲》能联想到一个迷人的夜色吗?可否拾起一段浪漫的回忆?"有一千个观众就有一千个哈姆雷特",相信每个人在聆听这首《夜曲》时,产生的思维联想是不同的。

影视音乐的思维联想差异取决于观众的年龄、民族、国家、社会交往、阶层等多种因素。经历过"文革"的人,在观看电视连续剧《渴望》时,对音乐和剧情之间的感悟会更深刻,甚至会将自己置身于剧中,产生更多思维联想。

---

① 〔美〕苏珊·格朗:《艺术问题》,南京:南京出版社,2006 年,第 97—98 页。

第十章 音乐与传播媒介

第一节 广播与音乐

广播从出现的那一刻起,就与音乐结下不解之缘。早在 1906 年 12 月 25 日,美国物理学家雷金纳德·奥布里费森登在马萨塞州布兰特罗克镇的国家电器公司 128 米高的无线电塔上进行了一次广播。广播的内容是《圣经》的故事,并且配有德国音乐家韩德尔创作的小提琴曲《舒缓曲》。

1916 年,美国马可尼公司的无线电发报员戴维·萨尔诺夫向公司总经理提交了一份著名的《无线电八音盒备忘录》。在备忘录中提到,把笨重的无线电接收设备改成一个有几个波长,可供听众选择的无线电八音盒,方便其向家庭传送信息和娱乐音乐。值得惋惜的是,马可尼公司没有接受戴维·萨尔诺夫的建议。1920 年美国西屋电器公司的工程师弗兰克·康德拉在匹兹堡附近设立了一座电台,呼号 8XK。通过这个电台,弗兰克经常同其他无线电爱好者对话,并播放音乐,邀请艺人表演。1920 年 10 月 27 日,电台获得美国商务部颁发的正式营业执照,呼号为 KDKA。

广播的出现,为音乐的传播提供了一种新的传播工具。它打破了传统音乐传播时间和空间上的局限性,扩大了音乐的受众群体,缩短了音乐声源和听众之间的距离,并且使不同阶层和不同文化程度的受众获得了简单又方便地欣赏音乐的方式。

第二节 电视与音乐

电视发明于 1936 年,比电影晚了整整 40 多年。世界电视节目首次播出于英国,1929 年,英国广播电视公司 BBC 开始采用贝亚德的机械电视系统进行电视试播。1936 年 11 月 2 日,BBC 公司在伦敦以北的亚历山大宫的电视演播室播出了一场大型歌舞。在简短的开幕词以后,著名的女歌星艾德尔·迪克森演唱了一首歌曲,歌曲名字就是《电视》。

早期 BBC 的电视节目每日播出 2 小时,主要节目有戏剧、音乐、体育比赛和游戏等。电视媒介通过播出戏曲、音乐节目而受到受众的喜爱,同时,音乐也通过电视媒介得到更好的传播。

我国第一个电视台建立于 1958 年, 即北京电视台,1978 年 5 月更名为中央电视台。我国的电影作曲家为电视剧音乐创作提供了创作经验。《蹉跎岁月》主题歌《一支难忘的歌》,《便衣警察》主题歌《少年壮志不言愁》,《哈尔滨之夏》主题歌《太阳岛上》,都是经典的电视剧音乐。

电视栏目和专题片音乐也层出不穷。《综艺大观》中的歌曲《今宵情》,《正大综艺》中那首《爱的奉献》,《同一首歌》中的同名歌曲,都为电视栏目增加色彩,发挥出重要作用。

今天的电视音乐包括电视剧音乐、广告音乐、综艺节目现场音乐、新闻类节目背景音乐、栏目片头音乐等多种类型,一首优秀的音乐能够让受众百听不厌,通过音乐记住节目的瞬间。

第三节　电影与音乐

电影是集文学、表演、摄像技术、舞美、音乐于一身的"视听艺术"。电影和音乐之间的角色互动与融和过程非常漫长,电影技术与艺术发展进程中,其表现的风格和审美也跟随时代而变更,谭盾早期的电影音乐《火烧圆明园》插曲采用质朴的中国民间音乐曲调,至后期影视剧《卧虎藏龙》《英雄》中的电影音乐作品,将中西音乐风格相糅合,呈现给受众一场视听盛筵。

电影的发展历程,要追溯到 19 世纪末至 20 世纪初期,电影和电视在科技高速发展的环境下相继出现。电影问世伊始,即是无声电影的"默片时代",在没有音乐、音效、对白、解说等任何声音元素的情况下播出的电影。人类在正常生活中养成了视觉和听觉感官并行而动的本能习惯,无声的影片只能满足视觉欣赏,使受众的视觉和听觉感官不平衡。是以在电影音乐技术尚未成熟之时,就有影片开始利用隐藏在银幕后方的乐队为电影现场配乐。音乐理论家汉斯·艾斯勒认为:"音乐正足以当作影像的解药,因为观者目睹近乎真实世界的一切活动时,却听不到一点相对应的真实声响,必然引发感官上的不适应……因此音乐不只用来填补影像所欠缺的真实生命感,更可以解除观众在看影片时所产生的不适应以及恐惧。"电影的无声时代长达32年。

关于电影的"有声"和"无声",曾经在影视艺术界有过争论。卓别林曾经这样评论"对白电影":"对白片?你们可以说我是讨厌它的,它会毁坏世界上最古老的艺术,哑剧艺术,它消除了无声的巨大美感。"

鲁道夫·爱因汉姆曾经在《电影作为艺术》一书中说:"毫不懂得电影艺术的人常常把无声说成是电影的最严重缺陷。这些人认为有声片的发明使默片前进了一步或臻于完美。这是一种愚蠢的看法,就好比有人大事颂扬立体油画的发明,说它推进了由来已久的绘画原则一样。""如果想在艺术中像序列两个活动那样,把视觉元素和听觉元素连接在一起,那显然是既无意义也无可能的。艺术家在想象和构成他的世界的形象时,是通过可以直接知觉到的感官元素的,例如颜色、形状、声音、运动。这些感觉对象的富于表现力的特征有助于解释表现对象的意义和性质。表现对象的实质必须明显地展露在能够直接观察到的东西之中……深红色的葡萄酒和低音提琴的深沉的声音可能具有相同的表现力,但是在红色和声音这两种纯粹的感觉现象之间却不可能建立起任何形式上的联系。"①

贝拉·巴拉兹曾经在《电影美学》一书中提出自己的观点:"反对对白片真是件蠢事。想想吧,如果卢米埃尔兄弟在发明摄影机的同时,又发明了有声片摄影机(这个假定当然是不可能的),情形又怎么样呢?要真是那样,恐怕谁也不会发了疯似地想用无声的表演来演出戏剧性场面了。谁都会把这种想法斥为不艺术的不自然的和荒唐可笑的了。表现一个人说话而没有声音,只见嘴动而听不到说些什么!然后人物消失,我们从字幕上读到一些算是人物刚才所说的话!然后我们又看到这同一个人物在无声地说话!真是岂有此理!"②

---

① 〔德〕鲁道夫·爱因汉姆:《电影作为艺术》,杨跃译,北京:中国电影出版社,1981年,第87页。
② 〔匈〕贝拉·巴拉兹:《电影美学》,何力译,北京:中国电影出版社,1982年,第206页。

无论电影学理论家的争论结果怎样,电影艺术都向着时代迈开它的脚步了!

第一位在电影中使用音乐伴奏的人是法国人奥古斯塔·卢米埃尔(Auguste Lumiè re,1862—1954)和路易斯·卢米埃尔(Louis Lumiè re,1864—1948)。卢米埃兄弟是电影和电影放映机的发明者。1895 年 12 月 28 日在巴黎的卡普辛大道餐厅(Grand Cafe on the Boulevard des Capucines),卢米埃兄弟在放映电影的同时,邀请钢琴家至现场为电影演奏钢琴小品乐曲。这是电影与音乐的第一次合作,还不能成为真正意义上的电影音乐。默片时代为电影而伴奏的钢琴曲,与电影的画面和情节没有直接关系,两者各自演绎各自的艺术,以至于可能出现视听内容不协调或相悖的情况。

悲伤的画面和故事情节配上节奏欢快的音乐,这样不搭配的电影音乐很快引起电影艺术家的重视。1909 年,美国爱迪生专利公司(Motion Picture Patents Company)开始为电影的剧情选择对应的音乐片段,标注上"快乐""哀伤""气愤"等情感形语言标签,在电影表演时根据剧情演奏乐曲,使观众的视听感官达到基本的和谐。

意大利作曲家朱塞佩·贝切编辑《电影音乐手册》《电影用曲汇编》等电影音乐书籍。这类书中详尽地标注出音乐的风格和情感,如强烈的爱、悲愤、剧烈的痛苦……1912 年,温克勒(Max Winkler)出版《音乐指示谱》(The Music Cue Sheet),这本乐谱合集,同样是为电影播放而服务的分类音乐,当时很多著名作曲家创编的乐曲都被收编在这类书籍中,如舒伯特《未完成交响曲》、贝多芬的一些序曲等。

这些适合电影的音乐曲集被人们称为"罐头音乐"。"罐头音乐"是指制作完成的版权音乐,这些音乐被用不同的情绪标签分类,以商业用途为主,可以"开罐即食"。这些音乐主要针对乐曲对情绪的掌控,以及与画面情绪的和谐搭配。在有声电影出现之初,"罐头音乐"曾经一度消沉,甚至被电影电视制作人遗忘。直到 20 世纪 80 年代才重新进入人们的视野。时至今日,电影和电视的"罐头音乐"依然存在。

随着科技的发展,人们对电影画面和音乐的配合有着更高的要求。为电影而创作的音乐总谱出现了,在放映电影的同时由乐队现场演奏。演奏时常和影片放映时常相同,要求演奏者临场发挥,根据现场和观众的情况而调整音乐状态。20世纪英国著名的表演家,现代喜剧电影奠基人,奥斯卡荣誉奖获得者查尔斯·斯宾赛·查理·卓别林爵士(1889年4月16日—1977年12月25日)于1918年创建好莱坞公司并开始了自己的电影音乐创作,为无声电影搭配合适的音乐和音效。他的无声经典电影包括《寻子遇仙记》(1921年)、《巴黎一妇人》(1923年)、《淘金记》(1925年)、《马戏团》(1928年)、《城市之光》(1931年)、《摩登时代》(1936年)等。卓别林的有声电影主要有《大独裁者》(1940年)、《凡尔杜先生》(1947年)、《舞台生涯》(1952年)、《一个国王在纽约》(1956—1957年)。电影《摩登时代》是在有声电影发明后拍摄的,虽然被定义为无声电影,但是实际上该电影有声音,比如收音机和电视机的声音,以及影片结束时卓别林亲自哼唱的那支歌曲。

据电影学史料记载,最早为电影专门谱曲的人是法国钢琴及管风琴演奏家夏尔·卡米尔·圣-桑,他为电影《吉斯公爵的被刺》专门创作音乐。1913年意大利作曲家朱塞佩·贝切为影片《理查·瓦格纳》创作了音乐。1915年,音乐家J.C.布里厄为美国格里菲斯导演的影片《一个国家的诞生》创作了音乐。特别是进入20世纪20年代后,有大量的作曲家尝试为电影谱曲。如法国作曲家亨利·拉博为影片《狼的奇迹》作曲,普洛兰·舒米特为影片《萨兰波》谱曲,埃立克·萨蒂为影片《幕间休息》谱曲,瑞士作曲家阿瑟·奥米格为影片《车轮》《拿破仑》谱曲,美国作曲家乔治·安泰尔为影片《机器舞蹈》谱曲,德国作曲家爱蒙德·门泽尔为爱森斯坦的《战舰波将金号》谱曲等,这些作曲家为电影音乐做出了开创性的贡献[1]。

---

① 陈斌、程晋:《影视音乐》,杭州:浙江大学出版社,2004年,第3页。

第十一章 剧情类电视作品的人声和音响

影视是结合了空间艺术和时间艺术而产生的综合性艺术形式,大众传播力度极强。影视中的声音则是在影视艺术的发展过程中逐渐演变出的一种新的艺术形态。影视作品通过画面艺术、语言艺术、音乐音响艺术来完成,电视画面具有客观性、艺术性、运动性等特点,画面再现了概念的形象,而音乐影响了思维的抽象。画面与声音从具体性到抽象性的完美组合,形成了我们熟知的影视声音艺术。

电影、电视剧、微电影……所有具有可视性的媒介都具有画面和声音两个类型元素构成,声音包括人声、音乐和音响。音乐作为影视艺术的一个重要的表达元素,在影视作品中具有不可替代的作用。视觉和听觉共同感受的音画艺术是影视作品的灵魂,音乐随着剧情发展,保持着和画面节奏统一的情感元素。在欣赏影视剧作时,与画面同时出现的音乐总能带给我们更深层次的内心感悟。可以说,音乐是影视艺术制作中不可缺少的一部分,是增强影视艺术表现力的最佳途径。

第一节 影视声音艺术之"人声"

人声是指人的发声器官发出的声音,口述语言的声音是"人声"中最重要的,语言能够直接表达人类的思想和情感,具有鲜明的逻辑性,"口语传播"是人类传递和交流信息的重要途径。人类器官发出的笑声、哭声、打喷嚏、咳嗽、打饱嗝、肚子咕咕叫等声音都属于"人声"范围。在广播剧、影视剧、纪录片、专题片、广告等广播电视类节目中,有声语言主要是扮演者自身的语言，或是解说者的语言。

一、人物对白

人物对白是最电视栏目上最常见的人声模式。综艺节目中主持人和嘉宾的对话属于人物对白；综艺节目嘉宾与现场群众的互动语言属于人物对白；电视小品、相声类语言节目中，完全依靠"人物对白"来建构节目主题框架。

影视剧中的人物对白是最精彩的。人物的性格和内心活动，往往直接表现在"人物对白"中，即使是同一个人物，在不同的情节中，语言的速度、语气、节奏、语调等都会出现差异。影视剧"对白"在能够推进剧情，为剧本完整和统一提供必要帮助。

例如，热播电视剧《后宫·甄嬛传》中的一段对白：

熹贵妃：斐雯，你在宫里的这些日子，本宫倒没瞧出你有这份心胸。

斐雯：奴婢伺候娘娘，有什么心胸都牵挂在娘娘身上，但是奴婢在宫里当差，只能对皇上一人尽忠，若有得罪还请娘娘恕罪。

熹贵妃：你对皇上尽忠也算得罪本宫的话，岂非要治本宫于不忠不义之地了。(面对皇后)容臣妾问她几句话。斐雯，无论今日之事结局如何，你都不能再回永寿宫，再伺候本宫了。

斐雯：只要是在宫里伺候，无论服侍哪位小主，奴婢都会赴汤蹈火在所不辞。

熹贵妃：很好，好歹主仆一场，今日你既来揭发本宫的私隐，想必也是知道是最后一遭伺候本宫了，自己份内之事也该做好。我问你，你出来前，可把正殿紫檀桌上的琉璃花樽给擦拭干净了？

斐雯：已经擦了。

槿汐：胡言乱语，娘娘的紫檀桌上何曾有琉璃花樽，那分明是青玉的。

斐雯：是奴婢记错了，是青玉花樽。

敬妃：看来斐雯的……记性不大好啊，难为你了，还能记得温太医袖口上的花纹。

斐雯：奴婢记得，是青玉花樽，没错。

熹贵妃：正殿紫檀桌上从未放过什么琉璃花樽，你伺候本宫，不把心思放在正经事上，倒日日留心哪位太医的手搭了本宫的手，翻出来的袖口上绣了什么花样。这些情景若是放了旁人，是看都不敢看，为何你连了枝叶末节都这般留意，如此居心实在可疑。

斐雯：奴婢日夜心里只牵挂着这件大事，哪里还留心了别的事情。

端妃：想来若温太医和熹贵妃真有私情，自然是会防着别人的，怎么斐雯回回都能瞧得见，还瞧得那么真切，难道斐雯，事事分外留心主子的一言一行？

敬妃：你这丫头，真是。竟敢日日盯着熹贵妃私自窥探。皇后娘娘，臣妾认为，此事颇为蹊跷，定是幕后有人主使，这丫头讲的话不能相信。恐怕后面还有更大的阴谋呢。

欣贵人：臣妾疑惑，祺贵人住在交芦馆，斐雯是永寿宫的宫女，既然人人皆知祺贵人向来不敬熹贵妃，为何永寿宫的宫女会和祺贵人一起来向皇后揭发此事呢？……

——录自电视剧《后宫·甄嬛传》。导演：郑晓龙；编剧：吴雪岚、王小平

这段剧情以人物对白为主，表现出后宫人物不同的个性和相互的关系。语言推进了剧情发展，将剧情带入高潮部分。如果你的剧本中出现剧情内容紧张、节奏紧凑的片段，请把握好演员的人物语言对白，这是让观者了解故事发展的最直接有效的办法。

二、旁白

旁白作为画外音的一种形式，能够简明地介绍出情节、历史、环境以及需要营造的情绪。例如《城南旧事》开头的画外音：

不思量，自难忘。半个多世纪过去了，我是多少想念住在北京城南的那些景色和人物啊。而今或许已物易人非了，可是随着岁月的荡涤，在我，一个远方游子的心头，却日渐清晰起来。我所经历的大事也不算

少了,可都被时间磨蚀。然而,这些童年的琐事,无论是酸的、甜的、苦的、辣的,却永远、永远地刻印在我的心头(音乐声《送别》起……)

——录自电影《城南旧事》。导演:吴贻功;编剧:伊明

这段旁白的语言用于影片之始,苍凉深沉的女性声音,用沉缓的语言感觉朗读这段话,那种磁性的声音吸引着我们,将我们带进那段陈旧的岁月。"不思量,自难忘",引自苏东坡词《江城子》乙卯正月二十日夜记梦:"十年生死两茫茫,不思量,自难忘。千里孤坟,无处话凄凉。纵使相逢应不识,尘满面,鬓如霜。夜来幽梦忽还乡,小轩窗,正梳妆。相顾无言,唯有泪千行。料得年年断肠处,明月夜,短松岗。"苏门六君子陈师道曾用"有声当彻天,有泪当彻泉"评论此词。这首词作于公元1075年,宋神宗熙宁八年,苏轼四十岁在密州任知州,梦中思念亡妻而作。独白之后的音乐进入那首熟悉的《送别》,曲调取自约翰·奥德威作曲的美国歌曲《梦见家和母亲》,歌词出自近代诗人、画家、音乐家、教育家、高僧李叔同之笔。"长亭外,古道边,芳草碧连天,晚风拂柳笛声残,夕阳山外山。天之涯,地之角,知交半零落,人生难得是欢聚,唯有别离多。长亭外,古道边,芳草碧连天。问君此去几时还,来时莫徘徊。天之涯,地之角,知交半零落,一壶浊酒尽余欢,今宵别梦寒。"

李少红导演的电视剧《新红楼梦》中用到大量的旁白,对此,观众和业内人士褒贬不一。有人认为这样的旁白太啰嗦,实在听不进去,看不下去;也有人认为加入旁白后更能够遵照原著来演绎红楼梦。由此可见,旁白运用好了,可为影片增色,反之则成为影片的累赘。

三、独白与内心独白

独白是人物抒发个人情感时说的话,直接揭示出人物当前的心理状态。独白不需要交流,一个人叙述即可。内心独白是指演员没有开口说话,而人声是他或她的,表现出内心的想法。人的内心有一个世界,内心世界和外在世界的区别在于,内心世界是纯粹的、真实的、诚恳的。在剧情需要的情况下,内心独白可以直接展示人物的内在心理活动,将人的意识直接传递给观众。

四、解说

在专题片和纪录片中,往往会出现大量的人声。人声主要是作为解说。不同的音色,不同的音调,不同的语速节奏,都可以表现出不同的内容。解说在配合画面、传递信息、塑造形象、渲染气氛、抒发情感、介绍知识、组接画面等方面起着重要的作用。首先,解说可以帮助补充画面无法表达的内容。无论是广告、新闻片还是纪录片,画面只能表现一些直观的客体现象,而何时、何地、何人,发生何事,产生的原因,结果如何等等,这些仅用画面是很难描述清楚的,这里必须依靠简洁明了的解说①。解说在专题片和纪录片中还承担着组接画面的作用,使画面之间自然衔接,清晰流畅。

纪录片《京剧》第一集解说词节选阅读:

> 历史的晨钟暮鼓送走了这座城市弦歌相伴的遥远岁月,而京剧舞台上的这份热闹与绚丽,其实,从来就没有在这座城市真正离去。
>
> 对于那些有情和无情的岁月里,京剧之对于大多数北京人、中国人,即是各层人士沉浸其中、乐此不疲的一种生活方式,或者更是一种刻骨铭心的温情慰藉。
>
> 在好奇的外国人眼里,京剧也许首先是一个神秘而优美的梦境。仅仅八十年前,当来自中国的国色天香在太平洋彼岸的纽约百老汇舞台首次绽放,一位著名美国剧评家罗伯特·里特尔撰文对京剧这样形容:你会觉得自己仿佛置身于一个古老神话,优美和谐而永恒的世界,充满极其微妙的庄严和宁静。大多数西方人认为:京剧无疑超越了东西方之间所存在的障碍。
>
> 历史远去的背影,至今都折射出京剧复杂的身形。有人说,一个民族的古老艺术,终归承载着一个民族特有的生活,更寄托着这个民族根深蒂固、延绵不绝的血脉精魂。
>
> 一百多年前的王瑶卿,是京剧舞台上的要角儿,穿梭出入于重重

---

① 李南:《广播电视中的声音》,北京:中国广播电视出版社,2006年,第23页。

宫门的紫禁城，立于这个富丽堂皇而又戒备森严的宫廷舞台，为一个行将死去的王朝载歌载舞。王瑶卿的身影其实并不孤独。京剧百年，这个舞台，曾经见证了太多粉墨登场的艺人无以掩饰的光荣或梦想、得意或失落。程长庚、谭鑫培、杨小楼、余叔岩、梅兰芳，正是这些熟悉或陌生的名字，成就了一个王朝的跨越世纪的欢娱，也成就了京剧自身的灿烂与辉煌。

当所有的繁华已成过往，当所有的热闹归于沉寂，关于京剧，关于那些将自己的精魂，映射在舞台之上的戏梦人生。我们的讲述，就从这个早已陨落的王朝开始。

此时的昆曲已经盛极而衰，管弦悠扬伴随着吴音呢喃，演绎着私订终身后花园、落难才子中状元的老套情节，抛开身份面子不管，即便是宫廷之内的王公贵胄，大概也对昆曲开始有了审美疲劳。

咸丰十年，也就是公元 1860 年，紫禁城漱芳斋戏台，终于迎来了第一位演唱皮簧的供奉内廷，他就是日后被称为京剧鼻祖的程长庚。程长庚是三庆班的第四任班长，与所有前辈班长相比，程长庚粗通文墨，是梨园航中凤毛麟角的文化人，作为一名德行高尚的班主，程长庚对戏曲至于世道人心的潜移默化，怀有一份常人不及的敏感和关切。

19 世纪 50 年代，清帝国的大门，已随鸦片战争的失败轰然开启，古老的神州大地，开始了千年未有的艰难转型。然而，紫禁城内时时荡漾的，依然是昆曲男女之情的委婉之音。王朝政治的昏聩腐朽，与戏台下的沉湎萎靡，促使程长庚开始将思考的目光，转向舞台剧目的革新。一次偶然的机会，程长庚与一位常来听蹭戏名为卢胜奎的进京赶考的学子，走到了一起，并最终劝说卢胜奎放弃科考，转而下海入了梨园。以儒生的身份屈就梨园，卢胜奎大概是京剧史上第一人。在倡优并列的封建专制社会，今天的我们简直无法想象，这位来自江西的官宦子弟，需要跨越如何艰难的内心挣扎，总之，卢胜奎的加入，注定将使京剧，在通往艺术神殿的漫漫长路上，很快跨越尤为关键的一级台阶。

程长庚和卢胜奎，为了一改京都舞台的颓靡之势，合作成就了这部涵盖了三十六本的京剧长篇大轴《三国》的问世。三国戏的演出，一时成为京城舞台旷日持久的风潮，而正是在这股热潮的吹送下，京剧终于开始在一百五十年前，开始展现出质朴的泥土气质之外，从未有过的清新刚健和风雅底色了，确保它一举挣脱世俗成见中的下里巴人、卑微底下的身份规约，大大方方地迈上了宫廷演出的大舞台。

中国戏曲源自乡野，其原始声腔普遍具有高喉大嗓的特点。乡村露野，搭台唱戏，台上的人不吼着唱，台下的人是不会答应的。

古老的成见，到一位名叫谭鑫培的京剧老生红遍京城时，总算得到了彻底的改变。

——录自八集纪录片《京剧》。总导演：蒋樾、康建宁；解说：李立宏

第二节　关于音响的实验

放映一段影片，请闭上眼睛，静静聆听影片中的声音？请在笔记本写出，我们能听到什么？是音乐？是音响或音效？

趣味小实验：

在叙述画面、音乐、文字的关系之前，请先亲身感受一下三者之间的不同魅力。将被试分成两个小组。找一段被试没看过的影视片段视频。关掉视频，让第一组成员感受声音和音乐。第二组成员，关闭音频，保留视频，在无声的画面中感受作品。第三组成员，将文字影片中的文字部分单独摘出来，进行阅读和联想。三个小组的成员在分别欣赏过之后，写出自己的感受。然后让所有的被试人一起聆听完整的作品，讨论画面、音乐和文字的综合力量。

音响是指除了人声和音乐之外的，来自自然界的一切声音。风声、雨声、雷声、海浪声、流水声、鸡鸣、犬吠、知了叫声、汽笛声、脚步声、翻书声……这些声音统称为音响。人们听到音响，可以触摸到周围的环境，联想到更广阔的世界。在影视作品中，我们称之为"音响效果声"。

声音感知与视觉感知因属性不同而有着各自的平均速度，基本说来，耳朵分析、处理、合成的速度要快于眼睛。拿一个快速的视觉运动来说，一个手势与相同时长的突发声音过程来比较，快速的视觉运动不会形成一种清晰的轮廓，它的过程不会以一个精确的影像进入记忆。同样的长度，声音过程

可以成功地勾勒出清晰和确定的结构,独立、可以识别、可与其他声音区分开。这不是注意力的问题。我们可以聚精会神地看视觉运动的镜头十次(例如,一个角色做一个复杂的手势动作)。仍然无法清楚地辨明它的轮廓线。重复听十遍快速的声音段落,你对它的感知将会在精度上越来越确定①。

一、由剧本联想到的声音

阅读下面的一段文字,请根据字面上的内容,您觉得现场可能发出什么声音?

> 月光温柔地照着大地,被太阳炙烤了一天的乡村安静极了。池塘里的荷花开得正盛,一只小青蛙乖乖地趴在大荷叶上沐浴月光。在这万籁寂静的时候,人们早已进入了甜梦,李芸却怎么也睡不着。明天就要离开家乡, 去陌生的城市读书, 一种说不出的感觉萦绕在心头。是对家的眷恋,还是对大学生活的渴望,过去的点点滴滴一时间都涌上心头。
>
> 李芸决定出去走走。她蹑手蹑脚地走出房间,穿过一小块菜园,来到荷塘旁边的石头上坐下。不知何时,一块乌云遮住了月亮,转瞬间下起雨来……

很明显,这是一个乡村的夜景。微风吹动荷叶的声音、蛙鸣、主人公躺在床上辗转反侧的声音、蹑手蹑脚穿鞋声、轻微脚步声、雨声、雨打荷叶声……当然,您还可能通过联想得到更多的声音元素。将这些声音记下来,标注在剧本中,以便拍摄时明确切入声音。

二、由现实声音联想到的场景和声音

置身于安静的小屋,在安静的环境下聆听不同的声音录音,能想象到什么场景?

---

① 〔法〕米希尔·希翁:《视听幻觉的构建》,黄英侠译,北京:北京联合出版公司,2014 年,第 10 页。

（一）单一的声音

当听到紧急的刹车声……

当听到狗的狂吠……

当听到钟声响起……

自来水的哗哗声……

（二）复杂的声音

伴着救护车喇叭的紧急刹车声……

狗叫和人的咒骂声……

钟声和雨声……

自来水的哗哗声和欢笑声……

听到这些声音，每个人都能感受到不同的场景，而后根据联想的情境发射型地想象出更多的声音元素。例如：伴着救护车喇叭的紧急刹车声。继而响起人的嘈杂声、汽车喇叭的声音、小孩的哭声……沿着声音的线条走向，能不能通过联想，尝试写出一个情节片段？

三、音响效果声的类别

大自然的声音：风声、雨声、雷声、冰雪、山泉、大河卷浪、风吹树木的沙沙声，海浪拍击礁石的声音。

客观的声音：翻书声、鸣笛声、飞机起飞的声音、高跟鞋走路的声音、木匠作坊中的声音、建筑工地的声音、磨咖啡的声音、公交车刹车声。

动物的声音：鸟叫、蛙鸣、狮吼、鸭子叫、老鹰的呼啸、蚊子嗡嗡、蟋蟀叫、蝉鸣、海豚音、海鸥叫、马的嘶鸣。

特殊音响：人造的自然音响，或是经过变形处理的自然音响，多用于动画片、科幻片。

音乐音响：由乐器演奏出来的具有音响效果的音乐，如唢呐曲《百鸟朝凤》，用音乐模仿出各种小鸟的声音。民间办理丧事的时候，唢呐音乐往往吹奏出"哭腔"，模拟人声的哀哀哭诉。

音响音乐:有的音响组合汇成类似于音乐的声音。通过音响形成规律的节奏和旋律,形成诙谐、活泼的声音效果。

第三节 音响的特点与运用

音响既没有语言那么具有明确的内容指向性,又不具备音乐的抒情性和联想性。然而,音响是我们身边无时无刻不存在的声音,通过听觉感应,我们能够通过音响来辨别身处的环境、周围的人物和事物。急促的脚步声和缓慢的脚步声,表达着两种不同的情景和情绪;瓢泼大雨和蒙蒙细雨的声音代表着自然环境和情绪变化。正如贝拉·巴拉兹在《电影美学》中提到的:"大自然中各种物象的语言。从泉水喃喃自语到大城市的一片嘈杂,从机器的轰鸣到秋雨的淅沥之声,这一切都向我们倾诉着生活的丰富内容,不断地影响并支配着我们的思想感情。"

一、音响的客观性

电视音响最显著的特点即是"客观性"。在听到音响的同时,可以在画面中找到相对应的声源。有时候先听到音响,进而切入带有声源的画面。例如,先听到电话铃声响起,随之镜头将我们带入到办公室的写字台,电话声正是那里发出的。更多时候,音响与画面是同时进行的。

二、音响的写实性

无论是新闻采访还是拍摄微电影和纪录片,都离不开"写实性"。所谓"写实",就是能让受众深度感知画面中演绎的情景。观看过 3D 电影的朋友们一定能够体会到,电影荧幕中的立体画面,使观众感到景物扑面而来,仿佛置身临其境。目前普通的电视媒体还未普及 3D 技术,那么我们更需要通过"写实性"来给观者营造想象的空间。

电视媒体报道某次卫星发射情况。通常会将镜头直接切换到现场,所有的音响和画面都是写实的,突出了新闻的写实性。纪录片《幼儿园》是湖北电视台纪录片编导、独立制片人张以庆的作品,荣获第十届上海国际电视节最佳人文纪录片创意奖,2004年广州国际纪录片大会纪录片大奖。张以庆导演在简介中这样写道:"在中国在武汉在一所寄宿制幼儿园,我们记录了一个小班、一个中班和一个大班在14个月里的生活。幼儿园生活是流动的,孩子们成长是缓慢的,每天都发生一些小事却也都是大事,因为儿时的一切对人的影响是久远的。一个单位、一段日子、一堆成长中的生活碎片,总会承载点什么,那便是当我们弯下腰审视孩子的同时,我们也审视了自己和这个世界。"这部纪录片颠覆了传统纪录片的拍摄模式,将"写实"放在首位,片子中的音响占据了重要的地位,还原了孩子们在幼儿园的生活,将成人受众的思绪带进孩子的世界。

当我们拍摄的对象是运动的,音响能够配合拍摄主体,突出运动感。例如,军训时,一个班级的同学步伐整齐地走过来,他们的脚步声和口号声都是由远至近,再由近至远的,音响的声效为画面的动感铺垫出"写实"的意味。

三、艺术化的音响

艺术化的音响和写实音不同,它不是自然音响的再现和复制。艺术化的音响是根据剧情表现的特殊需要对自然音响进行再加工,再创造的声音。它虽然不及写实音那么真实,但是具有丰富的表现力和艺术感染力。如果用得恰当,可以产生深刻的寓意,获得强烈的艺术效果。艺术化音响在影视艺术作品中被采用。艺术的真实不等于自然生活的真实,艺术不是生活的复制,艺术源于生活,但它必须高于生活才有存在的意义和价值。我国著名京剧艺术家盖叫天先生说得好:"艺术妙在似与不似之间。"艺术的真实是不排除假定性的。

夸张是艺术化音响中最常见的一种,音响夸张的效果可以通过两种方式获得。一种是在自然声的基础上加混响,增大音量。另一种是在后期制作中通过声画错位,造成声音和声源的错位,而获得夸张音响的效果[1]。

夸张的音响在新闻采访中不能采用,唯独在剧情类的故事片中可以用

---

① 郝俊兰:《电视音乐音响》,北京:中国广播电视出版社,2008年,第136页。

到。比如,拍摄内蒙古的草原和牧民,需要突出草原上渐行渐远的马蹄声有节奏地敲打着草地。拍摄现场音响效果达不到要求,马蹄落在松软的泥土上,自然形成的音响效果很小,可以人为增大音响效果。电影《辛德勒的名单》开场时有这样一段情节,犹太人排着长队说出自己的名字,打字员敲击键盘的声音被放大,每一下敲击都那样惊心动魄。生命在此时变成几个字母,人性在种族侵略面前一文不值。

当影片中遇到"回忆"或是"梦中"的情节,可以运用音响闪回的方法。将具有特殊意义的主观音响回放在主人公的"回忆"或"梦境",可以增加戏剧效果。

电视剧《潜伏》最后一集中,有两个小片段,可以作为学习案例,仔细分析。第0′14秒~0′50秒,余则成迅速打开台灯,拿出微型照相机,拍摄桌子上的一份名单。这个小片段没有用到语言符号,却能够使受众充分理解剧情,投入紧张情绪中去,甚至为潜伏的余则成捏着一把汗。在几十秒的时间里,余则成的动作速度极快,"放下水杯、挪动台灯、打开台灯、掏出手枪、子弹上膛、放下手枪、回身取资料、拿出名单、开始用微型相机拍照、电话铃声响起、收起微型相机、戴上眼镜"。这一连串的动作中,以音响的声音为主要背景声音,配以音量极低的,具有强烈节奏感的音乐。音乐、节奏和演员动作语言的节奏同步,声画合一,效果突出。

声音突出了极强的现场感,音乐在这种情况下只能在音量上低于现场声音。我们在进行微电影后期制作的时候,一定要在拍摄之前确定好声音图,选择最佳的声音和音乐效果。

第四节 影视作品中的声音设计

我们在拍摄 MV、创作微电影、纪录片等影视作品时,经常会发现自己拍摄的作品干巴巴的,没有味道。很多人只重视影片中的音乐,认为音乐和画面的完美结合是最重要的。诚然,音乐在影视作品中的确能够起到重要的情绪渲染作用,在下面的部分会详细讲述影视音乐的运用。但是声音的力量,是绝对不容小觑的。没有动作的,或是轻微动作的场景,造成视觉上的"贫乏"。处理这样的画面时,很多朋友首先想到的是"音乐介入法",用舒缓、清淡的音乐来排解视觉空缺,而更好的处理方法是,补充声音元素。例如:夏日午后,一位老人躺在摇椅上纳凉。该画面上基本没有动作出现,加入蝉鸣、鸟叫或是摇椅摇晃的吱吱嘎嘎声,都可以为画面注入生命动力。

请在写好剧本后,对声音进行一次梳理吧!

一、声音设计的基本流程

☆　在第一次接触到剧本的时候,首先应该进行第一遍浏览式阅读。了解该剧本的基本框架和故事梗概。

☆　接着进行一次剧本精细阅读。合上剧本,需要为自己设置一个联想的环境。通过深度环境联想,按照剧情的速度再次阅读剧本,为剧本上可能出现的声音做出标注。在阅读同时,关注剧本中人物发出的声音,语言之外的各种声音;动物发出的声音;描写剧情中自然环境所产生的声音线条;剧情自然过渡或戏剧性过渡时,出现的音乐或是表现情绪的声音;需要突出画面,吸引观众注意力的声音……用铅笔标注下带有"声音元素"的部分,写清楚"什么声音"。是环境的声音吗?是自然声音还是客观音响?是表现情绪的声音吗?还是突出戏剧性转折的声音?在关键词下面划上彩色铅笔的印迹,便于后续的声音分组。

☆　画出声音分组图。按照大卫·索纳斯蔡恩对于声音分组的理论,声音分组表格有简单模式和复杂模式两种。简单模式,即是剧本情节简单,构成两极的声音模式。复杂模式,一般分为三级,呈现三角形模式或线性模式。

二、剧本两极模式

成功 → 失败
生存 → 死亡
成绩优异 → 不及格
清晰 → 模糊

强势 → 弱势

皇帝 → 奴仆

持枪械的 → 赤手空拳

命令 → 服从

三、剧本三极关系图表

(一)线性关系

儿童 → 中年 → 老年

女孩 → 妻子 → 外婆

轻松 → 紧张 → 焦虑

(二)三角形关系

种子 → 树木 → 鲜花

小溪 → 湖泊 → 海洋

红 → 黄 → 绿

茶叶 → 泉水 → 茶园

☆ 第四次整理剧本,按照上面标注的声音元素,画出初步的视觉图。用一条长长的直线代表剧情发展的时间。在线上标注出故事障碍点和情节点的时间位置,再用铅笔画出声音的线条。视觉图比较立体地将整个剧本的音响情绪呈现出来,哪里是情绪高点,哪里是情绪最低沉的,在线形图表中表现的很清楚。

☆ 根据上述工作,整理出剧本中声音的详细表格。这个表格中包括声音、音乐和人声。对声音的划分可以细致一些。

表 10-1　影视声音分组

	环境声音	超现实声音	语言	音乐
第三段 茶馆相遇	服务员脚步声 茶杯碰触餐桌 翻阅书籍声	水注入茶壶的声音	小声交谈声	轻松愉悦的音乐 4/3 拍
第四段……				

☆ 在剪辑过程中,负责声音设计的人需要全程跟进。在粗剪结束后,需要反复观看影片,对每一个场景都需要推敲,随时修改声音表格。

☆ 下一步需要确定声源,现场拍摄的声音是否模糊不清,或者达不到声音表格中设计好的要求。对于不合要求的声音,可以进行现场补录或是后期配音。在声音表格中详细标注音响效果声音以及环境声音的来源。

☆ 确定影视声音和音乐是否协调。

拍摄不同类型的影视作品,可以参照上述的声音设计流程实际操作,当然也可以设计一套个性化的声音设计。无论设计怎样的声音流程,都不能忽视导演、声音剪辑师以及作曲家的建议。

四、声音的属性与运用

(一)声音的属性

声音的主要属性包括节奏、强度、音调、音色、声速、形态、组织状态等类别。下面的表格摘自大卫·索南夏因的《声音设计》一书。

表 10-2　声音属性分类[①]

属 性	两极端
节 奏	有节奏的——无节奏的
强 度	轻的——响的
音 调	低——高
音 色	悦耳的——嘈杂的
声 速	慢——快
形 态	直达的——混响的
组织状态	有序的——无序的

节奏,本是音乐术语。本章中的节奏是广义的,指所有声音所发出的节奏。有的声音是有稳定节奏的,比如钟表的嘀嗒声,只要正常运行,永远是

---

① 〔美〕大卫·索南夏因:《声音设计》,王旭锋译,杭州:浙江大学出版社,2009 年,第 59 页。

一个节奏的声音;健康人的心跳也是有稳定节奏的,每分钟 60～100 次,浮动不大。还有的声音是半稳定节奏型,例如,一位木工手工锯木头的时候,来回的速度是可以渐快或渐慢的,这种快与慢的变化节奏可以表现出与剧情相关的东西。是什么刺激他越锯越快? 速度和节奏与剧情之间一定有必要的联系。无节奏的声音比较常见,汽车喇叭声、敲击电脑键盘声、犬吠与鸡鸣,这些都是没有节奏的声音。节奏稳定的声音,可以塑造安逸的、宁静的场景,越是节奏不规则,越能营造出慌乱的气氛。

声音的强度用分贝来度量。人耳的生理结构可以察觉到 0～130 分贝之间的声音。0 分贝能感觉到极其微弱的声响,3～40 分贝视为比较安静的理想环境,50 分贝以上能够形成一定的噪音,70 分贝以上完全成为噪音,90 分贝以上可以影响到正常听力。150 分贝的环境中,双耳会出血或失聪。

表 10-3 声强①

dB	声能单位	实例
0	1	听阈
10	10	落叶声
30	1,000	耳语声
43	10,000	安静的家里、城市背景声
60	1,000,000	正常的谈话
70	10,000,000	高峰时刻的交通声、电影对白的平均水平
80	100,000,000	最响的电视声
90	1,000,000,000	模拟电影院里的最响的峰值声音
100	10,000,000,000	喊叫声、风钻、摩托车
110	100,000,000,000	很响的摇滚乐、数字电影院里最响的峰值声音
120	1,000,000,000,000	喷气飞机起飞
130	10,000,000,000,000	痛阈

音调的单位是赫兹。德国物理学家海因里希·鲁道夫·赫兹,于 1888 年首先证实了电磁波的存在,故频率的国际单位"赫兹"以他的名字命名。

① 〔美〕大卫·索南夏因:《声音设计》,王旭锋译,杭州:浙江大学出版社,2009 年,第 60—61 页。

表 10-4 声音的音调

Hz	声音实例
10	地震
20	听觉频率范围的最低频率
27	钢琴上的最低音符
50	歌唱声的最低频率
80	男性说话声的最低频率
263	钢琴上的中央 C 音频率
400	孩子或女人较高频率的说话声
1000	歌唱声中的最高频率
41680	钢琴上的最高音符
10,000	辅音中的嘶声
20,000	听觉频率范围的最高频率

当声音的发音速度慢于我们能够感受为连续声音的意识能力极限时，差不多时一秒以上的间隔，我们的注意力就会分散。然而，在有额外的声音暗示的情况下，比如旋律或是语言的上下文，我们能够把相对较低速度的声音集成为一体①。

(二)声音的运用

仔细观看一部影视作品，会发现影片中出现的声音制作有多种模式。我们常用到的有无声源的画外声音、画内声音、非叙境的声音。

画外声音可能有几种情况。第一种情况，从有声源到无声源。例如，一辆消防车带着鸣笛声音离开视线，声音却依旧存在着。先入为主的明确影像，在观众的视听感觉中形成印记或模糊印记。在后续的情节中，这个声音重现时，可以联想到最初出现的画内声音场景。

第二种情况，从无声源到有声源。例如，电话铃声响起来，然后镜头切到电话机上。声音先一步强势介入，随后变成画内音。这是一个思维渐进的

① 〔美〕大卫·索纳斯蔡恩:《声音设计》，王旭锋译，杭州:浙江大学出版社，2009 年，第 62 页

过程,视听感觉比较自然。

第三种情况,一直处于无声源的状态。在这种情况下,可以给观者造成剧情上的悬念,形成戏剧技巧。同时也可以起到暗示的作用,暗示曾经发生过的内容,或者是未来将要发生的事情。

米歇尔·希翁对这几个名词做出解释:

画内音:是视听关系中,这一术语指那些有形的、声源在画框内同时可见的声音,而且声音和声源两者存在于可见的、现在时态的叙境现实之中。

画外音:在视听关系以及具体运用中,这个术语描述声音(人声、音响效果等)的声源在银幕上看不见,但它被假设存在于场景所在的时空内。例如一个角色在画外说话,他的声音被画内的对谈者听到,或场景发生在一间屋内,而我们能听见屋外街上的声响。

主动画外音:这个词所命名的画外声音,根据它们的本质,或者根据它们与影片角色的关系,会因为影片角色或观众对找到这些声音来源有所期待而引发反应……在一个场景的剪辑中,主动画外音经常引起一个跟随的镜头,这个镜头将回答画外音提出的疑问,或是将这个声音传递到一个疑问中去。

被动画外音:"描述"一个场景声音环境的声音(城市音响、工厂音响、乡村声响),但就其声源来说并不会引起角色或观众的任何疑问……"被动"这个术语没有负面的内容,也不应该与"中性"相混淆,它并不中性。被动画外声音常常起到的是交代镜头所起的作用,这样才可能使电影有更多碎片式的和近景别构图的镜头。

非叙境的声音,是在视听关系之中,声源明显不外在银幕上的场景所描述的时空中。最经常遇到的非叙事时空声音的情况是旁白叙述者或解说员,还有音乐伴奏[1]。

(三)静音的作用

影视声音能够表达很多画面之外的东西,但请不要忽视了"静音"的作用。"静音"就像中国画的"留白"一样,能够为艺术作品增添很多艺术

---

① 〔法〕米歇尔·希翁:《视听——幻觉的构建》,黄英侠译,北京:北京联合出版公司,2014 年,第 215 页。

气息。一般情况下,使用"静音"之前,需要为其安排一个合理的位置。只有"静音"前后都是很嘈杂的场景和声音,才能静噪结合,更深凸显出"静"的位置。

(四)声音的层次

要想使声音在影片中真正发挥艺术上的作用,必须有目的、有重点、有层次地来组合各种声音,竭力避免声音的堆砌、重叠和平均使用。当我们运用任何一种声音时,必须首先确定用这声音来表现什么,必须了解这声音的表现力范围以及它的最长尺寸、最短尺寸,必须明确这声音在哪些画面上需要突出,在哪些画面上仅作为背景而存在。只有这样,才能消除声音的无力、含混和喧嚣的现象,才能与画面密切地有机结合起来,发挥高度的表现力①。

影视作品中出现的声音都不是孤立的。在面对自然音响、环境音响、解说词和音乐时,要综合考虑声音的主次,突出重点,避免发生声音的混乱。

---

① 黄志峰:《蒙太奇技巧浅谈》,北京:中国电影出版社,1982年,第96页。

第十二章　媒体中的音乐分类

音乐是一种难以解读的语言。戴·柯克在《音乐语言》一书中这样写道："把音乐作为一种能表现某些很具体的事物的语言来看待，这并不是离奇的邪路，而至少是已往五个半世纪以来作曲家们共同的，不自觉的做法……把作曲家能获得的各种表情手段加以分离——诸如音之高低、时间之长短、音量之大小，并去发现，哪种情感可用哪种手段去表现……在大调、小调和半音阶的不同的音中，以及从过去以来一直被连续不断地使用的某些基本旋律音型中的各种音符本身所具有的情感特征。"

广义上来说，电视中播出的音乐都称为电视音乐。影视剧音乐、纪录片音乐、专题片音乐、动画片音乐、广告音乐、新闻深度报道音乐、综艺节目中的音乐、MTV 音乐电视、音乐会、电视台台标音乐、栏目片头片尾音乐……这些属于电视音乐范畴。

第一节　广播剧中的音乐

1924 年 1 月 15 日，英国伦敦广播电台播出世界上第一部广播剧《危险》，作家理查德·休斯。据目前的资料记载，我国第一部广播剧《恐怖的回忆》。其剧本 1933 年 1 月 20 日刊载在《中国无线电》杂志上，剧名为《恐怖的回忆》，苏祖圭编写。1946 年，延安新华广播电台播出广播剧《黎明前的黑暗》。1952 年 2 月 7 日，新中国的第一部广播剧《一万块夹板》在中央人民广播电台播出。著名的戏剧家洪深、熊佛西等人都曾经致力于中国广播剧的创作与发展。20 世纪 80 年代，随着电视技术的普及和电视剧的兴起，广播剧面临着严重的挑战。

第一，广播剧是纯粹用声音构成的艺术，语言、音响和音乐是广播剧中必要的三大元素。德国广播剧理论工作者罗耐尔特在《广播剧文学的性质》中写道："懂得利用听觉的人,不是从肉眼看得见的世界出发,而是从对音响世界的感受出发来听的。仅仅通过声音,我们就能感受到周围的这个世界,看得见的和看不见的,自然的和超自然的。"广播剧的语言和音响,在此不多赘述。制作好广播剧音乐,要在音乐的选择下功夫。音乐需要和剧情有相近之处。如果讲述的是带有地域性和民族性的小说,尤其要注意这一点。在新疆维族自治区发生的故事,配乐中尽量体现出新疆音乐特点。若是《盗墓笔记》之类的灵异、玄幻广播剧,可以选择的音乐比较宽泛。

第二,注意控制音乐的音量。由于广播剧是单纯依靠声音播出的艺术,音乐的音量要和语言、音响之间要拉开层次。音乐的起、始之时,声音最好由弱至强,由强渐弱。

第三,注意音乐的节奏。音乐的节奏要与语言节奏相搭配,形成合适的广播剧音乐伴奏。有时候音乐和语言的节奏是逆向的,语速缓慢而音乐节奏感强,速度快。

第四,在广播剧中,可以用音乐作为衔接故事与故事之间的桥梁。

曹禺先生曾经在《广播剧选》之序言中这样评价广播剧:"广播剧的艺术家们,给听众留下了广阔的天地,使听众参与了创作。闭目静听,一切人物、生活的无穷变幻,凭借神奇的语言和音乐,你不觉展开想象的翅膀,翱翔在奥妙的世界中。想象打开了五光十色的宝库,你会看见深情的眸子和明丽的光彩,你看得见暗淡的眼神和阴郁的气氛,你会看见人的崇高与雄浑,你会看见人的卑微与邪恶。一切都展览在你的眼前:信仰与幻灭。高昂与消沉,悲哀与欢乐,战斗与沉静,胜利者的傲慢与失败者的卑屈,沉睡婴儿的微笑,白发昂首的将军的庄严。生与死,善与恶,黑暗与光明。一切都展览在你的眼前:池塘碎影,绿柳垂荫,乌云乱滚,海雨天风,滔天的白浪,浩瀚的沙漠,一切大自然的深邃浩渺,一切大自然的莫测高深,像天边的图卷,流动在你的眼前。"经典的音乐剧家实现了大师所要求的:"播出来,我们听得出人物的精神世界,他们的思想、感情。台词、音乐、音响效果融为一体,使人神往,让人回味。"

第二节 影视剧中的音乐

一、影视剧主题音乐

影视剧主题歌是对剧情内容的凝练和提升,时间的流逝,层出不穷的新影片,会淡忘十几年前,甚至几十年前看过的影片。然而,当我们听到一首主题歌的时候,会回忆起很多东西。影片中的情节、曾经崇拜的演员、甚至可以回想到以前的自己、曾经的生活和老朋友。主题音乐是一部影视剧的核心音乐,它紧紧围绕全局主题思想、剧中中心人物,形成特有的音乐形象,深入刻画影视剧主题。影视主题音乐包括片头主题歌、片尾曲、主题音乐再现三个类型。所谓主题音乐再现,指的是片头或片尾主题歌中的音乐旋律在片中主要段落、主要人物或体现主题思想的时候出现。

(一)片头曲

生活在 20 世纪 70 年代的朋友都不会忘记这样一首歌:"有过多少往事,仿佛就在昨天。有过多少朋友,仿佛还在身边。也曾心意沉沉,相逢是苦是甜? 如今举杯祝愿,好人一生平安。谁能与我同醉,相知年年岁岁。咫尺天涯皆有缘,此情温暖人间。"1990 年播出的 50 集电视连续剧《渴望》,那首委婉并深情的歌,叙述了一个普通百姓家的悲欢离合,承载着几代人的记忆,成为一个时代的标杆。

"90 后"的同学们对动力火车演唱的《当》一定记忆满满吧! "当山峰没有棱角的时候,当河水不在流。当时间停住日月不分,当天地万物化为虚有,我还是不能和你分手,不能和你分手,你的温柔是我今生最大的守候。当太阳不在上升的时候,当地球不再转,当春夏秋冬不再变换,当花草树木全部凋残。我还是不能和你分散,不能和你分散,你的笑容是我今生最大的眷恋。让我们红尘做伴,活得潇潇洒洒,策马奔腾共享人世繁华,对酒当歌唱出心中喜悦,轰轰烈烈把握青春年华。"这是 1998 年热播电视剧《还珠格格Ⅰ》的片头曲,由琼瑶填词、动力火车谱曲。片头曲将剧情中紫薇和尔康、永琪和小燕子之间纯洁而忠贞的爱情唱了出来。

影视剧片头曲,是在受众接触到剧情之前播放的音乐,很容易为剧情造"先入为主"的影响。是以,影视剧和电视剧的片头曲具有更强大的艺术表现力。电视剧《渴望》片头曲以抒情为主;《四世同堂》片头曲《重整河山待后生》突出悲壮与苍凉;《康熙大帝》片头曲《向天再借五百年》表现一代帝王之气魄和魅力。音乐和文字组成的片头曲,将影视艺术浓缩升华。

(二) 片尾曲

片尾曲,是在影视剧结束时出现的主题歌,电影《红河谷》影片的片尾曲是在一段苍凉的女声独白中展开的,在银白的大雪山脚下,老阿妈牵着嘎嘎走着。她又在对嘎嘎讲着那个古老的故事:"雪山女神珠穆朗玛刚生下来的时候是一个大海中的贝壳,过了很久,才长成一个美丽的女神,她有十个雪山姐妹,生下的孩子们中,有三个最要好的兄弟,老大叫黄河,老二叫长江,最小的弟弟叫雅鲁藏布江。"

片尾的音乐是一首旋律优美的女声独唱,这首女声独唱的引子唱的是藏族民歌中的衬词,共有四个乐句组成,节奏自由辽阔,犹如缭绕在珠穆朗玛山峰周围的云朵。引子过后歌曲进入主体部分,主体部分的旋律优美流畅,有着浓烈的民族风格。这首女声独唱的乐队配器也很有特色,前半部分的伴奏只有电子合成器演奏的和声长音,非常清淡,犹如雪山顶上的白雪。在歌曲的后半部分乐队全体进入,此时乐队与独唱演员相互交融,仿佛在向后人讲述着这段难忘的历史①。

虽然这首片尾曲用藏语演唱,我们听不懂歌词的含义,但是影片观看到最后,这首歌曲能让人想到影片中琼斯说的一段话:"父亲,正如你所说的那样,西藏的确是个神秘的世界,远远不同于我们的世界。这里没有蒸汽机,没有电力,没有医院,没有歌剧亦没有芭蕾舞,但是他们有一样东西是我们遗失的,那就是纯真平静,人和大自然,慈祥而美丽。父亲,为什么要用我们的文明去破坏他们的文明,为什么要用我们的世界去改变他们的世界? 只有一点是肯定的,这是一个永不屈服、永不消亡的民族,在他们的后

---

① 狄其安:《电影中的音乐》,上海:上海音乐出版社,2008年,第149页。

面,还有一块更广大的土地,那就是我们永远也无法征服的东方!"

2008年,孙红雷主演的谍战电视连续剧《潜伏》曾在各大电视台热播,它的片尾曲《深海》是以苏联红军红旗歌唱团演唱的歌曲《神圣的战争》改编,由韩葆重新填词而成。"在黑夜里梦想着光,心中覆盖悲伤。在悲伤里忍受孤独,空守一丝温暖。我的泪水是无底深海,对你的爱已无言,相信无尽的力量,那是真爱永在。我的信仰是无底深海,澎湃着心中火焰,燃烧无尽的力量,那是忠诚永在。"弱拍起强拍止的男声三声部合唱充分表现了中国共产党人在严峻战争时期的无畏、悲壮与力量。苏联群众歌曲在经过重新演绎之后,再一次赢得受众的赞扬和喜爱。

《神圣的战争》创作于1941年6月,当希特勒军队入侵苏联,战争开始第三日,瓦·列别杰夫库马契发表了诗作《神圣的战争》;战争开始第四天,红旗歌舞团的阿·亚历力山大罗夫就为此诗谱曲;战争的第五天红旗歌舞团为奔赴前线的红军战士壮行,在莫斯科火车站演唱这首歌。直到今天,俄罗斯5月9日胜利节之时,这首歌曲依然是必唱曲目。无论男女老少,俄罗斯人听到这首歌曲的时候,都会起立脱帽,向英雄致敬。

同样处在战争时期,电视剧《潜伏》片尾曲选用这首《神圣的战争》来改编,无论是从情绪、情感上,还是战争的社会环境,都比较吻合。

(三)主题音乐再现

通常主题音乐是以器乐曲形式出现,也有采用人声哼唱形式出现的乐曲。影视剧中的一些音乐可能会以主题音乐的变奏形式出现,起辅助作用。主题音乐最能反映剧作的思想元素,深化主题故事及人物的思想,并且能起到渲染烘托气氛的作用,是一部影视剧的灵魂和精华。

如电影《夜宴》的主题音乐《越人歌》。影片的开场画面是一片寂静又萧瑟的竹林。在狂风吹起之时,主题曲幽幽响起。这首歌出自刘向《说苑·善说篇》,公元前528年,楚国令尹鄂尹子皙举行舟游盛会,百官缙绅,冠盖如云。在盛会上,越人歌手对鄂君拥楫而歌:"今夕何夕兮搴洲中流,今日何日兮得与王子同舟。蒙羞被好兮不訾诟耻。心几烦而不绝兮得知王子。山有木兮木有枝,心悦君兮君不知。"子皙被这真诚的歌声所感动,按照楚人的礼节,庄重地把一幅绣满美丽花纹的绸缎被面披在他身上。《夜宴》主题音乐仿佛把我们带到了五代十国，那一段宫廷政变，在权利与欲望之中展开。幽幽的琴声，震荡的鼓点，配合着杀气十足、刀光剑影的画面，仿佛是一曲悲壮的挽歌。《夜宴》中的第一个音乐高潮出现在竹屋里。电影画面转接到一场戏子与羽林卫之间的打戏。纵观影片《夜宴》，其主题音乐有给人时空的超越感，古典唯美的音乐仿佛带领观众跨越几千年。影片结尾的音乐则带有后现代音乐元素，和画面形成一定的反差。与音乐创作一样，影视音乐在内容上的协调性充分地展现了艺术家们的个性风格。

郑晓龙导演的电视剧《甄嬛传》中的片头曲《红颜劫》，由刘欢作曲，崔恕填词，姚贝娜演唱；片尾曲《凤凰于飞》由刘欢词曲并演唱。片头曲音乐在片中几个片段重现，用唐代文学家温庭筠词《菩萨蛮》填词演唱："小山重叠金明灭，鬓云欲度香腮雪。懒起画蛾眉，弄妆梳洗迟。照花前后镜，花面交相映。新帖绣罗襦，双双金鹧鸪。"代替了片头曲的歌词。在惠嫔产后失血而死之时，甄嬛悲痛欲绝，片头曲作为插曲重现，闪回的画面回忆着沈眉庄的故事。全剧终之前，该曲又一次重现。甄嬛身着皇太后明黄色的礼袍，疲惫地躺下休息，音乐响起，画面重现甄嬛入宫后经历的种种往事。这首《菩萨蛮》中的贵族女子如同剧中人一样，身份高贵，穿着华丽，容颜姣好，体态柔美，起床梳洗妆成后孤独寂寞的心境，正符合片中的情景和主人公的心情。甄嬛舞起《惊鸿舞》，果郡王吹笛出现，此时的音乐素材来于片尾曲《凤凰于飞》。《红颜劫》和《凤凰于飞》的音乐元素无数次在电视剧中出现，作为主题音乐的再现，形成一条情感线，贯穿于电视剧中。

二、背景音乐

影视剧中的很多场面是带有音乐元素的，背景音乐主要包括画内音乐、画外音乐和场景音乐。例如，拍摄酒吧场景，其中现场演奏的爵士乐队正在表演，他们演奏的爵士乐即是画内音乐。电影《夜宴》画外音乐是由上海交响乐团的管弦乐配合电声采样，配合打击乐、上海歌剧院合唱团的男声合唱组成的。音乐紧随片中的打斗场景，用不协和音调、和声等方式处理的音乐，以后现代音乐的意境配合古装画面营造出合适气氛。

(一)画外音乐

画外音乐,音乐音源不是来自于画面的。画外音乐与画面如何配合,是影视音乐蒙太奇的主要研究范畴。电影《霸王别姬》中有这样一个片段,小豆子和小石头成名了,分别取名为程蝶衣和段小楼。一次演出结束后,京城权贵袁世卿进到后台的化妆室。袁世卿是京剧票友,月琴是京剧主要伴奏乐器。月琴轻轻演奏,用音乐表现出人物的性格。

电影《欢颜》中,女主角齐盈得知男朋友车祸的噩耗时狂奔而来。这时背景音乐《橄榄树》忽然响起。"不要问我从哪里来,我的故乡在远方。为什么流浪,流浪远方,流浪。为了天空飞翔的小鸟,为了山间清流的小溪,为了宽阔的草原,流浪远方,流浪。还有还有,为了梦中的橄榄树橄榄树……"影片中的歌曲由齐豫演唱,三毛词,李泰祥曲。齐豫的声音演绎出文艺范儿的浪漫与忧伤。

电影《空军一号》中,吉姆·马歇尔总统在即将起飞的空军一号机舱中与女儿在谈话。音乐的情绪温柔而抒情。在弦乐的衬托下钢琴奏出了优美的旋律,经过转调处理,抒情的旋律交接给了木管乐器。同时画面也转到了另一间房间,吉姆·马歇尔总统与妻子亲切交谈。这段抒情的音乐表达了吉姆·马歇尔总统不仅是一个强硬的政治家,同样也是一个父亲和丈夫。在此音乐起到了抒情作用,刻画了这位具有"武侠"功夫的总统人性化的一面。在定音鼓的敲击声中音乐变得略微紧张。画面转到了机场的地面控制室里。工作人员深情紧张地忙碌着,飞机即将起飞了。嘹亮的铜管奏出了"总统主题",飞机离开跑道直上云霄。随后音乐的情绪转为深情。画面转到了机舱内,夜深了,总统夫人为睡熟的女儿轻轻盖上了被子①。

(二)画内音乐

画内音乐,是指影视音乐来自于屏幕内的某些情节。"江南可采莲,莲叶何田田。中有双鲤鱼,相戏碧波间。鱼戏莲叶东,鱼戏莲叶南。莲叶深处谁家女,隔水笑抛一枝莲。"这首乐府诗改编而成的歌曲《江南可采莲》是

---

① 狄其安:《电影中的音乐》,上海:上海音乐出版社,2008年,第57页。

电视剧《甄嬛传》中的背景音乐。莲花盛开的水面、小舟上手持莲花的安陵容，优美的音乐和恬静的歌声，这样的音画结合，给乐府诗增色不少。影片进行到安陵容自杀之时，插曲《江南可采莲》再次重现，插曲刻画出安陵容的形象、性格和气质，成为表现人物个性的音乐，为剧中人物的终结划上终止符。

有的画内音乐可以帮助明确剧中内容描述的时间和地点。电影《林则徐》中有这样一个片段：林则徐大人以钦差大人的身份到广东查处鸦片，他微服私访，来到街头的茶馆喝茶。画面背景是卖唱的父女，演唱广东南音，这样的画内音乐具有明显的地方特点，将观众的心绪带入到清代末年的广东。

(三)场景音乐

场景音乐是指在某一个单一场景中使用的音乐。场景音乐与主题音乐承担的艺术表现作用不同，它主要是针对某个具体的场景中演绎的故事情节，人物在具体场景中的感情变化进行必要的铺垫、烘托、渲染。场景音乐只对具体场景发挥作用。场景音乐的使用往往在营造戏剧性高潮和推动情节发展上发挥重要作用[①]。

场景音乐使得影视剧更具有写实性，通常场景音乐是带有些许噪音的，因为现场的场景是不能完全肃静下来。有时候，音乐配合自然界声音，能表现出清新自然的意味。一位年轻女子在海岸沙滩上拉着小提琴，声音悠扬美丽，身后的海浪拍击着礁石，形成自然界的声音伴奏。

三、影视剧插曲

插曲是影视剧中出现的与剧情相关的歌曲，插曲、画面、剧情三种之间有密切的联系。很多影视剧已经被岁月遗忘，而这些剧中的插曲却一代代传唱下来。电影《祖国的花朵》中有插曲《让我们荡起双桨》；《草原上的人们》插曲《敖包相会》；《红楼梦》中的插曲《葬花吟》《聪明累》《红豆曲》《叹

---

① 曾田力：《影视剧音乐艺术》，北京：中国传媒大学出版社，2003年，第55页。

香菱》……插曲的艺术成就和受众影响已经超越的影视剧本身。在欣赏自己喜爱的影视作品时，我们会情不自禁地跟着剧中的一段段音乐而心动，回味一部影视插曲，可以引出一段难以忘怀的情感记忆，影视人物形象在音乐中被塑造出来，而音乐则在影视艺术中升华。

在影视剧中，有的背景音乐是针对某一具体情节的内容而创作的，用以抒发某种特定的感情和情绪，或表现画面人物的心理的音乐。影视插曲主要表达影视片断中的人物情感，音乐与剧情发展紧密相连，在烘托气氛的同时，还起到推动剧情发展的作用。可以说，和影视剧主题音乐一样，插曲也具有同样的渲染效果和轰动效应。

经典的影视插曲，传播力度不亚于主题音乐。我国经典的电视连续剧《红楼梦》中，很多对十二金钗人物刻画的插曲，经久不衰，深入人心。一曲《分骨肉》，唱的是贾迎春命运的转折。"一番风雨路三千"，海风、喜船、送行的亲友、迟到的宝玉，共同烘托出披着大红嫁衣的迎春。和谐的音画，将剧情推向情感的极致。一曲《葬花吟》，将林黛玉刻画得更加形象。在贾府荣华的背面，一个体态纤弱的孤女，手持花锄，在落花纷纷的花园里，将娇嫩的落花放在锦袋里埋葬。同时被埋葬的还有一颗孤独的少女的心。插曲音乐在这样的场景中出现了，给观众带来听觉和视觉的双重震撼。黛玉的形象也随之深入人心。

影视剧片头曲和片尾曲出现在影片前后，距离剧情较远，只能起到统领整体的作用，而插曲是紧随情节画面出现的，它推进了剧中情节发展，深度渲染情绪色彩，成为影视剧中重要的艺术元素。

综上所述，在影视艺术中，影视音乐要与影视作品中的语言文字相配合，与人物的刻画、剧情的推进、音响的调节等多方面因素相协调。优秀的影视音乐能够促进音画艺术的统一，达到视听共融。可以说，没有音乐的影视作品是不完全的作品，没有音乐的影视艺术不能完整地表达情感世界。

四、一路"影视"一路歌

中国电影《刘三姐》和电视连续剧《新白娘子传奇》中的唱段音乐借鉴并延续了中国传统戏曲电影的模式，在影视剧中形成了独特的艺术风格。

以音乐贯穿影视剧的艺术手法比较特殊,这类影视剧对导演和音乐人的艺术修养要求很高。

20 世纪 60 年代,中国电影的政治色彩还比较浓厚,《小兵张嘎》《革命家庭》《英雄儿女》《红旗谱》……在诸多电影中,有一部"在歌声中展开"的影片,它就是《刘三姐》。《刘三姐》拍摄于 1060 年,由苏里导演,长春电影制片厂发行,拍摄地点在广西桂林和柳州一带。电影《刘三姐》在山歌中开始,在山歌中结束,一路走来一路唱。欢喜时唱、悲愤时也唱;和乡亲们唱、和地主也唱。

刘三姐唱段

山顶有花山脚香,桥底有水桥面凉;心中有了不平事,山歌如火出胸膛。

山歌又像泉水流,深山老林处处有;若还有人来阻挡,冲破长堤泡九州。

虎死虎骨在深山,龙死龙鳞在深潭;唱歌不怕头落地,阎王殿上唱三年。

如今世界实在难,好比滩头上水船。唱起山歌胆气壮,过了一滩又一滩。

财主刁,半夜举起杀人刀,害我不死偏要唱,唱的大河起浪涛。

浪滔滔,河里鱼虾都来朝,急水滩头唱一句,风平浪静姐逍遥。

刘三姐与乡亲的对唱

刘三姐:多谢了,多谢四方众乡亲。我今没有好茶饭,只有山歌敬亲人。

乡亲:山歌好呢,好似热茶暖头心。世上千般咱无份,只有山歌属穷人。

刘三姐:莫讲穷,山歌能把海填平。上天能赶乌云走,下地能催五谷生。

乡亲:好歌声呢,三姐开口赛洪钟。歌声还似钢刀利,难怪四方都闻名。

刘三姐:取笑多,画眉取笑小阳雀。我是嫩鸟才学唱,绒毛鸭子初下河。

青年们的对唱

男:好歌才呢,只有三姐唱得来。心想与姐唱几句,不知金口开不开?

刘三姐:心想唱歌就唱歌,心想打鱼就下河。你拿竹篙我拿网,随你撑到哪条河。

男:什么水面打跟斗呢,什么水面起高楼呢,什么水面撑阳伞,什么水面共白头?

刘三姐:鸭子水面打跟斗呢,大船水面起高楼,荷叶水面撑阳伞,鸳鸯水面共白头。

男：什么结果抱娘颈呢，什么结果一条心，什么结果包梳子，什么结果披鱼鳞？

刘三姐：木瓜结果抱娘颈，香蕉结果一条心，柚子结果包梳子，菠萝结果披鱼鳞呢。

男：什么有嘴不讲话，什么无嘴闹喳喳，什么有脚不走路，什么无脚走天下？

刘三姐：菩萨有嘴不讲话，铜锣无嘴闹喳喳。财主有脚不走路，铜钱无脚走天下。

刘三姐与秀才对唱

刘三姐：隔山唱歌山答应，隔水唱歌水回声，今日歌场初会面，三位先生贵姓名？

秀才：百花争春我为先，兄红我白两相连，旁人唱戏我挨打，名士风流天下传。

刘三姐：姓陶不见桃结果，姓李不见李花开，姓罗不见锣鼓响，蠢才也敢对歌来。

秀才：赤膊鸡仔你莫恶？你歌哪有我歌多？不信你往船上看，船头船尾都是歌。

刘三姐：不懂山歌你莫来，看你也是一蠢才。山歌都是心中出，哪有船装水载来？

刘三姐：没（谁）后悔，你会腾云我会飞，黄蜂歇在乌龟背，你敢伸头我敢锤。

秀才：小小黄雀才出窝，谅你山歌有几多。那天我从桥上过，开口一唱歌成河。

三姐：你歌哪有我歌多，我有十万八千箩，只因那年涨大水，山歌那个塞断九条河。

秀才：不知羞！井底青蛙想出头，见过几多天和地，见过几多大水流。

刘三姐：你住口！我是江心大石头，见过几多风起（卷）浪，撞破几多大船头。

秀才：一个油筒斤十七，连油带筒二斤一，若是你能猜得中，我把香油送给你。

刘三姐：你娘养你这样乖，拿个空筒给我猜，送你回家去装酒，几时那个想喝几时筛。

秀才：三百条狗送给你，一少三多四下分，不要双数要单数，看你怎样分得均？

舟妹：九十九条集上卖，九十九条腊起来，九十九条赶羊走，剩下三条，财主请来当奴才。

秀才：见你打鱼受奔波，常年四季打赤脚，不如嫁到莫家去，穿金戴银住楼阁。

刘三姐：你爱莫家钱财多，穿金戴银住楼阁，何不劝你亲妹子，嫁到莫家做小婆。

秀才：你发狂，开口敢骂读书郎，惹得圣人生了气，从此天下无文章。

刘三姐：笑死人呢，劝你莫进圣人们，若还碰见孔夫子，留心板子打手心。

秀才：真粗鲁，皆因不读圣贤书，不读四书不知礼，劝你先学人之初。

刘三姐：莫要再提圣贤书，怕你越读越糊涂，五谷杂粮都不分，饿死你个人之初。

秀才：你莫嚣，你是朽木不可雕，常言万般皆下品，自古唯有读书高。

刘三姐：笑死人，白面书生假斯文，问你几月是谷雨，问你几月是春分。

合：富人只会吃白米，手脚几曾沾过泥，问你几时撒谷种，问你几时秧出齐。四季节令你不懂，春种秋收你不知，一块大田交给你，怎样耙来怎样犁。

秀才：听我言，家有千顷好良田，耕田耙地我知道，牛走后来我走先。

刘三姐和阿牛的情歌

阿牛：哎，我走东来他走西，放出金鸡引狐狸，引得狐狸满山转，日头出东月落西。

刘三姐：哎，日头出东月落西，行人要谢五更鸡，鸡叫一声天亮了，狼虫虎豹藏行迹。

阿牛：妹莫忧，黑夜也有人行走，人人都讲山有虎，妹呀，特地拿刀拦虎头。

刘三姐:妹不忧,浪大也有打渔舟,手把舵杆稳稳坐,哥呀,哪怕急浪打船头。

阿牛:风吹云动天不动,水推船移岸不移。

刘三姐:刀切莲藕丝不断,斧砍江水水不离。

刘三姐:山中只见藤缠树,世上哪见树缠藤,青藤要是不缠树,枉过一春又一春。竹子当收你不收,荀子当留你不留,绣球当捡你不捡,空留两手捡忧愁。

合:连就连

阿牛:我俩结交定百年。

刘三姐:哪个九十七岁死,奈何桥上等三年。

阿牛:哪个九十七岁死,奈何桥上等三年。

合:等三年。

——录自电影《刘三姐》导演:苏里　编剧:乔羽

电影《刘三姐》中的唱段几乎全部采用画内音的形式,以独唱、小合唱为主,将故事情节的叙述中展现出广西山歌的魅力。换句话说,该片是用广西丰富多彩的山歌艺术串联起电影剧情,让观者百看不厌。

在电视连续剧《新白娘子传奇》中,除了片头片尾主题歌,剧中穿插有《离愁萦绕清波门》《白素贞心地善良》《长亭送别泪如雨》《洞房花烛遇知己》《孤家寡人许汉文》《鬼迷心窍太糊涂》《家有贤妻白素贞》《九重天上好时辰》《媚娘绣庄绣西湖》《仕林碧莲拜花堂》《人寂静画沉沉》《仕林绣庄悼媚娘》等一百余段唱段,几乎每一集电视剧中都会出现几个唱段。电视连续剧《新白娘子传奇》中的这些唱段与《刘三姐》中的唱段不同,前者的演唱与剧情发展无关,后者大多是配合剧情抒发情感,针对剧中某一片段,用一种艺术手段来深度阐述。

美国电影《修女也疯狂》1992年5月首映推出不到一个月,就突破了亿万的票房。这部电影中用修女唱诗班的"合唱"贯穿主题,多元化的伴奏,多种演唱形式,使之成为一部喜剧音乐电影。唱诗班演唱时双手拍打节奏,手指打出响指,身体和头部的统一晃动,无论是从听觉和是视觉上,都能让观者跟随着修女们欢乐无限。

电影《修女也疯狂》中对音乐的处理与上述两部中国影视剧不同。从剧情设计上来说，《修女也疯狂》中的一切故事发展都围绕着女主角迪劳丽丝在修道院"改造"唱诗班而进行的，也就是说，没有唱诗班的各种歌唱，就没有这部电影。

第三节　电视广告中的音乐

广告音乐是目的性很强的音乐，首先要服从广告主题、广告时长等主观因素。音乐与广告商品需要有一定的共性，在短暂的广告时间内，刺激受众购买商品的欲望。电视广告中的音乐包括器乐曲和歌曲。在广告前期策划的时候，首先要确定是否需要为该广告创作一首广告音乐，或是在已有的音乐作品中选择，或节选一段与广告搭配的乐曲。很多短小的电视广告，仅仅用音乐来烘托背景气氛，使受众在轻松愉悦的感觉中欣赏广告。

为了能够突出音乐在广告中的作用，广告音乐与商品之间需要有恰当的联想线，联想线两头分别系着受众和商品。如果商品使用范围以中老年受众为主，就不要选择过于非主流的音乐；以中年为主要消费群体的广告音乐，可选择带有回忆性的音乐和事物来激发受众情感；儿童商品的广告音乐需要轻松、欢快、活泼。

关注广告的朋友一定看过网上流传的俄罗斯潘婷洗发水的广告。这则广告全程以卡农音乐为主线，演绎了一个艺术体操运动员的励志小故事。全广告中间没有任何语言和字幕，仅仅在最后的瞬间才突出了女子秀发之美，并出现广告语字幕。这例广告的泰国版与俄罗斯版形式相近，把励志的艺术体操女孩子换成了演奏小提琴的女子。

电视广告选用世界名曲片段作为广告音乐，或者邀请名人做广告，如果运用的合理贴切，可能产生"名曲效应"或"名人效应"。×××与韩国影视明星×××出演的某巧克力广告："听说下雨天巧克力和音乐很配……××，让我纵想丝滑。"广告音乐截取邓紫棋演唱的《心的节奏》作为配乐，金秀贤演奏吉他用画内音的手法表现。

这则广告引起受众的很大争议，邓紫棋和金秀贤这两位影视界的新星联合打造德芙巧克力的广告,效果如何呢?

持反对意见的受众认为:"广告内容、音乐、画面、语言,与巧克力商品不符。"

天涯社区的评论摘选:1.广告不知所云,看完完全没有买巧克力的欲望。2.太失败了,浓浓的女仆风。×××那张大脸没觉得巧克力丝滑反倒觉得肥腻,广告放出来的时候朋友在旁边直接问我,德芙是认真的么?3.德芙开始注重大牌效益之后的广告越来越傻逼了,还是之前请的一些虽然不知名但是很符合巧克力主题的女孩子拍的好看。

喜欢该广告的受众则认为:"雨天浪漫,那样偶遇的环境下弹奏起吉他更浪漫,喜欢吃德芙巧克力本身就是一种浪漫。"此外,两位明星的广大粉丝对该广告反映非常好。

第四节 音乐电视(MTV 或 MV)

MTV 是英文 Music Television 的简写,中文称作音乐电视,是电视音乐中重要的艺术形式,同时也是电视音画艺术中,以音乐为主的艺术形式。古德温曾经指出:"MV 就其本质形式而言,既不来自电影,也不来自电视,而是源于音乐本身这种形式。因此,对 MV 的研究应该从音乐着手而不是影视。MV 的画面结构来自于音乐的结构,电影中的配乐都是为了渲染场景,而在 MV 中恰恰相反。MV 的叙事结构都是来自音乐,以形成视听同步感。MV 不像电影,它既不是叙述的,也不是纪实的,它打破了电影常规;MV 也不像影视作品或者是大多数的小说一样,它是以领唱的形式作为一个"故事的讲述者"。它的叙述常常是断裂的,缺乏一个线性的现时性发展线索。但是观众却能以流行音乐特有的方式和在其文化中对其进行理解。[①]"

音乐电视最早出现在美国,最初是为了吸引更多受众,专门为流行歌曲配画面的电视节目。1940 年,沃特·迪士尼制作了一部名为《幻想曲》的动画片,这个动画片中,出现了一些动画形象如跳舞的小蘑菇、河马,等等,

---

① 〔英〕安德鲁·古德温:《在娱乐工厂里舞蹈》,明尼阿波利斯:University of Minnesota Press,1992 年,第 70、62、72、73、75、78—84 页。

这些动画还配以著名的交响乐。①

20世纪50年代，美国青年人中开始流行摇滚乐，摇滚乐和古典音乐相反，是一种完全精神释放与情感宣泄的音乐形式。大量的摇滚乐青年受众为流行音像制品带来无限商机。大量的电视商业广告中出现摇滚乐，这无形中推进了电视音乐成为一种独立的艺术形式。1960年，一个名为斯科皮顿的前自动点唱机手给流行歌手演出配上了音乐动画。

1981年8月1日，美国华纳·阿迈克斯公司有限电视创办了音乐频道，全天24小时播出流行音乐以及相关信息。美国音乐电视的最初受众人群约两千万人次，后来人数剧增十多倍，达到两亿两千万多人次。第一首电视音乐作品是巴吉斯乐队演唱的《录像带杀死广播歌星》。

20世纪80年代，广东电视台与中央电视台合作推出我国第一批音乐电视节目，歌唱家蒋大为、胡松华等参与制作。这批作品是我国音乐电视制作的雏形，标志着中国大陆音乐电视节目样式的诞生。20世纪90年代，电视音乐正式传入我国。音乐电视在中央电视台《东方时空》节目中出现，受到受众的一致好评。1993年中央电视台首创播放MTV的专栏节目《东西南北中》，举办了"首届93中国音乐电视大奖赛"。1995年又举办两次中国电视音乐大奖赛，推动了我国电视音乐发展的进程。《黄河源头》《新中国》《鸟语花香》《蝶儿飞》《长城长》《纤夫的爱》《我的大中国》等一大批优秀的音乐电视节目涌现出来。

音乐电视以通俗歌曲为主体，歌手演唱的视频剪辑为表现形式，以电视传媒为传播载体，通过音乐和画面建立视听双重艺术感受。音乐电视不是作为一种独立艺术音乐的形态出现，而是作为影视综合艺术的一个要素在和其他要素相结合中产生影响发挥作用。形成音画艺术相结合的崭新艺术模式。在音乐电视中，音乐、画面、文字（歌词）三种艺术互补共存，形成特有的艺术魅力。

音乐电视中，画面需要依附于音乐和歌词，通过音乐旋律和视觉画面，展开联想，产生深度审美愉悦。虽然是先有音乐，后配画面，但是不等于音乐电视"重音轻画"，相反，它对画面的要求更为严格。对画面的构图、线

---

① 〔英〕安德鲁·古德温：《在娱乐工厂里舞蹈》，明尼阿波利斯：University of Minnesota Press，1992年，第29、202页。

条、色彩、光线等提出高度艺术化的要求,对出镜演员的化妆、服饰、表演等细节也要做到尽善尽美。

在拍摄音乐电视,除了考验导演的艺术审美之外,"创意"也是非常必要的。音乐电视对空间和时间没有限制,对现实和幻想也没有规定,这给了导演天马行空的创意思维空间。合理利用各种艺术元素,结合音乐本体的意义,才能做出超越歌曲的新作品。

一、故事性的电视音乐

用故事情节来演绎歌曲,是音乐电视中常见的一种类型。由于音乐电视的时长在 3 分钟左右,给故事情节的完整性增加了难度。故事性的情节,需要有若干人物和情节的发展。在故事性音乐电视中,主唱歌手的镜头经常穿插于故事之间,有时候直接扮演故事中的主要人物。

周杰伦演唱的歌曲《兰亭序》就是这样一部故事性的电视音乐。大致的情节如下:故事发生在民国时期,主人公是武馆习武的女孩(夏如芝)。她和大师兄青梅竹马,彼此暗生情愫。一次外出,女孩被一位有钱的少爷看中了,这位少爷带很多钱去提亲。女孩不愿嫁给少爷,她的师父师母将她迷倒,绑着送给了少爷。最后的大结局是大师兄为了留住师妹被打伤了。

《兰亭序》这首歌曲大家都不陌生,再次回顾方文山写下的歌词:

"兰亭临帖,行书如行云流水。月下门推,心细如你脚步碎。忙不迭,千年碑易拓,却难拓你的美。真迹绝,真心能给谁。牧笛横吹,黄酒小菜又几碟。夕阳余晖,如你的羞怯似醉。摹本易写,而墨香不退,与你共留余味。一行朱砂,到底圈了谁,无关风月,我题序等你回。悬笔一绝,那岸边浪千叠。情字何解,怎落笔都不对。而我独缺,你一生的了解。(无关风月,我题序等你回。悬笔一绝,那岸边浪千叠。情字何解,怎落笔都不对。而我独缺,你一生的了解)。弹指岁月,倾城顷刻间烟灭。青石板街,回眸一笑你婉约。恨了没你摇头轻叹,谁让你蹙着眉。而深闺徒留胭脂味。人雁南飞,转身一瞥你噙泪。摘一把月,手揽回忆怎么睡。又怎么会,心事密缝绣花鞋,针针怨怼,若花怨蝶你会怨着谁。

（无关风月，我题序等你回。悬笔一绝，那岸边浪千叠。情字何解，怎落笔都不对。而我独缺，你一生的了解。无关风月，我题序等你回）。手书无愧，无惧人间是非。雨打蕉叶，又潇潇了几夜。我等春雷，来提醒你爱谁。"

这首音乐电视故事情节叙述完整，画面制作也清晰可看。叙事情节的跳跃丝毫不影响受众读懂故事。那么，问题来了。这首歌的歌词和音乐电视中的故事由多少吻合度？如果用其他的故事情节来置换会不会更唯美更有利于读懂歌曲的意义？

二、带有情节片段的电视音乐

音乐电视制作中，有的突出歌曲的整体故事性，有将几个小的故事片段综合而成的。布仁巴雅尔演唱的《父亲的草原母亲的河》，由宋明瀚导演，秦万民音乐制作，许伟摄像，欧丁玉后期混缩。音乐电视中，草原、羊群、蒙古包、蒙古少年……突出歌曲的民族地域特点。这首音乐电视中，画面和歌词基本是相配合的。

"父亲曾经形容草原的清香，让他在天涯海角也从不能相忘。"一位蒙古族老人孤立在草原默默凝望远方，风吹草动。

"母亲总爱描绘那大河浩荡，奔流在蒙古高原我遥远的家乡。"苍老的蒙古妈妈，古铜色的皮肤上布满了刀刻般的皱纹，大河的波浪奔流，草原上弯曲的河道。

"如今终于见到这辽阔大地，站在芬芳的草原上我泪落如雨。"骑上草原的骏马，站立在草原，悠闲吃草的牛群……

"河水在传唱着祖先的祝福。"镜头再次切换至河水。

"保佑漂泊的孩子，找到回家的路。"奔跑的孩子，骑马归乡的老人。

"啊！父亲的草原。啊！母亲的河。虽然已经不能用不能用母语来诉说，请接纳我的悲伤，我的欢乐。"录音棚、教室学习的孩子、都市的人群和高楼，再次回到录音棚……

三、唯美画面的音乐电视

有的音乐电视注重表现歌词中展现的唯美画面。张超词曲,凤凰传奇演唱的那首《荷塘月色》的音乐电视制作精致唯美。"剪一段时光缓缓流淌,流进了月色中微微荡漾。弹一首小荷淡淡的香,美丽的琴音就落在我身旁。"画面中表现的朦胧夜色、水粉色的荷花、翠绿色荷叶。"萤火虫点亮夜的星光,谁为我添一件梦的衣裳,推开那扇心窗远远地望,谁采下那一朵昨日的忧伤。我像只鱼儿在你的荷塘,只为和你守候那皎白月光,游过了四季荷花依然香,等你宛在水中央。"微微闪亮的萤火虫、水中鱼儿、头上的花环、手中的荷花,让观者仿佛走进夜色中的荷塘。

音画同步进行,是音乐电视中最常用到的拍摄方式。在《荷塘月色》《父亲的草原母亲的河》等经典的音乐电视中,音乐和画面统一地表现内容,音乐的听觉内容和视觉内容完全一致,形成音画统一的艺术作品。

四、歌舞场面的电视音乐

运用歌舞场面拍摄的音乐电视的画面中,歌手以及伴舞在不同的场景中演唱舞蹈。《江南 Style》是 2014 年迅速风靡全球的音乐之一。演唱和舞蹈成为 MTV 中的主要画面组成部分,歌舞类也是音乐电视的主要组成部分。《江南 Style》音乐电视中,卢洪哲、刘在石、金泫雅参与了节目拍摄。"鸟叔"PSY 表现出搞笑的嘻哈风格,"骑马舞步"传播至世界各地,成功打破年龄界限、国家界限、民族界限,成为风靡一时的舞步。《江南Style》音乐电视中,外景大都取自于位于韩国的桑拿房、马厩、游艇、海滩、地铁、巴士等地。

音乐电视的歌舞镜头中,歌手通常为领舞和领唱。李玟的音乐电视《真情人》中,李玟身穿橘红色的拉丁舞舞蹈服,在音乐中边唱边跳,她身后有一群身着同样服装的年轻女子伴舞。

五、音乐电视中的场景转换

场景转换，是音乐电视中最常使用的拍摄手法。歌手身置于不同空间和场景中演唱，空间往往随着歌词改变。上面介绍的《父亲的草原母亲的河》《江南 Style》都是带有场景转换的音乐电视。场景转换需要注意的问题是：场景不能脱离歌曲本身，如果想象成分过大，会造成视觉混乱的不良效果。

六、运用动漫或演出现场来制作的音乐电视

有些电视音乐中采用运用动漫形象来表现画面，还有的用歌手现场演唱会或录音棚的录像剪辑片段组接而成，这些都是常见的制作技巧。

用动画元素来制作音乐电视，主要有两种情况。一是完全动画，没有主唱和其他人物出镜；二是半动画形象，在整首歌曲中出现一些动画特效，其余的画面还有主唱出现。

黎明演唱的一首老歌《眼睛想旅行》在制作音乐电视时，用了完全动画的方式。海中的水母、戴宇航员帽子的娃娃、宇宙飞船、鲨鱼、粉色的卡通玩具等动画形象配合歌词，很搭配很舒服。

凤凰传奇的新歌《兔侠功夫操》由金培达作曲，梁芒填词，谭依哲编曲。这首歌曲的音乐电视也是完全用动画模式进行的。"功夫操第一节请准备好，像白兔一样往月亮上跳"，动漫中的兔子们排成三角形队伍一起跳舞。"冲上天然后大声地尖叫，天下的轻功数我最高"，画面切换到两个动漫形象欢快对唱。"功夫操大家一呀一起跳，现在我们调到一个频道，常保持微笑，心念不动摇，就能长生不老"，"功夫操 第二节请准备好，这次要和龙卷风比舞蹈，谁赢谁就是天空的长老，一二三开始不许要赖"，都是卡通动物群体舞蹈的片段。唱到"嘿哟，我把彩虹打个结再解开。嘿哟，长翅膀的都比不上我快。嘿哟，所有人遇见我都笑逐颜开"时，动物们组成的电声乐队在狂欢演奏。

音乐电视的创意不限于以上几种。在音乐电视中，画面与音乐互为补充、相互协调，完整统一地表现同一个主题。两者关系是和谐的，相得益彰。

第五节　电视新闻类节目中的音乐

想要更细致地分析新闻类节目中的音乐,首先要对我国现有的电视新闻节目类型进行大致的划分。

第一类电视新闻是传统的播报式新闻节目。例如,央视新闻联播,各省市的新闻联播。这类电视新闻通常在栏目片头和片尾用到音乐,在新闻播报中没有添加音乐元素。

第二类电视新闻是深度报道。在深度报道的过程中,往往需要深入到基层参访,以获取第一手资料。在这个采访的过程中,往往会加入少量的音乐元素。例如,记者驾车到某现代化农场进行深度采访,汽车行驶在坑洼不平的泥泞土地上,这时候记者的心情是愉悦的,音乐选择的是民族音乐演奏的欢快轻松的乐曲。当然,这类新闻节目中,音乐是配角中的配角,它的地位远在语言和音响之下。

第三类电视新闻是评论节目。新闻评论,一般会选取新闻价值较高,受众关注度较强的题材进行评论。新闻评论依托电视媒体,有着引导社会舆论的重要作用。

第四类电视新闻是新闻故事。今天,新闻故事化的电视新闻播报手段已经不在新鲜。这种中西通用的"故事新闻"也面临着收视率的压力。富兰克林曾说:"采用对话、描写、场景设置等手法,细致入微地展现事件中的情节和细节,从而突出事件中隐含的能够让人产生兴奋感、富有戏剧性的故事。"曾几何时,西方的新闻故事化潮流风靡我国传媒界。很多电视新闻节目都使用这种方式播报信息。

什么是讲故事的新闻报道?我国媒体怎样界定和理解呢?

我国当代著名新闻记者穆青(1921—2003)认为"新闻是一种叙事文"。早在1963年,时任新华社副社长的穆青在一次讲话中就提出:"现在,有的同志在尝试着用散文的笔法写新闻,我个人赞成这种尝试。我觉得,从广义上说,新闻即散文的一种。因为新闻无非是告诉读者发生了什么事,这件事有什么意义,散文中的叙事文不也是如此吗?既然叙事文可以这样写,也可以那样写，为什么新闻就只能按照死板的公式去套呢？我看只要事实能交代清楚明白，在写作上可以突破老一套的公式，不一定非得第一段写导语、第二段写背景、第三段写……可以百花齐放，大胆创造。"①"我们要鼓励和支持记者捕捉社会生活中最重要的、最生动、最活泼的新事物，鼓励记者探索最能反映丰富多彩的社会的新闻形式。我们的新闻报道的形式和结构，也应向自由活泼的方向发展，改变那种沉重的死板的形式，而代之以清新明快的形式。""所谓视觉新闻，无非是形象化、立体化，有典型细节、生动的画面，读起来有声有色，使人能够具体地形象地看到你所报道的事实的真面貌。这样，我们的新闻就可以克服枯燥和概念化的缺陷，更好地适应今天这个电视发达的时代。"

　　那么，将新闻故事化，有没有弊端呢？在全民皆媒体的时代，到底要怎样"讲故事"，才能够达到"信息传播"和"受众喜爱"的双赢状态？

　　辽宁电视台曾经播出一个栏目《王刚讲故事》。时长30分钟，每周一至周五晚上22:25分首播，次日中午12:52重播。节目宗旨："一张面孔，穿越古今。一双眼，洞穿世事。更关注生活中发生的真人真事。一张嘴，不同凡响。因为真实，才会震撼人心！王刚讲故事，带您读懂中国社会浮世绘。"在该栏目中，新闻类电视节目运用音乐最多最灵活。

　　第五类，电视新闻脱口秀。这类新闻播报在我国比较少见。凤凰卫视每周四、周五晚上9点播出的，尤志东主持的《又来了》属于新闻脱口秀。"高端小气，热衷对立；童言无忌，节操略低；观点偏激，偶尔中立。有态度，有逼格，有笑点。致力于将政治娱乐化，娱乐政治化。"是《又来了》的节目风格。寻找当下新闻热点，由主持人尤志东进行梳理和另类解读，谈笑之间对新闻事件的分析一针见血。

　　《又来了》节目开端出现节奏感极强的音乐，配合画面上钟表的图案，完全颠覆了传统新闻播报的严肃之感。几乎每期节目中，主持人都要在音乐伴奏之下唱上几句。不谈尤志东演唱的功底如何，这样的一段现场演唱，确实是活跃了现场气氛，使得干巴巴的新闻事件变了样儿。

① 穆青等编：《穆青论新闻》，北京：新华出版社，2003年。

第六节 纪录片和专题片中的音乐

对于电视纪录片、专题片的概念性界定,两者之间的共性与区别,世界各国的说法不一,然而这并不影响我们接下来的话题—纪录片和专题片中的音乐。

我们可以从题材和内容上将电视纪录片和专题片分成以下几类,人文类、自然类、科学类、人物传记和历史类。人文类的纪录片和专题片包括《话说长江》《再说长江》《望长城》《布达拉宫》《BBC之金字塔》等。自然类的纪录片和专题片囊括了动物、植物、风景等多种题材的影片。各地的自然状况,或介绍社会风俗、城乡风貌的纪录片。例如,《黄山传奇》《迁徙的鸟》《微观世界》等。科学类的影片有《BBC之人类起源》《BBC之未碰触的星球》《BBC之末世火山》《战争机器之空中力量》《百慕大三角》等。人物传记类包括《BBC之阿道夫·希特勒的秘密》《梅兰芳》《周恩来》《林彪》《BBC之马克·扎克伯格》《诗人杜甫》《伟大的孙中山》《革命老人何香凝》《毛泽东》《叶剑英》等。历史类纪录片和专题片有《辛亥风云》《淮海千秋》《BBC之二战全史》等。

纪录片中的音乐需要强调自然与真实,尤其是无声源音乐,不能按照主观意识强加音乐。导演需要选取合适的画面,来决定搭配何种音乐,决然不是通篇加上配乐,片子就完美了,就艺术了。纪录片《潜伏行动》中,在描写缉拿行动的时候,没有加入任何音乐,听到的是人物的悄声对话,以无声表现当时情况的紧张。

有的纪录片和专题片带有片头曲和片尾曲。纪录片《话说长江》中的《长江之歌》,纪录片《长江之三峡传奇》中的主题曲《相恋》,人物纪录片《邓小平》中那首《春天的故事》,《澳门岁月》中的《七子之歌》,这些纪录片的片头、片尾曲都成为经典歌曲传唱下来。电视专题片《纪念抗美援朝胜利五十周年》中,片头片尾都运用了《志愿军进行曲》的旋律。"雄赳赳,气昂昂,跨过鸭绿江。保和平,为祖国,就是保家乡。中国好儿女,齐心团结紧。抗美援朝打败美帝野心狼。"音乐从听觉上刺激了受众,节奏带动起沸腾的热血和激情。

纪录片《布达拉宫》是由中央电视台、中视传媒股份公司、珠海联邦制药有限公司制作的大型纪录片。该片拍摄于1998年，上映于2004年5月，由陈真导演，程巍作曲。曾经荣获第十届"华表奖"优秀纪录片奖。

纪录片《布达拉宫》长达90分钟，影片以喇嘛僧人强巴格桑的叙述为主线。强巴格桑本名达瓦次沙仁，13岁时经过活佛受沙弥戒，赐名强巴格桑，进入布达拉宫出家为喇嘛，在布达拉宫生活60余年。通过这位年迈的喇嘛强巴格桑用藏语的讲述（中文字幕），观者对西藏的文化、宗教、社会变迁有所了解。

纪录片《布达拉宫》由"红山""红宫""白宫""生死""俗世"五个部分组成。纪录片伊始，有极短暂的"法号"一般的长鸣音乐，接着是藏语的低沉叙述："在我很小的时候，常常听人说拉萨有个布达拉宫。那时候，我也经常想象这座神奇的宫殿和无数个神秘的传说，希望自己有朝一日也能去朝拜布达拉宫。"《布达拉宫》四个字出现在银幕上，音乐声也随之变得更加庄严和壮观，并加入了合唱。"我原来的俗名叫达瓦次沙仁，入宫以后活佛给我受沙弥戒时赐我佛名强巴格桑。"在影片结束的时候，男生低沉的诵念经文和女声高音部的歌唱相互交织，使人对西藏、布达拉宫、藏传佛教产生更深的理解。片尾音乐和片头音乐相呼应，用接近法号的长号音乐来完成。

纪录片《布达拉宫》中有一段讲述文成公主入藏壁画的故事，用原生态的男生二重唱，选择藏族戏剧的曲调介入音乐。继而用电子合成器来模仿竖琴声音，配合两只长笛的协和平行音程，音乐仿佛在叙述一段往事，那是唐代公主入藏后，深受藏民爱戴的故事。

藏族说唱艺人玉梅演唱的诗篇《格萨尔王》；藏族青年男女手持打夯的工具边唱歌边跳起"打啊尕"，这些原生态的音乐加入纪录片中，能够表现特殊地域的民族民间文化，用这种"原生态"的音画形式记录真实的布达拉宫。

第七节　音画统一、平行与对立

影视音乐为剧情和画面做铺垫,渲染剧中情绪,增加感情色彩。在选择音乐的时候,通常要先考虑音乐与画面的统一、平行或是对立。

影视音画统一,是根据画面中表现内容的情绪和情调来选择音乐,音乐和画面运行的节奏相同、情感相同、艺术风格相同。作曲家王立平在《谈谈〈潜海姑娘〉的音乐创作》一文中写道:"在构思一个旋律的同时,也找到它的风格、情绪、色彩相适应的和声、配器以及副旋律等,这样才能使音乐本身的各种表现手段浑然一体而具有强大的表现力。而完整的艺术构思对于电影这一综合艺术来说更是绝对必要的。我认为一部纪录影片综合处理如何,当然要看它的画面、音乐、解说和效果安排得怎样,层次是否分明、清晰;结构衔接是否妥当、自然;是否有表现力等。这只是问题的一个方面,还有不容忽视的很重要的另一个方面,就是各种表现手段之间是否有机地相互联系着。除了画面与音乐、画面与解说等关系之外,音乐与解说、效果与音乐之间的风格是否统一,色彩是否协调等则不是经常能够受到广泛重视和注意的。而这一点对影片的艺术质量有着举足轻重的关系。这就要求编辑、摄影、音乐和录音之间能够建立一种有时甚至于更需要相互意会的'默契'。"[1]

影视音画平行,是把音乐和画面比喻成两条平行线,两者之间的关系不是很密切,又不是很疏远,音乐能够从整体上把握住剧情和画面。有的纪录片或专题片中,用音乐把细碎的情节串联在一起,起到统一画面的风格的作用。

影视音画对立,是指画面与音乐所表现的情绪、内容、氛围是相反的。这种错位的音画能够刻画出深层的人物心理,或是带有讽刺意味的表述。张艺谋导演的电影《红高粱》,新娘坐在轿子中,抬轿子的男人们配合着唢呐的喜庆声音"颠起"轿子,而从画面中新娘的脸部特写可以看出,她没有

① 王立平:谈谈《潜海姑娘》的音乐创作,《新闻纪录电影创作谈》,北京:中国电影出版社,1982年,第121页。

一丝的喜悦之情,脸上带着哀怨和愁苦。电影《辛德勒的名单》中,纳粹为
了挑选健康的劳动力,将所有犹太人赶到操场,脱光衣服体检。一大群犹太
人精赤着身子,惊慌、恐惧、屈辱的表情让人心惊肉跳,而这时操场上响起
轻松的艺术歌曲。这难道不是一种讽刺吗?在该片中,多次用到了音画对
立,来表现德国纳粹的极端残暴。法国电影导演让·雷诺阿曾经说:"就电
影配乐而言,我更相信音画对立。如果对话说的是'我爱你',那依我看,音
乐似乎就应处理成'我讨厌'。围绕这个字句的一切应由相反元素组成,这
样才更有效果。"音乐和画面的对立可以表现在"快速与缓慢""喜悦与悲
伤""悠扬与激荡""田园与都市""忧郁与欢快""稳定与慌张""强大与弱
小"……汉斯·艾斯勒认为:"音画对立实际上是提供了一个更好的机会来
评论影片情节、人物性格等,通过这种方式我们可以看到情节背后的某一
特殊姿势以全面的重要性,又通过一个个人的命运来展示全民族的命运。"

　　拍摄一部作品,音乐与画面的统一、平行或是对立,需要根据剧情内容
来设计和选择。一般情况下,专题片的音画是平行的。专题片的叙事性往往
不如影视剧完整,音乐很难达到与画面统一。注意音乐与画面描述的情节
在历史、文化、民族、地域等方面没有大的偏差即可。在剧情类节目中,多
运用音画统一和音画对立两个蒙太奇技法。法国电影评论家在他的《电影
语言》一书中写道:"在一门门强烈现实主义的,又拥有十分鲜明的表现手
段……画面的艺术中,许多导演都如此经常地感到需要采用音乐去叙述剧
情,这是不合理的事情。他们就这样把音乐的作用贬低为一字一句照搬的
解说,翻来覆去地旧调重弹。莫里斯·约培说:'这样的处理方法证明人们
对音乐的本性的彻底的无知。音乐是按一种在时间中经过组织的节奏连续
展现的。如果强使音乐刻板地追随许多既不连续又不服从一种特定节奏、
而只是听从各种生理或心理反应的事件或动作,那就毁了音乐,将它贬低
为一种无机的原始元素……音响。'因此,很明显,音乐必须拒绝刻板地追
随画面,它应当根据对它的作用的完整理解,去努力全面地阐明'某些戏剧
情景'的心理与真正涉及人类存在的内容。"

后　记

　　艺术之间是相通的,绘画用色彩展示艺术,音乐用声音表达艺术,文学以语言倾述艺术。艺术家采风,面对山川之美难描难诉。怎样用一双审美的眼睛去看自然,用艺术的心灵观世界,成为一个备受关注的话题。摄影摄像设备越来越高端,风景拍摄越来越逼真,为何人们还驻足于一幅古人山水画面前凝神静赏?人物化妆技术和精美的服饰设计也许早已超越古代,为何三矾九染的古代仕女工笔人物画经久不衰?当《江南style》《小苹果》风靡中国之时,一张七弦古琴静静地流淌出一曲古风雅韵,穿越千年的泠泠之音沉淀了美,不炫耀、不张扬,如空谷幽兰之自开自落,于茅屋幽径、松风万壑之间自有它的趣味和精神世界。

　　在摄影、摄像机的取景器中,世界的美用另一种方式呈现出来。无论是官方媒体的大手笔制作,还是MV爱好者的小型作品,这些影像作品都可以通过印刷品、电视以及网络传播于众。想要拍摄好影像作品,不仅需要操作技术的娴熟,更需要艺术与美的共融。

　　目前我国高等院校开设的广播电视编导专业,由于各种因素,大都不会系统开设色彩、构图、透视、音乐与音响等课程,仅选用《视听语言》或《影像语言》来补充相关艺术知识。很多学生在拍摄作品时，几乎完全凭借审美直觉和以往的审美经验来处理各种问题。

从教六载，一直酝酿一部书，不求能完全解决上述问题，但愿能够引起传媒学子对绘画与音乐的重视。

2015年金秋十月，《传媒中的音画艺术》一书终于完稿。在此感谢所有在我学术成长道路上给予过帮助的师长和朋友，感谢杨力军编辑对书稿的严谨校对审阅，感谢一直以来默默支持并照顾我的父母。

张诗扬

2015 年 10 月